Korea JoongAng Daily

The Best
READING Spectrum | 문화·예술편 |

Jonghap Books

Introduction

| 기획 의도 / 구성과 특징 |

기획 배경과 의도

- '리딩 스펙트럼'은 「코리아 중앙데일리」 발행 초기부터 현재까지 독자의 각별한 관심 속에 연재되고 있는 칼럼 코너 내용 중 읽기, 독해연습 자료로 가장 적당한 것을 선별해서 이를 토대로 제작됐습니다.
- 원문 내용이 그야말로 모든 분야에 걸쳐 아주 다양한 주제로 된 유용하고 재미있는 관련 지식·정보 등을 담고 있으므로 독자들의 흥미와 지적 호기심을 끌어내고 또, 동시에 각종 영어 독해 시험에 자주 나오는 수준 있는 문제 유형들을 첨부해서 문제를 풀어봄으로써 이에 대비하기에도 충분하리라 판단되어 이 책을 기획했습니다.

구성 및 특징

- 신문에 게재되는 글이라는 특성상 내용의 유용함은 물론 원문의 단어, 문장 하나하나까지도 원어민 에디터들의 철저한 감수 등, 검증 과정을 거치므로 그만큼 신뢰할 수 있다.
- '리딩 스펙트럼'은 인문·사회·자연과학 그리고 문화·예술 분야 관련 내용을 모두 4권의 책으로 나눠 실었는데, 각 권에 해당 영역에 따른 각기 다른 주제로 된 원문 80개씩을 수록하여 다뤘다.
- 따라서 모든 영역에 따른 다방면에 걸친 다양한 주제로 된 내용을 두루 접함으로써 유연하고 균형 잡힌 사고력의 발달과 함께 지적 갈증을 해소시켜 나갈 수 있다.
- 한편, 수능을 비롯한 토플·텝스·편입·공무원 등 영어 독해시험에서 이런 류의 원문들이 장문 독해지문으로 출제되는 경향이 많은 점을 감안, 실제 시험에 자주 나오는 문제 유형과 동일한 형식의 문제들로 구성해서 각 권의 원문마다 다뤄놓아 각종 시험에 대비한 학습이 되도록 했다.

- 또한 원활한 학습을 돕기 위해서 매 지문(원문)의 어휘해설, 해석은 물론, 중요 구문과 각 문제별 해설도 다뤘다. 특히, 각각의 지문에 추론 문제를 넣어 생각하는 힘과 글 속에 담긴 뜻을 정확히 파악하는 연습도 되도록 했다. (문제의 난이도는 수능보다 좀 더 어려운데 토플·공무원·편입 중위권 정도 수준)
- 학습의 편의성, 효율성을 위하여 각 권에 원문(지문), 문제, 어휘 및 중요 구문 해설은 본 책에, 정답을 포함한 원문 해석·문제 해설은 별책에 각각 나눠 실었다.
- 이 밖에 이 책을 독해 연습용으로 일차 사용한 후 원문 해석 부분을 원문(지문)과 비교하면서 작문을 시도해보면 아주 좋은 영작 연습이 될 것이다.

끝으로 이 책(리딩 스펙트럼 총 4권)은 기존 일반 독해 교재와는 달리 원문 지문 하나하나에 완결성이 있고, 우리의 현실적인 측면과도 접목될 수 있는 외국의 사례에 따른 내용들이 적재적소에 배치되었기 때문에 더욱 흥미롭게, 또 친근감을 가지고 원문 내용을 즐기며 독해연습을 할 수 있다. 이렇게 좋은 자료를 독해 교재로 만들 수 있도록 허락해 주신 코리아 중앙데일리 社에 감사드린다.

홍준기

Contents

unit 1	The text generation ｜텍스트 세대｜	8
unit 2	When the internet splits ｜인터넷 분열화｜	10
unit 3	Is a college degree necessary? ｜대학 졸업장이 꼭 필요한가?｜	12
unit 4	Cyberbullying is a crime ｜악플은 범죄다｜	14
unit 5	Mansplaining ｜잘난 척하는 남자들｜	16
unit 6	Our athletes' invincible spirit ｜인빅투스｜	18
unit 7	Articles of suppression ｜부르카｜	20
unit 8	Suicide's long, dark shadows ｜떠난 자와 남은 자｜	22
unit 9	Battling it out on the football pitch ｜전쟁과 축구｜	24
unit 10	What 'mancession?' ｜맨세션｜	26
unit 11	A worthy adversary ｜악역｜	28
unit 12	Mitchell, 'Moss' and management ｜캐스팅｜	30
unit 13	An addiction we can't afford ｜'명품 프렌들리'｜	32
unit 14	Growing old peacefully ｜100세의 실종｜	34
unit 15	Giving to narrow the income gap ｜불평등과 기부｜	36
unit 16	Cruelty in theatre from Titus to Todd ｜잔혹극｜	38
unit 17	Politics imitates television ｜리얼리터쇼｜	40
unit 18	Improving on reality ｜디지털 특수효과｜	42
unit 19	Memories of Mozart ｜모차르트｜	44
unit 20	Cat-like cartoons ｜만평과 고양이｜	46
unit 21	Manners make the mayor ｜테니스 유래｜	48
unit 22	A dilemma worth having ｜영국 근위기병대｜	50
unit 23	Genuine impostors ｜짝퉁｜	52
unit 24	Punched in the gut ｜정글｜	54
unit 25	The lure of the green ｜골프｜	56
unit 26	The power of friendship ｜친구｜	58

unit 27	Leaping tall buildings |수퍼맨|	60
unit 28	Epicurean bean paste |칙릿|	62
unit 29	Safety first |복싱의 위험|	64
unit 30	Power of rumor |괴소문|	66
unit 31	Modern gangsters |야쿠자|	68
unit 32	Code of life |코드|	70
unit 33	Feeling lucky? |불길한 숫자|	72
unit 34	Dousing the sacred flame |성화|	74
unit 35	Lefties' rights |왼손잡이|	76
unit 36	Ugly Chinese? |어글리 차이니스|	78
unit 37	Classical economics |오보에|	80
unit 38	Multiple choice |폴리아모리|	82
unit 39	Real-life piracy |해적|	84
unit 40	Femme fatales |팜므 파탈|	86
unit 41	Dealing with drugs |마약 실용주의|	88
unit 42	The essence of consumption |반소비|	90
unit 43	Superstars have super stress |수퍼스타 경제학|	92
unit 44	Pursuit of libertarianism |리버테리언|	94
unit 45	Helicopter kids will crash |코치 인생|	96
unit 46	Barbie does Freud |키덜트|	98
unit 47	Deadly cultural differences |총기 규제론|	100
unit 48	A knowledge of wine |와인 스트레스|	102
unit 49	A master to the end |거장(巨匠)|	104
unit 50	Two-faced |영화제|	106
unit 51	Is trusting an artist pathetic? |천경자 위작 논란 자체가 후진국적일까?|	108
unit 52	Sheep astray |학위 효과와 학력 검증|	110
unit 53	Attachment to planners |수첩|	112
unit 54	Get fathers involved |'출산 보이콧'을 막으려면|	114
unit 55	The right to be forgotten online |잊혀질 권리|	116
unit 56	Game of risk |선택의 위험|	118
unit 57	Formula two |신 엥겔계수|	120
unit 58	Second thoughts |2등 경쟁|	122

unit 59	Banning booze to beat the flu |술 말리는 사회|	124
unit 60	Raise your glasses, toast the cults |컬트|	126
unit 61	Reinventing the circus |서커스|	128
unit 62	A race to the green finish line |포뮬러 원|	130
unit 63	The tragedy of the blonde bombshells |플래티넘 블론드|	132
unit 64	Mobile mobs and breaking news |똑똑한 군중|	134
unit 65	Transformer in disguise |트랜스포머|	136
unit 66	No such thing as a free bribe |스폰서|	138
unit 67	Age-old problem of old age |에이지퀘이크(age-quake)|	140
unit 68	Facing up to masks |멀티 페르소나|	142
unit 69	Posthumous prize |사후 수상(死後 受賞)|	144
unit 70	Coogan's law |아역 스타|	146
unit 71	A different perspective on love |진정한 사랑에 대하여|	148
unit 72	Playing with blocks |테트리스|	150
unit 73	Closer connection through listening |소통의 달인|	152
unit 74	Fishing for Everyman's dream |'그라민 뱅크'|	154
unit 75	No business like show business |성상납|	156
unit 76	Reining in the purveyors of plastic |카드 제국|	158
unit 77	Only some lies can be tolerated |마지막 잎새와 하얀 거짓말|	160
unit 78	A war over religious rights |부르카 전쟁 인권과 종교의 자유|	162
unit 79	Charity is fine, but watch it |자선 산업|	164
unit 80	Keeping warm through sharing |복싱 데이|	166

The Best
READING
Spectrum

문화 · 예술편

Unit 1 The text generation
|텍스트 세대|

• 문화현상 •

"The English textbook is 10 years old, but high school English teachers ask to make it easier since students have a hard time studying it," said a man who works at a publisher of English reading materials. Everyone paid attention to his remarks at the meeting. High school students today must be better in English than before. Then why the difficulty understanding an older textbook?

He came up with an unexpected answer: "It is not about English proficiency. The ability to read and understand long texts has diminished, whether it is English or Korean." A Korean language teacher didn't seem surprised. "So many students don't understand the text on Korean tests. Some get things wrong because they don't understand the question, not the text. If the question asks to choose 'something farthest,' they don't know what 'farthest' means."

Another debater asked, "If kids have a hard time reading, why do YouTube videos have so many subtitles? It is painful to read subtitles with typos." The Korean language teacher summed it up. "They are the 'text generation,' communicating on KakaoTalk since childhood," he said. The text generation, who cannot read long sentences and understand abstract expressions, has been born.

Maryanne Wolf, an advocate for children and literacy around the world, discussed a surprising result in her book "Reader, Come Home." She referred to the "deep reading circuit," which allows readers to understand long and complicated sentences. It doesn't last long, and readers with a substantial intelligence level would return to beginner-level reading _____. How much immersed reading experience do you get?

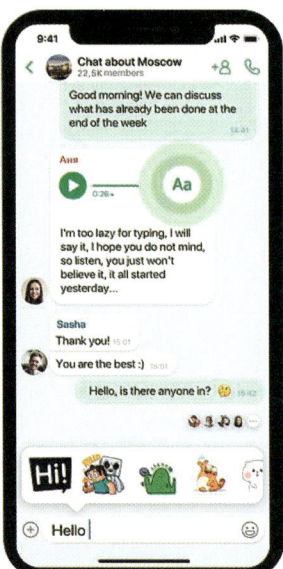

1. What is the main idea of the passage?

    (a) The difficulty of high school English tests in Korea.

    (b) The problematic nature of studying English comprehension.

    (c) The drop in reading skills among young people.

    (d) The joys of learning to read when young.

2. What can be inferred from the passage?

    (a) Young people focus on the things that are important in life rather than advancing their reading skills.

    (b) Reading long and advanced texts comes more naturally to young people than it does to adults.

    (c) Teenagers want to read long texts, but they are unable to because of their education.

    (d) The more one engages in immersion reading, the more skilled at reading one gets.

3. According to the passage, which of the following is true?

    (a) Young people have an easier time understanding English texts than Korean texts these days.

    (b) Students are struggling with the length and complexity of both Korean and English texts.

    (c) The addition of subtitles on online videos has helped the reading skills of many teenagers.

    (d) The new English text that students are using is much harder than that of a decade ago.

4. Which best completes the sentence?

    (a) if they lose the experience of immersion in reading

    (b) as a result of their heightened academic abilities

    (c) when they have no interest in doing any advanced reading

    (d) without enough reading instruction

Words & Phrases

pay attention to 주의를 기울이다   proficiency *n.* 숙달, 능숙   sum up 요약하다
abstract *a.* 추상적인   immerse *v.* 몰두하다, 열중하다

문장분석

■ It doesn't last long, and readers with a substantial intelligence level <u>would return</u> to beginner-level reading if <u>they</u> lose the experience of immersion in reading. ➡ it이 지칭하는 것은 deep reading circuit이며, readers (with a substantial intelligence level) would return to beginner-level reading if they lose the experience of immersion in reading.에서 문장구성은 if 절은 조건문 현재이고, 주절은 가정법 과거로 쓰인 혼합가정법 문장이 된다..

Unit 2 When the internet splits
|인터넷 분열화|

• 문화현상 •

At the end of last month, Russia announced that it had successfully completed a test on the domestic network to replace the international internet. Russia had passed a bill to create its own exclusive internet network earlier last year. If the plan is implemented, Russians will be completely severed from the international internet that people around the world use, or can only access information approved by the Russian government. In other words, state's information control becomes easy.

Russia is not the only one. China has had the so-called "Great Firewall" policy of blocking foreign media as well as services like YouTube, Google search, Facebook, Instagram and Netflix. While nurturing its own internet industry, China blocks circulation of information that the government does not like. Countries like Iran and North Korea also use similar methods.

Experts are worried that these attempts limited to totalitarian countries in the past are developing into a global trend as "internet disintegration" or "Splinternet." While Western countries, as well as China and Russia, have mixed opinions on how to control the internet, the U.S.-inspired internet and the European-version are being created. The former focuses on national security and crime prevention while the latter is making new rules emphasizing privacy and personal protection.

When the internet has different standards and access levels depending on the country and region it is created, international finance and trade, as well as international information exchange, will be affected. One global internet that has been compared to an "ocean of information" that anyone can access in the past becomes _____.

1. What is the passage mainly about?

    (a) The possible evolution of the internet from free global information to state-and region-controlled.

    (b) The ongoing efforts of some countries to keep the internet free while others try to destroy it.

    (c) The effect on the rest of world of Russia creating its own private internet for its citizens to use.

    (d) The worrying trend of nations to try to control what their citizens do in their free time.

2. What do Russia and China hope to achieve?

    (a) They think that a controlled internet will bring peace and reduced crime to their societies.

    (b) Their governments wish to prevent their citizens from reading things that they do not approve of.

    (c) They want to avoid being seen like other totalitarian countries by the West.

    (d) They hope to increase their national security and prevent online terrorist attacks.

3. What can be inferred from the passage?

    (a) Everyone wants to know exactly how China and Russia have managed to retain full control of their internet in this global society.

    (b) The trend to control internet domestically is going to be used for nefarious deeds by wealthy and powerful corporations.

    (c) Despite some nations ostensibly saying that the internet should not be controlled, they are doing the opposite behind the scenes.

    (d) As soon as some nations have created their own private internet, every other nation must follow to remain equal.

4. Which best completes the sentence?

    (a) a place that has no information at all

    (b) an ocean that nobody can cross

    (c) even bigger as more people start contributing to it

    (d) a number of separate ponds of various sizes

Words & Phrases

domestic *a.* 국내의, 가정의   bill *n.* 법안   exclusive *a.* 배타적인   sever *v.* 절단하다   nurture *v.* 양육하다, 육성하다
circulation *n.* 순환, 유포   totalitarian *a.* 전체주의의   nefarious *a.* 사악한   behind the scenes 비밀의, 공개되지 않은

문장분석

■ While Western countries, as well as China and Russia, have mixed opinions on how to control the internet, the U.S.-inspired internet and the European-version are being created. The former focuses on national security and crime prevention while the latter is making new rules emphasizing privacy and personal protection. →

the former는 '전자'를 뜻하고, the latter는 '후자'를 뜻한다. 전자는 the U.S.-inspired internet을 의미하고, 후자는 the European-version을 의미한다.

Unit 3 Is a college degree necessary?
|대학 졸업장이 꼭 필요한가?|

• 사회현상 •

"You should at least have a college degree to make a living." Korean parents have been saying this all the time, but I wonder if it is true. Every year, the number of unemployed college graduates is about 200,000. In reality, many young people cannot make a living even with a college degree. Also, it feels that the time has come when going to college is not a must, as creators and idol singers become role models.

A recent Wall Street Journal (WSJ) report gives me other ideas. The WSJ had an article titled "American Factories Demand White-Collar Education for Blue-Collar Work" on Dec. 9. The federal government data analysis shows that the percentage of college graduates among workers at manufacturing plants in the United States is the highest in history. The percentage went up from 29 percent in 2000 to 40.9 percent this year. In the same period, high school graduates fell from 53.9 percent to 43.1 percent. It is due to the facility automation and introduction of robots. From 2012 to 2018, total employment went down by 3 percent, but employment of workers who can handle complicated machines increased by 10 percent. Simple workers lost jobs, but college graduates trained for high-tech machines increased.

Korea's situation is not much different. Manufacturing companies replace human jobs with automated facilities and robots. While it seems that manufacturing jobs are decreasing, jobs dealing with high-tech machines are increasing. With the new industrial changes in the future, demands for an educated workforce will continue to grow for sure. Then, will it be the world where you need your college degree to make a living again? _____.

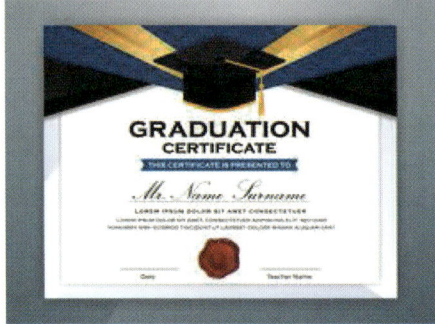

1. What's the passage mainly about?
   (a) Which college degrees are the best to guarantee employment.
   (b) Why college graduates are unable to find suitable work.
   (c) Why a college degree is necessary to find work.
   (d) How college graduates can improve their resumes.

2. Why do factories increasingly need college graduates as employees?
   (a) With automation, college graduates are the ones who are able to operate the high-tech machinery.
   (b) College graduates give the companies higher status and image.
   (c) If the employees have a college education, they are more responsible to be left alone to work.
   (d) There are many college degrees that teach how to be a better factory employee before starting work.

3. Which of the following statements is correct, according to the passage?
   (a) Simple human jobs in factories are not being replaced; rather, it is the office work that is disappearing.
   (b) The number of college graduates working in factories may well reach previous highs.
   (c) A college education is not necessary to work the complex factory machines.
   (d) Those with little education beyond high school are being laid off from factory work.

4. Which sentence best fits the blank?
   (a) Colleges and universities have already been preparing for an influx of freshman.
   (b) People with professional education for changes of industry will be competitive
   (c) Making a living is hard enough without having to worry about automation and robots.
   (d) Making sure you are employable is the top priority of college graduates.

Words & Phrases

college degree 대학 학위 make a living 생계를 유지하다, 먹고 살다 white-collar 사무직 노동자 blue-collar 육체노동자
facility automation 설비 자동화 workforce *n.* 노동력 guarantee *v.* 보장하다 resume *n.* 이력서 lay off 해고하다

문장분석

■ Also, it feels that <u>the time</u> has come <u>when going to college is not a must</u>, as creators and idol singers become role models. → that절 안을 살펴보면 the time when going to college is not a must has come의 문장인데, when 이하가 길어지면서 동사가 중간에 나온 구조이다. 그래서 when 이하를 the time에 붙여서 생각하고 "대학에 가지 않아도 되는 시절이 온 것"으로 해석하면 된다.

Unit 4 Cyberbullying is a crime
| 악플은 범죄다 |

• 문화현상 •

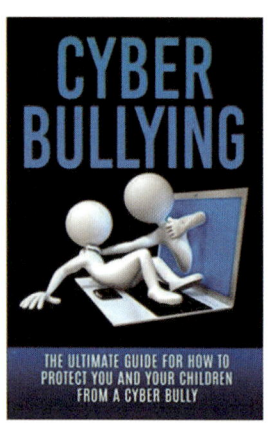

In the overflowing news, it is regrettable that the shock of celebrity deaths is fading, but I pray for Choi Jin-ri and Koo Ha-ra, the late K-pop stars and actresses. Not so long after their deaths, even Pengsoo, a popular penguin character, began getting malicious comments. It is ludicrous that many trolls write malicious comments without giving much thought. In a recent survey by Incruit and Do It Survey in October, 5 percent of 3,162 respondents said they had an experience of posting malicious comments. Fifty-five percent said it was out of anger, 16 percent blamed jealousy and envy. Fifteen percent said they wrote it to relieve stress, and 9 percent said it was a simple prank. So, one in five trolls hid behind anonymity to relieve stress or have fun. I don't expect some noble vision or _____ or Nobel Prize in Literature-worthy expressions from internet trolls, but this is too much.

Malicious online comments have become a global concern. Former U.S. President Barack Obama expressed opposition to the "cancel culture" of cyberbullying last month. Prince William of the United Kingdom has been leading an anti-cyberbullying campaign since 2017. Reporters Without Borders published a report on the harm of malicious comments. One third of the reporters in Sweden and Finland said they suffered from malicious comments. British journalist Jon Ronson wrote a book titled "So You've Been Publicly Shamed" about cases of online scandals and their devastating consequences. He interviewed not only the victims but the internet trolls as well. Most trolls said they did not know how things would blow up or that they wouldn't have done the same if they had known the victims in person. But cyberbullying is a crime that can take away a person's life.

1. What is the main idea of the passage?

  (a) The reasons why people engage in cyberbullying.

  (b) The methods that authorities use to catch cyber bullies.

  (c) The negative and serious effects of cyberbullying.

  (d) The causes of an increase in cyberbullying.

2. What did Jon Ronson's book tell us?

  (a) There would be more trolls if people knew those publicly shamed personally.

  (b) People troll because they can hide behind the anonymity of a keyboard.

  (c) Trolls know exactly the damage they are causing and revel in it.

  (d) Cyberbullying is annoying but doesn't have any significant consequences.

3. What cannot be inferred from the passage?

  (a) Jon Ronson wrote the book because he had firsthand experience of being publicly shamed.

  (b) Some people actually get enjoyment out of participating in cyberbullying of others.

  (c) When people engage in cyberbullying, they can use the anonymity of Internet.

  (d) There are so many celebrity deaths that we are becoming immune to the shock of them.

4. Which of the following best completes the sentence?

  (a) praise from those who agree with me

  (b) funding to fight the situation

  (c) delight in causing anguish to others

  (d) thorough analysis on the fate of the nation

Words & Phrases

(internet) troll 악플러 malicious (online) comment 악플 ludicrous a. 어처구니없는, 터무니없는 prank n. 장난 anonymity n. 익명성 devastating a. 황폐화하는 take away 빼앗다 cyberbullying n. 사이버 폭력, 온라인 왕따 immune a. 면역된

문장분석

■ Most trolls said they did not know how things would blow up or that they wouldn't have done the same if they had known the victims in person. ➔ said 뒤에 that이 생략된 형태로 Most trolls said ① (that) hey did not know how things would blow up or ② that they wouldn't have done the same if they had known the victims in person. 즉 목적절이 두 개가 온 경우이다. ②의 경우에는 가정법 과거완료 문장으로 '과거 사실의 반대'를 뜻한다. '그들이 개인적으로 몰랐기 때문에 악플을 달았다'는 것을 '만약 알았더라면 악플을 달지 않았을 텐데'의 문장으로 나타낸 것이다.

Unit 5 Mansplaining
|잘난 척하는 남자들|

•패션•

In time for International Women's Day, "mansplaining" has been discussed on social media. A combination of "man" and "explaining," the term was selected as Macquarie Dictionary's Word of the Year for 2014. But what does it mean? According to the Oxford English Dictionary, mansplain means, "(a man) explaining (something) to someone, typically a woman, in a manner regarded as condescending or patronizing." It basically means, "You wouldn't know much about this, as you are a woman, so let me explain it to you."

The word was first used in cultural columnist Rebecca Solnit's 2008 blog post published in the L.A. Times, "Men Explain Things to Me; Facts Didn't Get in Their Way." She wrote about her conversation with a man several years earlier. When she introduced herself as the author of a book on Eadweard Muybridge, a photographer known for "The Horse in Motion," the man cut her off and said, "And have you heard about the very important Muybridge book that came out this year?" Only after her friend told him several times, "That's her book," did he understand the situation. It turned out that he hadn't read the book, but had just read about it in a New York Times review.

While Solnit's story may be dramatic, it is not so rare. To a different degree, many women experience similar situations in their everyday lives. Solnit wrote, "Some men. Every woman knows what I mean." It doesn't remain an individual situation. It affects women's rights. Depending on where you stand, you see a different world. We don't even need to go into gender inequality. How about men start looking at the world from a woman's position, and vice versa?

1. What's the main idea of the passage?

   (a) Why it is important to understand 'mansplaining'.
   (b) When it is necessary to call out 'mansplaining'.
   (c) How the term 'mansplaining' came about.
   (d) The effect of 'mansplaining' on women.

2. Which of the following is incorrect about Solnit's encounter?

   (a) The man ignored the fact that she had written the book.
   (b) Another person had to convince him of her credentials.
   (c) The man was also an authority of Muybridge.
   (d) The man had not even read the book he was recommending.

3. What can be inferred from the passage?

   (a) Mansplaining has arisen from the fact that women know less about certain things than men.
   (b) Women also speak in such a way to other women, but it isn't focused on.
   (c) All men are guilty of mansplaining at some point in their lives.
   (d) Nearly every woman has been on the receiving end of mansplaining.

4. What does the underlined mean?

   (a) Both men and women need to start stepping into the shoes of the other.
   (b) If men realized how the world is for women, they might act differently.
   (c) Men and women do not understand each other very well at all.
   (d) The world benefits the men more than it does women.

Words & Phrases

social media 소셜 미디어   typically *ad.* 전형적으로   cut off 자르다, 막다, 차단하다
gender inequality 성차별   authority *n.* 권위자   benefit *v.* 이득을 보다, 이익이 되다

문장분석

■ Only after her friend told him several times, "That's her book," did he understand the situation. ➡ only와 시간 표현이 함께 오면 문장에서 도치가 일어난다. 그러므로 only after ~ did he understand가 되는 것이다. 정상적인 어순이라면 He understood the situation only after her friend told him several times, "That's her book."이 된다.

Unit 6 Our athletes' invincible spirit
| 인빅투스 |

• 예술/영화 •

Miracles come with pain — at least that was the case for William Ernest Henley (1849-1903), an English poet. From the age of 12, Henley suffered from bone tuberculosis, forcing him to undergo the amputation of his left leg below the knee. However, the poet always behaved cheerfully and passionately. The novelist Robert Louis Stevenson even had his big-shouldered friend who walked on crutches make an appearance in his book "Treasure Island." The famous character of the one-legged pirate Long John Silver was inspired by Stevenson's real-life friend, Henley.

"Invictus" is a poem Henley wrote in 1875. The title is a Latin word meaning "unconquerable." A few years before he wrote this piece, his right leg had also started to be affected by his disease. Medical doctors advised him to undergo a surgical operation in order to save his life, but the poet refused. Instead, he received intensive medical care for three years, and survived 30 years thereafter. The poem conveys the joy of a person who overcomes extreme suffering. "Out of the night that covers me/ Black as the Pit from pole to pole/ I thank whatever gods may be/ For my unconquerable soul ..." "It matters not how strait the gate/ How charged with punishments the scroll/ I am the master of my fate/ I am the captain of my soul." Perhaps Henley's refusal to shrink in the face of pain helped his body stay strong through his disease.

Invictus was a favorite poem of Nelson Mandela, the South African leader who was imprisoned for 27 years. In the 2009 film "Invictus" directed by Clint Eastwood, there is a scene in which Mandela, who had been elected as the president of South Africa, recites the poem to the captain of the national rugby team. The unconquerable spirit that the poet and the South African leader shared compelled the country's underdog rugby team to rise up. At the final match of the 1995 Rugby World Cup, they miraculously triumphed over the New Zealand team, which had been one of the strongest.

1. What's the passage about?

    (a) The confinement of Nelson Mandela
    (b) Henley's medical procedures
    (c) Having an unconquerable spirit
    (d) Bone tuberculosis

2. What cannot be inferred about Henley?

    (a) He had a strong determination to survive.
    (b) He was close friends with Mandela.
    (c) His illness did not stop him from writing.
    (d) He didn't let his illness depress him.

3. Which of the following is false?

    (a) The poem Invictus does not appear in the movie Invictus.
    (b) The South African rugby team won the 1995 Rugby World Cup.
    (c) In the movie the poem is read to only the captain of the team and not the whole team.
    (d) The poem was written after Henley's leg was affected.

4. How does the poem relate to the South African rugby team?

    (a) The South African rugby players had watched the movie Invictus and liked the poem.
    (b) The poem was written for the South African rugby team.
    (c) They overcome the odds to beat New Zealand who should have beaten them.
    (d) The poem was a favorite of the captain's.

Words & Phrases

suffer from ~로 고생하다   tuberculosis 결핵(병)   force A to B A에게 B를 강요하다   amputation n. 절단
big-shouldered a. 어깨가 넓은   one-legged a. 다리가 하나 뿐인   pirate n. 해적   unconquerable a. 정복할 수 없는
affect v. 영향을 미치다   overcome v. 극복하다   strait a. (통로가) 좁은   refusal n. 거절   shrink v. 움츠리다
imprison v. 투옥하다, 수용하다   recite v. 암송하다, 이야기하다, 상술하다   compel v. 강제하다, 강요하다
triumph over ~에 승리를 거머쥐다

문장분석

■ In the 2009 film "Invictus" directed by Clint Eastwood, there is a scene in which Mandela, who had been elected as the president of South Africa, recites the poem to the captain of the national rugby team. ➡ 우선 Invictus 뒷부분은 which is, 혹은 that is의 주격 관계대명사가 생략된 형태이다. 그래서 Clint Eastwood까지는 전치사구로 묶는 형태이며, there is 유도부사구문이 주절로서 나오고 있다. 또한 a scene 부분을 관계부사인 in which가 꾸며주고 있으며 in which는 관계부사이므로 완전한 절이 나와야 한다. in which 절에서의 주어는 Mandela이며 동사는 recites이다. 중간에 who를 이용한 관계대명사절이 삽입되어 있다.

Unit 7 Articles of suppression |부르카|

• 세계문화 •

It was less than 100 years ago that Western women were first allowed to wear clothes that showed their feet. Even in the early part of the 20th century, women had to walk with their long skirts trailing in order not to expose their legs, accompanied by pantalettes and many layers of petticoats. It has been said that even the legs of tables and pianos were kept covered in England during the reign of Queen Victoria. And to avoid vulgarity, chicken legs were known as "dark meat" while the euphemism for chicken breast was "white meat." However, covering the human body was not a viable solution in the end. British art historian James Laver said that the more women cover their bodies with clothes, the higher the erotic interest of men grows.

But Muslims would not agree: They believe that it goes against the Koran for women not to cover their bodies outside the home. Not long ago an Iranian religious leader blamed women's not dressing "properly" for frequent earthquakes. He said God punished humans because Islamic society had become demoralized, as men were tempted by women who were not dressed modestly. In principle, women in Iran should wear a chador, which covers every part of the body except the face and hands, when they are in public. According to the Koran, women must "draw their jilbabs (overgarment or cloak) around them to be recognized as believers and so that no harm will come to them" and "guard their private parts... and drape down khimar over their breasts [when in the presence of unrelated men]."

Although the garment has different names — hijab, niqab or burqa — most Islamic countries mandate that women wear clothing that covers the body. The most extreme is the burqa, which covers the eyes with dense mesh. Afghan writer Khaled Hosseini gets it right in his book, "A Thousand Splendid Suns," which contains a critique of the duplicity of Afghan men who force their wives to wear a burqa while indulging in pornographic magazines full of photos of naked, blonde women.

Belgium recently became the first European country to pass a law prohibiting women from wearing the burqa in public. France is planning to enact a similar law because the burqa "interferes with the dignity of women." However, objection to the law is strong. Opponents claim they will be shut up in their homes if not allowed to wear the burqa. They also point out that banning the burqa is a form of religious discrimination because there are many Muslim women who wear it voluntarily to express their identity as a Muslim. Although some European countries cite women's rights as a reason for the burqa ban, they have also been accused of using the ban to keep the influx of immigrants from the Middle East in check. In the end, however, attempts to regulate women's clothing may have the same effect — suppression.

1. What's the main topic of the passage?
    (a) Women's clothing
    (b) Dark meat and white meat
    (c) The rules of the Koran
    (d) The European burqa ban

2. What is Khaled Hosseini's criticism of the burqa?
    (a) It is uncomfortable and hot in the summer.
    (b) It is a way to conceal the beauty of their wives from other men who also want to appreciate their beauty.
    (c) It is an instrument of torture since many Afghan women who wear it stumble, fall and hurt themselves.
    (d) It is a double standard where Afghan men can do whatever they want and Afghan women are limited.

3. What do opponents of the burqa ban argue?
    (a) Women should have the choice to wear a burqa since they cannot leave their homes without one.
    (b) The ban will help improve the plight of suppressed women around the world.
    (c) The burqa is there to keep women lower than men.
    (d) The burqa is a useful item of clothing for Muslim women.

4. Which of the following best paraphrases the underlined phrase?
    (a) Earthquakes were blamed on women who had not dressed appropriately.
    (b) Women were punished for their state of clothing after an earthquake.
    (c) The religious leader said that women should always cover up, even in natural disasters.
    (d) The earthquakes were caused by people who had not acted in accordance with the Koran.

Words & Phrases

expose v. 노출하다   accompany v. 동반하다, 수반하다   petticoat n. (스커트 속에 입는) 페티코트   vulgarity n. 야비, 저속함
euphemism n. 완곡어법, 완곡어구   blame A for B   B 때문에 A를 비난하다   viable a. 실현 가능한
erotic a. 성애의, 욕정의, 색을 좋아하는   demoralize v. 풍기를 문란케 하다, 타락시키다   tempt v. 유혹하다, 부추기다
chador n. 차도르(인도·이란 등지의 여성이 숄로 사용하는 커다란 천)   critique n. 비평, 비판   prohibit A from B   B를 못하게 A를 막다
interfere with ~을 방해하다   opponent n. 적, 상대, 반대하는 사람   be accused of ~로 비난받다, 고소당하다
attempt n. 시도, 도전, 공격, 습격

문장분석

■ It has been said that even the legs of tables and pianos were kept covered in England during the reign of Queen Victoria. ➡ keep을 이용한 수동태의 문장이다. 원래 형태는 keep the legs of tables and pianos covered이다. keep을 5형식으로 사용했다. 이 문장을 수동태의 형태로 바꾸면, 목적어인 the legs of tables and pianos가 주어로 빠지게 되어서 동사인 keep이 were kept의 형태로 바뀌었으며 목적보어인 covered가 그대로 붙어 있는 형태이다.

Unit 8 Suicide's long, dark shadows
|떠난 자와 남은 자|

• 사회문제 •

Suicide has long been seen as something that brings shame upon a person's family and community. In the fourth century B.C., Greek philosopher Aristotle argued that suicide was an act of cowardice to evade social responsibility. In ancient Athens, a law prohibited families from holding funerals for those who killed themselves and required that their bodies be buried on the outskirts of the city without even a tombstone. In medieval Europe, suicide was thought to be caused by the devil's whispers. A family who experienced a suicide was ostracized from the community and deprived of their fortunes and homes. In the 19th century, after passing through the Age of Enlightenment in Europe, people started to look at suicide differently. They started to recognize that it was not the result of the devil's trickery but rather the result of a disease like depression. Therefore, the focus moved from punishment to prevention for suicide victims. However, as the medical community believed that suicide was hereditary, families still were burdened with guilt and shame after a suicide. Across the ages and countries of the world, family members of suicide victims suffer from a tragic wound. In addition to the incredible shock, sorrow, sense of guilt and anger families feel, they have to endure the stigma of being the family members of a suicide victim. This could cause depression and result in a tragedy in which the remaining family members also attempt to commit suicide. According to a recent survey by the Children's Center of the Johns Hopkins University, children whose parents committed suicide are three times more likely to kill themselves.

1. What is the passage mainly about?

   (a) Reactions to suicide

   (b) Novels about suicide

   (c) The opinion of the medical community to suicide

   (d) The depression behind suicide

2. What can be inferred about suicide victim?

   (a) They feel shame about killing themselves.

   (b) They are intelligent and well-educated.

   (c) They might have been a child of a suicide victim.

   (d) They hated their family.

3. Which of the following is false?

   (a) Aristotle believed suicide victims were blameless.

   (b) Aristotle thought the suicide victim was trying to escape from their responsibilities.

   (c) In ancient Athens, suicide victims could not be buried with other dead bodies.

   (d) The Age of Enlightenment brought a new thinking about suicide.

4. Which is NOT mentioned as a feeling that a family member of a suicide victim might feel?

   (a) Guilt that they could not help the victim

   (b) Fury that the person has left them

   (c) Mourning for the lost person

   (d) Amazement that the suicide victim was able to go through with it

Words & Phrases

shame *n.* 수치(심)   cowardice *n.* 비겁, 겁   outskirts *n.* 교외, 변두리   medieval *a.* 중세의   ostracize *v.* 추방하다
trickery *n.* 속임수, 사기   burden *v.* ~에게 부담을 지우다   stigma *n.* 오명

문장분석

■ According to a recent survey by the Children's Center of the Johns Hopkins University, children whose parents committed suicide are three times more likely to kill themselves. ➔ According to부터 University까지 전치사구이며, 주어는 children이다. 관계형용사는 whose가 children을 꾸며주고 있으며 동사는 committed이다. children의 동사는 are likely to인데 are와 likely 사이에 three times more가 삽입되어 수식하고 있는 형태이다.

Battling it out on the football pitch

|전쟁과 축구|

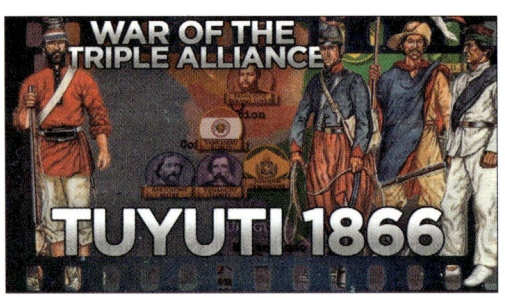

The War of the Triple Alliance which took place between 1864 and 1870 was instigated by the ambitious Paraguayan dictator Francisco Solano Lopez, who thought of himself as a Latin Napoleon. After Brazilian troops invaded Uruguay, Lopez decided to declare war on both Brazil and Argentina. While the well-prepared Paraguayan military fought well against the two nations early on, Lopez lacked diplomatic skill and managed to turn Uruguay against him. Instead of having to fight against just two nations, Paraguay had to face the Triple Alliance of Brazil, Argentina and Uruguay.

In 1869, Paraguay's capital of Asuncion fell into the hands of the Triple Alliance, and the war ended in 1870 when Lopez was shot to death as he fought alongside the remnants of his army on the northern frontier of Paraguay. The result of Lopez's reckless war was devastating. Between 90,000 and 100,000 soldiers and civilians were killed on the Alliance's side, and the population of Paraguay, which was 520,000 before the war, was reduced to 220,000 by its end. Most of Paraguay's male population was killed. Historians estimate that after the war only 28,000 males were left. As I watched the South American teams compete in the World Cup, I couldn't help thinking about the War of the Triple Alliance. The aggressive competition and nationalism that permeated the matches left me thinking that the footballers were re-enacting their historic conflicts on the pitch.

American anthropologist Richard Sipes said in 1973 that sports games like football could be used as an alternative to war, as they could reduce tensions between the main agents of aggressive conflicts. In the 1970s, the United States and China benefited from such thinking. The U.S. administration's strategy of "Ping Pong Diplomacy," which involved American table tennis players competing in China, led to a thaw in U.S.-China relations during the Cold War. We should remember the many lives lost to senseless conflicts the next time tensions rise, and consider the benefits of battling it out on the pitch.

1. What's the main topic of the passage?

    (a) The conflicts of South America

    (b) Senseless conflicts and ways to avert them

    (c) The use of sport in deciding who is dominant

    (d) Gender imbalances in South America

2. What can be inferred about Ping Pong Diplomacy?

    (a) It can reduce tensions between countries.

    (b) It can end a war quickly.

    (c) It is only used by the U.S.

    (d) It does not stop war, just slows it down.

3. What was the result of the War of the Triple Alliance for Paraguay, according to the passage?

    (a) It lost credibility in South America.

    (b) It lost most of its male population.

    (c) It lost its football stars.

    (d) It lost many relationships globally.

4. Choose the incorrect one from the following statements.

    (a) Lopez saw himself as the Napoleon of South America.

    (b) Paraguay enjoyed successes early on in the war.

    (c) Lopez was a skilled diplomat but this skill was not enough to save Paraguay.

    (d) Lopez's death marked the end of the war and the defeat of Paraguay.

Words & Phrases

the Triple Alliance 삼국 동맹   instigate v. 선동하다, 부추기다   invade v. 침략하다   declare war on ~에 선전포고 하다
early on 초기에   diplomatic a. 외교의   face v. 직면하다, 출동하다, 맞서다   fall into the hands of ~의 손에 넘어가다
remnant n. 잔여, 나머지   aggressive a. 공격적인   alternative n. 대안   senseless a. 어리석은, 몰상식한, 분별이 없는

문장분석

■ The War of the Triple Alliance which took place between 1864 and 1870 was instigated by the ambitious Paraguayan dictator Francisco Solano Lopez, who thought of himself as a Latin Napoleon.

→ which가 주격 관계대명사로서 앞의 War를 수식하고 있다. 두 번째 줄의 who는 앞에 나와 있는 Solano Lopez를 수식하고 있으며 동사는 think이다. think동사는 이 문장에서 think of A as B의 형태로 사용되어 'A를 B로서 생각하다' 이다.

Unit 10 What 'mancession?' |맨세션|

· 문화현상 ·

    For most oil-producing countries, oil hurts more than helps. Many countries have become intoxicated by oil money and do not make efforts to build other competitive industries. Such negligence is called the "resource curse." Michael Ross, political science professor at the University of California, Los Angeles, argues that the status of women in the Middle East is especially low because of the resource curse. The oil-exporting countries can afford to use their money to buy cheap imports, consequently hurting labor-intensive manufacturing industries such as apparel and shoes. These industries traditionally offer jobs to women. Women can demand rights when they are allowed to participate in a society, but in the Middle East they are completely blocked from such opportunities. Meanwhile, the oil boom generates jobs for men by boosting the construction industry, further solidifying the male-centered system.

    The latest global financial crisis has led to the reverse phenomenon. More men have lost jobs because of the financial crisis than women have. In the United States, 11 million jobs have disappeared since 2007, and two-thirds of them had been occupied by men. Several theories exist on why this economic recession has become a "mancession" in many countries. One idea is that the financial and construction sectors are directly affected by the crisis while the health care and education sectors, which traditionally employ more women, are not sensitive to the market.

    Another theory is that the average wage for men is higher than that for women, so higher-paid workers are always first to go. According to a recent OECD report, all member countries but one saw a higher increase in the unemployment of men than women after the financial crisis. Many forecast that this trend will bring considerable social changes. With more women playing the role of breadwinner in families, one of the predictions is that housework and child rearing will be shared more equally between partners. Others predict that as women's economic power increases, the gender wage gap will narrow.

1. What is the passage mainly about?

    (a) The role of women in the modern age

    (b) The effect of the recession on men

    (c) The pay gap between the sexes

    (d) The effect of the oil industry on marriage in the Middle East

2. Which of the following is false?

    (a) The Middle East has a thriving clothing industry.

    (b) In the Middle East, there aren't many jobs for women.

    (c) Oil-rich countries do not try to develop other areas of industry.

    (d) Without jobs, women have fewer rights.

3. What can you infer about the mancession?

    (a) It has affected both men and women equally.

    (b) It is made up by gender equality proponents.

    (c) Women have been steadily working to bring it about for years.

    (d) It has arisen because men earn more than women and high earners get laid off first.

4. What does the article predict will happen in the future?

    (a) The roles of men and women in the home will change.

    (b) The mancession will disappear and things will return to normal.

    (c) Women will enjoy higher salaries than men from now on.

    (d) Women will see many industries, previously closed to them, open up.

Words & Phrases

intoxicate *v.* 취하게 하다, 중독되게 하다   negligence *n.* 태만, 무지   labor-intensive *a.* 노동집약적인   apparel *n.* 의복   block *v.* 막다, 저지하다   boost *v.* 후원하다, 밀어주다   solidify *v.* 강화하다, 단결시키다, 굳히다   male-centered *a.* 남성 중심의   financial crisis 금융위기   reverse *a.* 역의, 반대의   recession *n.* 경기 후퇴, 부진

문장분석

■ The oil-exporting countries can afford to use their money to buy cheap imports, consequently hurting labor-intensive manufacturing industries such as apparel and shoes. ➔ consequently hurting은 앞쪽의 oil-exporting countries를 수식하는 형태로 원래의 형태는 which hurt, 혹은 that hurt의 형태였다. 하지만 주격 관계대명사가 생략되면서 일반동사인 hurt는 그 형태가 hurting이라는 -ing의 형태를 가지게 된 것이다.

Unit 11 A worthy adversary |악역|

•예술/영화•

The villain in a drama is the character that makes the hero look outstanding. After all, what would Batman be without the Joker? Wouldn't he just be a brave, brooding citizen who fights gangsters? If you think about it, Batman only looks like a hero because the Joker is such a villain. The presence of the Joker, the villain who has been played by Jack Nicholson, the most nominated male actor in Academy Awards history, and Heath Ledger, a young star who tragically passed away in 2008, almost overwhelms the hero in the Batman series. The same goes for Lex Luthor, the evil genius who is Superman's archenemy, as well as the Goblin and Dr. Octopus, the greatest enemies of Spider-Man. We love our heroes all the more for how bad the bad guys are, and there are countless examples of this. James Bond would be nothing but an attractive playboy if it were not for Dr. No in the first film, which was named for the villainous character, and Le Chiffre in "Casino Royale." Similarly, a Western film without a villain is lifeless. Lee Van Cleef was unrivaled in playing the role of the outlaw. In "High Noon," in which he made his film debut, his villainous appearance, along with a ticking clock, added tension to the already dramatic atmosphere. It is the death of his character that helped give birth to the hero, played by Gary Cooper. In "A Fistful of Dollars," we cheer when Clint Eastwood, the good guy, kills Van Cleef, the bad guy.

1. What's the passage about?

    (a) What makes a true hero
    (b) The misunderstood villain
    (c) The relationship between hero and villain
    (d) The actors who play villains well

2. Which of the following paraphrases the underlined?

    (a) The hero is always handsome; the bad guy always ugly.
    (b) If a bad guy is evil, he is also stupid.
    (c) The evil villain always tries to kill the hero.
    (d) The evil of the villain emphasizes the good of the hero.

3. What is the purpose of the villain?

    (a) To make the hero more attractive to the audience
    (b) To bring suspense and drama to a movie
    (c) To counteract the goodness of the hero
    (d) To bring about the climax of the movie

4. Which is the best topic of the preceding paragraph?

    (a) Different genres of movies
    (b) Actors that are characterized by playing villains
    (c) Movies that have a villain
    (d) The different roles in a movie

Words & Phrases

villain *n.* 악인, 악역   outstanding *a.* 눈에 띄는, 걸출한   nominated *a.* 지명된   pass away 죽다   countless *a.* 셀 수 없는
unrivaled *a.* 필적하는 자가 없는   outlaw *n.* 무법자   tension *n.* 긴장(상태)

문장분석

■ The presence of the Joker, the villain who has been played by Jack Nicholson, the most nominated male actor in Academy Awards history, and Heath Ledger, a young star who tragically passed away in 2008, almost overwhelms the hero in the Batman series.

➡ 주어는 The presence이며 the villain은 앞의 명사 Joker의 동격이다. 동격 처리된 villain을 주격 관계대명사 who가 수식해주고 있는 형태이며, 또한 Jack Nicholson을 the most nominated male이 동격으로 꾸며주고 있다. 그리고, and 뒤의 Heath Ledger는 앞쪽의 Jack Nicholson과 병치되어 있다. 그리고 주절의 동사는 overwhelms이다.

Unit 12 Mitchell, 'Moss' and management
|캐스팅|

• 예술/영화 •

When news broke that Margaret Mitchell's best-selling novel "Gone with the Wind" would be made into a movie, people focused their attention on who would play the role of the hero and heroine in the film. No one raised an objection to Clark Gable, the most popular actor of the time, playing Rhett Butler, but just about everyone seemed to have a different idea on who should play Scarlett O'Hara. Although some 30 top stars, including Katharine Hepburn and Mae West, and an even greater number of ingenues were screened, legendary producer David Selznick shook his head. He wanted an actress who had magical appeal.

After shooting for four months without the heroine, Selznick chose English actress Vivien Leigh for the role. The public reacted strongly against his selection. They reasoned that it made no sense to have an English actress playing a heroine who embodied the "spirit of the South," but Selznick did not budge. When the audience finally watched the film, however, they spared no praise. Produced in 1939, Gone with the Wind is still regarded as a great movie that no one dare remake. The casting was too perfect to ever imitate.

It can be said of almost all movies ever remade that there is controversy over whether the director's choice of actors coincides with the image the audiences have in their minds. Nowadays, they even coined the phrase "synchro rate," which shows how much an actor from the original cast has in common with an actor set to reprise the role. The higher the synchro rate, the higher the support rate of the audience. But it does not necessarily mean that the original cast is the best.

1. What's the topic of the passage?

   (a) American vs. English actresses

   (b) The popularity of Gone with the Wind

   (c) Casting a movie

   (d) Bad movie remakes

2. Why did people react strongly to the casting of Vivien Leigh?

   (a) They wanted her rival, Katherine Hepburn, to get the role.

   (b) She was considered a bad actress at the time.

   (c) She did not seem to fit the character of Scarlet O'Hara.

   (d) She was an English actress playing an American woman.

3. What can you infer about movie remakes?

   (a) They are never better than the original movies.

   (b) They must contain one original cast member.

   (c) They are not as successful as the original movies.

   (d) They are more successful if the remake actors closely resemble the original actors.

4. Which of the following is a suitable topic for the next paragraph?

   (a) The best original cast

   (b) Why audiences support different cast members and not others

   (c) The technology behind the synchro rate

   (d) If the original cast isn't always better than the remake cast

Words & Phrases

break *v.* 공포하다, 알려지다   play the role of ~의 역할을 하다   heroine *n.* 여주인공   objection (to) *n.* 반대
screen *v.* 촬영하다, 상영하다   appeal *n.* 매력   embody *v.* 구체화하다   be regarded as ~로 간주되다   dare *v.* 감히 ~하다
imitate *v.* 흉내 내다   controversy *n.* 논란   reprise *v.* 재연하다

문장분석

■ It can be said of almost all movies ever remade that there is controversy over whether the director's choice of actors coincides with the image the audiences have in their minds. ➡ said 뒤의 of almost all movies ever remade는 삽입된 형태이며 movies 뒤에는 which are, 혹은 that are가 생략된 형태이다. that과 whether는 명사절로 사용되어 둘다 완전한 문장이 따라온다. whether 문장을 살펴보면 주어와 동사가 두 개씩 있음을 발견할 수 있는데 이중 audiences have는 삽입으로서 image 뒤에 목적격 관계대명사 which 혹은 that이 생략되어 있다.

Unit 13 An addiction we can't afford

|'명품 프렌들리'|

•문화현상•

Aboard the U.S.S. Missouri in Tokyo Bay on Sept. 2, 1945, Gen. Douglas MacArthur signed the Japanese Instrument of Surrender, which was first agreed upon by representatives from Japan on behalf of the Allied Powers. It was a historic scene that ended the Pacific War. But the attention of the people was focused on something else. "What is the brand name of General MacArthur's pen?" they asked. In response, the Parker Pen Company admitted that his writing instrument was theirs.

Years later, the image of Marilyn Monroe standing over a subway grate, holding down her dress as it blew up above her knees, made the film "The Seven Year Itch," more famous for this iconic image than for the plot itself. When the film came out, however, the attention of the women in the audience was focused on something else. They all wanted to know what brand of shoes Monroe was wearing. They were Ferragamos, and Monroe's sexy stand turned the company into a designer label.

In Japan, Burberry remains an icon of luxury. Trench coats made by the clothier became popular among civilians after World War I. At one stage, more than one half of the company's product line was sold in Japan, where Japanese housewives are said to have helped save Burberry from financial difficulty. Recently, The Wall Street Journal declared that Korea is, "emerging as one of the most 'luxury-friendly' places in the world." It reported that 46 percent of survey respondents said they spent more on luxury goods in the past year than before. It also said that those who said they felt guilty about how much they spent on luxury items totaled less than 5 percent.

1. What's the idea of the passage?

   (a) Luxury goods used by celebrities

   (b) Luxury items in history

   (c) The use of luxury goods in Asia

   (d) The rise of luxury goods

2. What effect did Japanese housewives have on the Burberry company?

   (a) Sales to Japanese housewives saved the company from economic ruin.

   (b) Their fashion sense made others want to buy from the company again.

   (c) Burberry sales went down because the company had lost its luxury image.

   (d) They ensured Burberry was the number one luxury good company in Japan.

3. How do Koreans feel about luxury goods?

   (a) They feel that luxury goods make them more attractive.

   (b) They want luxury goods to appear better than their friends and neighbors.

   (c) They don't feel the need to buy designer products these days.

   (d) They are buying more and more of them without feeling guilty about the cost.

4. Choose the incorrect one from the following.

   (a) Ferragamo was considered a designer label even before Marilyn Monroe wore them.

   (b) Mac Arthur signed the Japanese Instrument of Surrender aboard a ship.

   (c) The Seven Year Itch was mostly forgotten as a movie, but remembered as a fashion moment.

   (d) Even today, Burberry is a sought-after designer brand in Japan.

Words & Phrases

instrument *n.* 법률 문서   representative *n.* 대표   historic *a.* 역사적인   hold down 아래로 내리다   turn A into B A를 B로 변화시키다   financial difficulty 재정난   luxury-friendly *a.* 명품에 호의적인   guilty *n.* 죄책감   total *v.* 합계 ~이 되다

문장분석

■ Years later, the image of Marilyn Monroe standing over a subway grate, holding down her dress as it blew up above her knees, made the film "The Seven Year Itch," more famous for this iconic image than for the plot itself. ➡ standing과 holding은 Marilyn Monroe를 수식하고 있으며 as는 접속사로서 when의 뜻으로 사용되었다. 주절의 동사는 made이며 5형식으로 사용되고 있고 목적어는 the film인데 The Seven Year Itch가 동격으로 수식하고 있다. 목적 보어는 그 뒤에 나와 있는 famous이다.

Unit 14 Growing old peacefully |100세의 실종|

• 사회문제 •

      The Hunza Valley in the northern area of Pakistan is famous for mysteriously beautiful scenery that has been preserved since ancient times. The valley was the inspiration for Shangri-La in James Hilton's novel "Lost Horizon." It is also the backdrop for "Nausicaa of the Valley of the Wind," a manga series and animated feature by Hayao Miyazaki. The Hunza Valley is not only famous for its natural scenery, but also for residents who live very long lives. Along with Aphasia in the Russian Caucasus and Vilcabamba in Ecuador, the Hunza Valley is known as one of the three places for longevity in the world. Situated amid large mountain ranges, they all have access to clean air and fresh water.

      Although it is an island, Okinawa in Japan is also a place of longevity. Among its 1.3 million inhabitants, there are more than 700 senior citizens over the age of 100. In Okinawa, they say that a septuagenarian is a child and an octogenarian is a youth. There is even an old saying: "<u>If your ancestors call you to heaven when you reach 90, tell them to wait and that you'll think about it when you're 100</u>." There was even an "Okinawa program" in which people could follow the lifestyle of the Okinawans. The island's residents consume 18 kinds of food, 78 percent of which are vegetables. Their staple foods are grain, vegetables and seaweed. When they do cook meat, it is not roasted or grilled.

      Although all kinds of people have dreamt of eternal youth since ancient times, no one can stop the passage of time or prevent hair from turning gray. Thus, the only thing we can do is grow old gracefully. And we can take a cue from people who live in villages known for the longevity of its citizens — they all live lives of leisure. Instead of going against time, they advise us to get used to it. Probably for that reason, people use well-aging, not anti-aging, cosmetics these days.

1. What is the passage's main topic?

   (a) Why Asians live longer

   (b) Anti-aging ideas

   (c) Living a long and healthy life

   (d) How to be healthy inside and out

2. According to the passage, which of the following is NOT something the Hunza Valley is famous for?

   (a) The setting for a Mayazaki manga comic

   (b) The backdrop to an epic movie

   (c) Living a long time

   (d) Being the motivation for creating for Shangri-La

3. Which best paraphrases the underlined Okinawan saying?

   (a) Do not accept death early at the age of 90 — wait until you are at least 100.

   (b) If you die early, you lived a misguided life.

   (c) It is not your time to die unless you receive word from your ancestors.

   (d) A 90-year old person has lived a long and rewarding life.

4. What is the best subject for the next paragraph?

   (a) The advantages to never wearing make-up

   (b) The benefits of well-aging cosmetics

   (c) New technologies in make-up

   (d) Cosmetics cover up your skin's problems

Words & Phrases

scenery *n.* 광경, 풍경, 배경   since ancient times 고대 이래   inspiration *n.* 영감   longevity *n.* 장수
(be) situated *a.* ~에 위치하는   have access to ~에 접근이 가능하다   inhabitant *n.* 거주자   eternal *a.* 영원한
go against time 시간(자연의 흐름)을 거스르다

문장분석

■ The Hunza Valley is not only famous for its natural scenery, but also for residents who live very long lives. ➡ not only ~ but also 구문이 들어가 있다. 전치사 for가 병치되고 있음을 볼 수 있다. not only ~ but also 구문에서 only는 merely, simply, just, alone으로 대체될 수 있으며, also는 생략이 가능하다.

Unit 15 Giving to narrow the income gap
|불평등과 기부|

• 사회문제 •

In the United States, the top 1 percent of richest Americans have one third of the wealth. They have more than the lower 90 percent have combined. The United States has the largest income disparity among members of the Organization of Economic Cooperation and Development. The 1990s marked the watershed, when companies began offering high salaries and stock options. In 1980, the CEOs of major American corporations received 42 times the average salary of the employees. In 2007, the CEOs were paid 344 times the average employee. The average payout for CEOs in the United States is $13.3 million, twice more than European CEOs and nine times more than Japanese counterparts.

As the financial crisis widened the gap between the rich and the poor, the astonishing compensation became a target of fury rather than an object of desire. Even the tabloid newspaper the New York Post urged the greedy CEOs to restrain themselves. Because of the nationwide resentment over the high payout for the CEOs, the Obama administration is trying to end the tax breaks for the rich that were introduced during the Bush administration and impose higher taxes. However, there is opposition as well. Critics say levying higher taxes would discourage investment, bringing even fewer economic benefits to the lower income earners. The end of the tax cuts has also been criticized as infringing on the rights of the rich to "spend what they have as they wish."

The best solution would be for the rich to give back the excess before the government twists their arms. Social discord can be resolved not by taxes but through donations. Fortunately, many rich Americans are generous philanthropists as well. Two months ago, the two wealthiest Americans, Warren Buffett, co-founder and CEO of Berkshire Hathaway, and Bill Gates, the co-founder and former CEO of Microsoft, began a campaign to give away more than half their wealth, and 38 more billionaires have joined their campaign and signed the "Giving Pledge." The total sum of their pledges amounts to at least $125 billion. Warren Buffett has already promised to donate more than 99 percent of his wealth. He said that spending more than 1 percent of his wealth would not make him and his family happier, but the other 99 percent would have a tremendous impact on the welfare of other people. He said that he became rich thanks to his American citizenship, the luck of his genes and his diversified interests. He accumulated his wealth thanks to more than his own abilities, so it would be only fair to give back to society. Thanks to these generous philanthropists, the country with worst income gap in the world is still going strong.

1. What's the passage mainly about?
   (a) CEOs taking more than they deserve
   (b) The link between the government and high salaries for CEOs
   (c) The financial gap between the rich and the poor in America
   (d) How CEOs spend their money
   (e) How the financial crisis affected American CEOs

2. What is the Giving Pledge?
   (a) It's a scheme whereby very rich people give away the majority of their wealth to needy people.
   (b) It is a program to help the rich organize their money better.
   (c) An idea that Gates and Buffet had to combine their wealth.
   (d) The push to get more CEOs involved in active charity work.
   (e) An example of rich people helping to educate poorer people on how to get rich.

3. What can be inferred about U.S. CEOs salaries?
   (a) They reached their peak in the 1980s and have remained steady ever since.
   (b) During the financial crisis, most U.S. CEOs took a pay cut.
   (c) The exact amount earned still remains a mystery to the general public.
   (d) The amounts have increased to a point that is quite shameful given the amount of poverty in America.
   (e) They are now on par with European salaries and almost caught up with Japanese salaries.

4. Which of the following best paraphrases the underlined sentence?
   (a) Convincing rich people to part with their money is a difficult task.
   (b) Salaries of rich people will decrease if the government succeeds.
   (c) The government will protect the money of the rich.
   (d) The rich don't want to give any money to charities.
   (e) It is better to appear to willingly give back money instead of being forced to.

Words & Phrases

one third 3분의 1   combine v. 합치다   disparity n. 불균형, 불일치   watershed n. 중대한 시기
counterpart n. 상대물, 대응물   financial crisis 금융위기   astonishing a. 놀라운   compensation n. 보상
urge A to B B하라고 A를 독촉하다, 촉구하다   greedy a. 욕심 많은   restrain v. 억누르다, 억제하다, 제지하다
payout n. 지불(금)   tax break 세금 면제   impose v. 부과하다   infringe on (~의 권리를) 침해하다   right n. 권리
excess n. 과다, 초과   philanthropist n. 자선가   have a tremendous impact on ~에 엄청난 영향을 미치다

문장분석

■ Social discord can be resolved not by taxes but through donations. Fortunately, many rich Americans are generous philanthropists as well. → not A but B 구문으로서 'B가 아니라 A이다'라는 뜻이다. 원칙상 전치사를 일치시켜야 하지만, 내용상 적절하면 서로 다른 전치사를 사용한다. 또한 두 번째 문장의 맨 끝부분에 as well이 사용되었는데, 이는 too와 같이 '역시'라는 뜻으로 사용된다. 부정문일 때는 either를 사용한다.

Unit 16 Cruelty in theatre from Titus to Todd
|잔혹극|

• 예술/연극 •

Fourteen gruesome killings, rape, mutilation, cannibalism, and other grotesque atrocities dominate the scenes of "Titus Andronicus," an early tragedy written by one of the world's greatest English writers, William Shakespeare, in the early 1590s. The play revolves around the bloody revenge of Roman general Titus Andronicus over control of the Roman throne. One critic called the play, which has a terrible image every 97 lines, a "catalogue of violence." The revenge subplots later reappeared in Shakespeare's more famous tragedies like "Othello" and "King Lear." The crude barbarity disgusted many literary critics, with T.S. Eliot naming it "one of the stupidest and most uninspiring plays ever written." But the play was popular on stage and in bookstalls during Shakespeare's time.

Gruesome and morbid themes often took the stage during the Victorian age of the early 19th century. "Sweeney Todd: The Demon Barber of Fleet Street," which later became a Broadway hit and a movie musical, is one of them. The story appeared as a penny magazine widely read by London citizens. A barber is wrongly sentenced by a judge who <u>harbors</u> a secret lust for his wife, but later the barber returns to London and embarks on a quest for revenge against the hypocritical London elites. He slashes the throats of his carefully selected customers and his specially-designed barber's seat sends the bodies down to the basement to be ground up and baked into pies. The barber slowly turns into a monster savoring the act of murder.

Violence is a popular recipe to market novels, plays and films. Violent comic dramas, romantic thrillers or even cruel children stories simply sell better. The "theatre of cruelty" is a concept coined by French writer Antonin Artaud, who wrote, "Without an element of cruelty at the root of every spectacle, the theatre is not possible." He did not mean violent cruelty, but the baring of false realities to inspire truth, honesty and self-exploration in the audience. He wanted to revolutionize the hollow theatre and bring back enlightenment through the liberation of basic instincts and energy.

1. What can be inferred from the passage?

    (a) Shakespeare took time to develop a good writing style.

    (b) Cruelty has an important part to play in literature and theatre.

    (c) Cruelty is an unnecessary part of writing.

    (d) Only truly evil people take enjoyment from reading or seeing cruelty.

2. Why did many critics find Titus Andronicus to be such a terrible play?

    (a) It had far too much violence in it for most people.

    (b) It was an early play by Shakespeare and he still lacked skill in writing.

    (c) There were too many plot mistakes covered over with violent scenes.

    (d) It was just too basic a story with no real honesty or self-exploration.

3. Which of the following is incorrect according to the passage?

    (a) Artaud believes in cruelty in the theatre.

    (b) Sweeny Todd was a huge success.

    (c) T.S. Eliot was not a fan of Titus Andonicus.

    (d) Titus Andronicus is one of Shakespeare's greatest plays.

4. Choose the one that is closest in meaning to the CONTEXTUAL meaning of the underlined word.

    (a) The citizen who harbors fugitives from labor is a bad citizen .

    (b) There are those who harbor suspicions about his past activities.

    (c) This town harbors several textile factories.

    (d) His motel harbors refugees during their first night in America.

Words & Phrases

gruesome *a.* 무시무시한, 소름끼치는, 섬뜩한　rape *n.* 강간　mutilation *n.* 절단　cannibalism *n.* 식인
grotesque *a.* 기괴한, 이상한　atrocity *n.* 횡포　revolve (around) *v.* (~을 중심으로) 전개되다　revenge *n.* 보복
barbarity *n.* 잔인성　disgust *v.* 메스껍게 하다　morbid *a.* 병적인, 섬뜩한, 소름끼치는　penny *a.* 싸구려의
sentence *v.* 형을 내리다　lust *n.* 욕정　savor *v.* 음미하다, 맛보다

문장분석

■ The crude barbarity disgusted many literary critics, with T.S. Eliot naming it "one of the stupidest and most uninspiring plays ever written." ➜ T.S. Eliot 뒤에 나오는 name동사는 call동사와 같이 5형식 동사이다. 그러므로 as와 같은 전치사를 사용하지 않고 name A B의 형태로 'A를 B라고 부르다'라고 사용된다.

Unit 17 Politics imitates television |리얼리티쇼|

• 문화현상 •

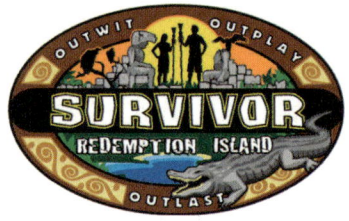

Reality shows present the unscripted actions of ordinary people, not celebrities or actors. Survival games, auditions and dating shows are the most common forms of reality television. Sometimes, television cameras capture private moments, such as a physical makeover. Hidden cameras are the oldest type of reality programming, dating back to 1949, when "Candid Camera" pioneered the genre in the United States. Reality shows are popular in the United States and Europe, as well as in Asia and South America. Every year, more than 30 reality shows in the U.S. hold interviews for participants. Celebrities such as Steven Spielberg, Oprah Winfrey, actor Ashton Kutcher and supermodel Tyra Banks have created reality shows.

The television program that ignited the trend was "Unsolved Mysteries," which was first aired in the U.S. in 1987. When screenwriters went on strike, the show was created without a script as a stopgap measure, and it turned out to be a hit. Since that show's success, producers have focused on the economic benefits of reality television, which costs less, needs no professional actors or script, and has a format that can be exported. In this century, reality programming has taken off worldwide. CBS's "Survivor," a game show on a remote island, has become a worldwide television brand. "Big Brother," where the participants are watched by 28 cameras 24 hours a day, has been exported to 15 nations.

Although reality programming is popular, these shows have been criticized for their invasion of privacy, infringement of human rights, voyeurism, vulgarity and sensationalism. Some also say the shows encourage cynicism and blur the difference between reality and illusion. The excessive competition and the winner-takes-all structure of reality shows are also problematic. Reality programming is about survival and elimination. A participant is removed in each episode, and your friend today becomes your enemy tomorrow. Even if the competition is not explicit, the underlying premise is the same. <u>Competition is a virtue, and the highest virtue is victory</u>. Reality television resembles the paradigm of infinite competition in neo-conservatism, also born in the United States. It is revealing that the rise of reality television to be a global genre coincides with the global expansion of neo-conservatism.

1. What's the passage about?

    (a) The era of neo-conservatism

    (b) The rise of reality shows

    (c) The relationships made in reality shows

    (d) How to win at a reality show

2. What can you infer about reality programming?

    (a) Reality shows appeal to everyone, regardless of age or gender.

    (b) Reality shows are quite difficult to make and expensive to produce.

    (c) It's the best kind of programming financially.

    (d) It encourages new friendships to form.

3. Which of the following is true?

    (a) Survivor and Big Brother are watched throughout the world.

    (b) Reality TV has made stars of many people, including Oprah Winfrey and Tyra Banks.

    (c) Reality TV was first created because of an actors' strike.

    (d) The pros and cons of reality programming were considered deeply for a long time before the first show was aired.

4. Which of the following best paraphrases the underlined phrase?

    (a) Participating in a competition will bring you glory amongst your friends.

    (b) The most virtuous people are those who organize competitions.

    (c) It is human asset to be competitive and the victorious are admired.

    (d) Only those who have a chance of succeeding should compete.

Words & Phrases

unscripted *a.* 대본이 없는   capture *v.* 잡다, 담아내다   makeover *n.* 개조, 인상 바꾸기   pioneer *v.* 개척하다
ignite *v.* 불을 붙이다   trend *n.* 경향   air *v.* 방송하다   stopgap *a.* 임시변통의, 미봉책의   hit *n.* 성공, 히트   remote *a.* 먼
export *v.* 수출하다   invasion of privacy 사생활 침해   infringement *n.* 침해   voyeurism *n.* 관음증
vulgarity *n.* 저속성   sensationalism *n.* 선정주의   excessive *a.* 지나치게 과도한   winner-takes-all *a.* 승자독식의
problematic *a.* 문제가 있는   coincide with ~와 일치하다

문장분석

■ Since that show's success, producers have focused on the economic benefits of reality television, which costs less, needs no professional actors or script, and has a format that can be exported. ➡ Since는 두 가지로 해석이 가능한데, 한 가지는 '~때문에'이며, 다른 하나는 '~이후로'이다. 이 둘을 구분하는 방법은 주절의 동사의 시제로 가능한데 주절의 동사의 시제가 현재완료이면 '~이후로', 그 외의 경우에는 '~때문에'로 해석하면 적당하다. which는 제한적 용법과 계속적 용법으로 나뉘는데, 여기서는 계속적 용법으로 쓰인 것으로 계속적 용법으로 쓰일 경우에는 문장 전체의 내용이나 명사를 수식한다.

Unit 18 Improving on reality |디지털 특수효과|

• 예술/영화 •

"Movies as science" is not a new concept. The idea began when three dimensional (images) materialized in two dimensions (the screen) using light. The role played by science and technology in commercial movies grows each day. All blockbusters rely on the latest digital technology to give moviegoers a magical experience. Technology is the essence of Hollywood, which appears to be a "dream factory" but is actually a "factory of technology and capital."

If George Lucas' science fiction movie "Star Wars" was epochal in the development of movie making technology in the '80s and '90s, Peter Jackson's fantasy movie, "The Lord of the Rings" did the same for this century. He created an amazing world from a fantasy novel, one that people had previously considered impossible to bring to the big screen. He was rewarded with Oscars for all 11 categories in which his film was nominated. This inspired a boom in fantasy movies, and digital technology is essential in bringing such films to life.

What is very interesting about these big movies is the relationship that forms between the movie and the moviegoers. Movies can transcend the boundaries of space, time and the senses through technology.

Moviegoers are taken on a rollercoaster ride and view scenes that are impossible in real life. Displaying the medium at its best are the rushing crowds with millions of characters born through computer technology. The camera is not at eye level but expands the field of vision, shooting from the point of view of an eagle flying over the scene. IMAX movies are an example of an expanded visual sensation pushed to extremes. High definition digital images present colors more vividly and intensely than those seen in real life. Moviegoers feel that the image splashed across digital space is aesthetically better and real life seems pale by comparison.

In this manner, visual experiences through digital technology transcend the boundaries of reality and even surpass real-life experiences. Unwittingly, technology and images serve to improve our imperfect reality. In modern-day blockbusters, technology and images have already surpassed reality.

1. What inspired the surge in fantasy movies?

   (a) The turn of the century

   (b) The longevity of the "Star Wars" series

   (c) The popularity of fantasy novels

   (d) The enormous success of "The Lord of the Rings" at the Oscars

   (e) The progress in digital technology

2. Which of the following statements is false?

   (a) Digital technology can create crowds of people who are not actually in front of the camera.

   (b) The audience can make a stronger connection to the movie because space and time is blurred.

   (c) The images displayed these days on the movie screen make real life seem bland.

   (d) IMAX movies resemble real life better than ever before.

   (e) IMAX movies display digital technology at its very best.

3. What can you infer about blockbuster movies?

   (a) They might make people depressed with their own lives.

   (b) They have surpassed representing real life accurately.

   (c) They encourage people to go to the movies more often.

   (d) They offer an alternate life to people who are unhappy in their own real life.

   (e) They are showing us how our lives could be.

4. What's the idea of the passage?

   (a) To examine the progress in digital technology used in movies

   (b) To promote blockbuster movies

   (c) To bring new fans to a dying genre

   (d) To discuss the ways that digital technology can further be improved

   (e) To bring people back to reality

Words & Phrases

dimensional *n.* 차원   materialize *v.* 실현하다   moviegoer *n.* 영화팬, 영화를 자주 보러 가는 사람   essence *n.* 진수
bring to the big screen 대형화면에 가져오다(실현하다)   nominate *v.* 지목하다   boundary *n.* 경계   expand *v.* 확장하다
aesthetically *ad.* 미적으로, 심미안적으로   by comparison 비교하면   unwittingly *ad.* 부지중에   surpass *v.* 능가하다

문장분석

■ He created an amazing world from a fantasy novel, one that people had previously considered impossible to bring to the big screen. ➡ 동격이 두 번 사용된 경우로서

one은 앞쪽에 나와 있는 a fantasy novel을 수식하고 있으며, one은 동격의 that 절에 의해서 수식을 받고 있다.

unit 18 디지털 특수효과

Unit 19 Memories of Mozart |모차르트|

• 예술/음악 •

In Philippe Sollers' book "Mysterieux Mozart," the author writes, "Every modern person lives with Mozart's music." On cellular phones, elevators and in shopping malls, Mozart's music is there. Speaking extremely, people are born having listened to Mozart's "Die Zauberfloete" while inside their mothers' wombs, go on dates with "Le Nozze di Figaro" as their theme music and are buried to the sound of "Requiem." It is not an exaggeration that Mozart could buy all of Austria if he was alive today and able to receive copyright royalties on all his music.

However, when Mozart was alive he was always pressed for money. His worst year was 1789. A letter he wrote to his fellow Freemason Johann Michael Puchberg details his needy circumstances as follows. "If you, as a close friend and brother of mine, discard me, then my poor and sick wife, all my children and I will have no other way to survive. Sadly, I am a very unlucky person and whatever I do, it is hard to earn any money. I have passed out a reservation list of a recital for 14 days, but Swieten was the only one who wrote his name on the list."

Although he was poor when alive, today Mozart feeds practically all of Salzburg. In that city, almost everything from t-shirts, pencils, ashtrays, cigarette lighters to even beer and golf balls has a Mozart brand. The famous Kugel chocolate, with Mozart's face on the wrapping, has sold over one hundred million pieces overseas, which is 58 billion won ($59.5 million) worth. Salzburg has evaluated the brand value of Mozart at 5.4 billion euro or 6.4 trillion won. That is higher than the brand value of Phillips — 4.9 billion euro — and Volkswagen at 4.6 billion euro.

The brand power of Mozart comes from familiarity. It is different from Beethoven's music, which is strict, or Bach's devout music. Mozart's music is bright, easy, fun and sweet. It fits well with the brand awareness of modern people. Mozart is like a friend or lover that it is hard to separate from. Albert Einstein described Mozart as follows. "When someone dies, it means that person can no longer listen to Mozart's music."

1. What does the phrase "Every modern person lives with Mozart's music" mean according to the passage?

   (a) Everyone loves to listen to his music.

   (b) His music is used in every form of advertising, movie, or show.

   (c) There is at least one of his songs in every home.

   (d) His music has become very commonplace in today's society.

2. Which of the following is true of Mozart according to the passage?

   (a) He was unlucky in life, never able to do well financially.

   (b) Mozart was part of a secret society that protected him.

   (c) People love and have always loved his music.

   (d) He always had sold out recital performances.

3. What would be the best title for this passage?

   (a) How to survive as a struggling musician

   (b) The life and times of Mozart

   (c) The Mozart legacy

   (d) The love we have for Mozart

4. What cannot be inferred from the passage?

   (a) He had a difficult life even though he was very talented.

   (b) He didn't have a rich family to fall back on.

   (c) His music is possibly appreciated more now than it was while he lived.

   (d) Mozart's descendants have become wealthy from his music.

Words & Phrases

womb *n.* 자궁   exaggeration *n.* 과장   be pressed for ~에 압박을 느끼다, 쪼달리다   circumstance *n.* 환경
discard *v.* 버리다   recital *n.* 독주회   feed *v.* 먹여 살리다   ashtray *n.* 재떨이   evaluate *v.* 평가하다
familiarity *n.* 친숙함   awareness *n.* 인식

문장분석

■ Sadly, I am a very unlucky person and whatever I do, it is hard to earn any money. ➡ whatever는 복합관계대명사로서 '~하든지 상관없이'라고 해석하면 된다. 또한 명사절로, 혹은 부사절로 사용 가능한데 이 문장에서는 부사절로서 '내가 하는 것이 무엇이든지 상관없이'라고 해석하면 된다.

Unit 20 Cat-like cartoons |만평과 고양이|

• 사회만평 •

The French daily newspaper Le Monde is well known for featuring a cartoon on the front page. Jean Plantureux, known as Plantu, has been a political cartoonist for the paper for over 20 years and is infamous for his unreserved satire and ①_____ humor. He caused a controversy when, on a live television broadcast, he drew President Jacques Chirac having sex with a sleeping Marianne, the national emblem of France.

Plantu inherited his style from the 19th century French painter Honore Daumier, who is known as the father of political caricature. When the comic journal "La Caricature" was launched in 1830, Mr. Daumier started drawing political satire and cartoons. Although he was imprisoned for six months for making fun of King Louis Philippe in a cartoon, it did not discourage him. In a time when newspapers and magazines were the exclusive entertainment of aristocrats due to high public illiteracy, Mr. Daumier's cartoons revitalized the daily lives of the general populace.

The more popular a cartoon is, the more controversial it becomes. The European media made much commotion over cartoons of Muhammad published in a Danish newspaper and a Russian newspaper was ordered to shut down a day after publishing a cartoon depicting Muhammad, Jesus, Moses and Buddha. It is ②_____ It does not make sense that religion is a sacred ground that cannot be touched by cartoons. If the cartoons are neutral, it should not matter. The fault of the Danish newspaper was not the publication of the Muhammad cartoon but its refusal to publish cartoons satirizing Jesus. Plantu's cartoons are loved by readers because he is so well balanced that he has even drawn a cartoon deriding Le Monde.

1. What cannot be inferred from the passage?

   (a) Religious organizations take offence to being made fun of.

   (b) People enjoy seeing political figures being made fun of.

   (c) All newspapers could make fun of Muhammad if they made fun of other religious figures as well.

   (d) Plantu has a great talent for political drawing.

2. Why was Plantu so popular while others are not?

   (a) He always stays away from any serious topics.

   (b) He is never taken seriously by anyone.

   (c) He always made fun of himself.

   (d) He was balanced in his attacks on people and institutions.

3. Which of the following is not true according to the passage?

   (a) Making fun of royalty was a serious offence.

   (b) Cartoonists can go to jail today for drawing the wrong person.

   (c) Russia is strict on the publication of religious images.

   (d) Daumier was one of the first to do political drawings.

4. Which of the following best fits into ① and ②

   (a) chronic ... plaintive

   (b) hilarious ... apathetic

   (c) acute ... pathetic

   (d) sulky ... innocuous

Words & Phrases

feature v. 특집으로 다루다　political a. 정치적 성격의　be infamous for ~로 악명이 높다
unreserved a. 거리낌 없는, 숨김없는　satire n. 풍자　acute a. 예리한, 날카로운　emblem n. 상징　launch v. 발족하다
be imprisoned 수감되다　make fun of ~을 비웃다　discourage v. 낙담시키다　exclusive a. 독점적인
aristocrat n. 귀족　illiteracy n. 문맹　revitalize v. 생기를 회복시키다, 활력을 불어넣다　general populace 일반 국민, 대중
commotion n. 요동, 폭동　depict v. 묘사하다　neutral a. 중립적인　refusal (to) n. 거절
sulky a. 부루퉁한, 샐쭉한　innocuous a. 무해한, 악의 없는

문장분석

■ In a time when newspapers and magazines were the exclusive entertainment of aristocrats due to high public illiteracy, Mr. Daumier's cartoons revitalized the daily lives of the general populace. ➡ time을 관계부사인 when이 수식을 해주고 있다. 관계부사 뒤에는 완전한 문장이 나오므로 주어인 newspapers and magazines가 나오고 있다.

unit 20 만평과 고양이

Unit 21 Manners make the mayor |테니스 유래|

•스포츠•

The position has changed today but originally tennis was much nobler than golf. Golf was what Scottish shepherds enjoyed in their fields in the wind, but tennis was a game that French nobles enjoyed elegantly indoors. A sport named "Jeu de Paume" was the origin of tennis. The famous "Serment du Jeu de Paume" in 1789, that stirred the French Revolution, was actually a gathering of lawmakers in the Jeu de Paume stadium within Versailles Palace after the King shut down the assembly hall.

Jeu de Paume uses palms, paume, instead of a racket to hit the ball. Since it was a game for nobles, there were penalties for certain motions. You say greetings — "Tenez" — to your opponent when first hitting the ball. Using this word in English pronunciation, the game came to have the name "Tennis." The contradiction of saying you are "serving" the ball when actually smashing it at speed of 200 kilometers per hour originated from here.

The French nobles counted scores elegantly using clocks. By splitting the clock into quarters, they moved the hands 15 minutes anytime a player scored. This is why a tennis score is calculated as 15, 30 and 40. But why 40 instead of 45? If they used the number 45, they had no space for a deuce. By moving the hand only one space, the problem was easily solved. The elegant nobles couldn't use terms such as "fifteen to zero." Since "0" looks similar to an egg, they called it "l'oeuf." When this term went across to Britain, it became "love."

1. What's the passage mainly about?

   (a) What the meaning of the word tennis is

   (b) How tennis lost its noble associations

   (c) The differences between tennis and golf

   (d) The origins of tennis and its terms

2. Where did the name of the game come from?

   (a) The racket that was originally used by the nobles

   (b) The opening greeting of the game was 'Tenez' which evolved into the word tennis

   (c) The sound the ball makes as it hits the racket

   (d) The name of the inventor of the game

3. Which of the following is true?

   (a) Jeu de Paume is a much longer game than tennis is today.

   (b) The lawmakers during the French Revolution played tennis to take a break.

   (c) They used to use an egg as the ball.

   (d) The first tennis players kept track of the score by using clocks.

4. What can be inferred from the passage?

   (a) The modern game of tennis is far removed from what the French nobles used to play.

   (b) Golf used to be much more popular than it is now.

   (c) Golf gained the reputation of nobility when royals became interested in it.

   (d) Tennis became a game for average people immediately after the French Revolution.

Words & Phrases

noble *a.* 고귀한   shepherd *n.* 목동   elegantly *ad.* 기품 있게, 우아하게   stir *v.* 일으키다
the French Revolution 프랑스 대혁명   gathering *n.* 모임   assembly hall 회당   palm *n.* 손바닥
come to ~하게 되다   smash *v.* 강하게 치다   originate from ~에서 기원하다   split A into B A를 B로 나누다

문장분석

■ Golf was what Scottish shepherds enjoyed in their fields in the wind, but tennis was a game that French nobles enjoyed elegantly indoors. ➡ 관계대명사 what과 that이 사용되었다. 관계대명사는 불완전한 문장이 와야 되는데 what 절에서는 enjoyed 뒷부분에 목적어가 없으므로 그 자리가 what의 자리이며, that은 선행사인 a game을 수식하며 enjoyed 뒷부분에서 목적어로 사용되고 있다.

Unit 22 A dilemma worth having
| 영국 근위기병대 |

In Istanbul, Turkey, a traditional military band performs every day in front of Dolmabahce Palace. A dozen armor-clad guards with swords and axes surround about 20 performers. It is a popular tourist attraction, re-enacting the event that the Yeniceri corps, the bodyguards to the sultan of the Ottoman Empire, performed in front of the palace. Similarly, Namdaemun and Deoksu Palace present guards dressed in Joseon-period costumes, staging the changing of the guard. These guards are virtually actors dressed in traditional military outfits.

A similar scene happens in London. At 11 a.m. on weekdays, the changing ceremony of the British Household Cavalry takes place in front of Buckingham Palace. The cavalrymen parade in graceful traditional military uniform, with a feathered helmet and shiny metal breastplate. The Household Cavalry is also in charge of guarding other palaces and government complexes in Great Britain.

The Brits call them the "fierce and ferocious warriors." The members of the Household Cavalry are soldiers in active service belonging to an elite unit responsible for mounted ceremonial duties and armored reconnaissance operations. The Formation Reconnaissance Regiment ride armored vehicles or whippet tanks to penetrate into the rear of enemy lines. Their goal is to disturb the enemies or clear mines to open a route for friendly forces to advance. In a more general sense, they are a special attack unit.

Popular British musician James Blunt served in the unit as a captain and was sent to the conflict in Bosnia-Herzegovina in the late 1990s to carry out armored reconnaissance duty. In April 2002, he was on duty for the funeral of the Queen Mother. Traditionally, the Household Cavalry has the honor of assisting members of the British royal family and the duty of dangerous missions on the front line. Essentially, the concept of noblesse oblige is applied to the positioning of the soldiers.

1. What's the main topic of the passage?
   (a) The oath that soldiers must take to serve the Royal Family
   (b) The relationship between royalty and the military
   (c) The duties of the British Household Cavalry
   (d) Celebrities in the military

2. Why are the British Household Cavalry called a special attack unit?
   (a) They train for a really long time to do what they do.
   (b) They have the job of being one of the first to cross enemy lines.
   (c) They have to protect Britain from any acts of terrorism.
   (d) They are sent to conflicts around the world to put an end to them.

3. What can you infer about the Formation Reconnaissance Regiment?
   (a) The members are chosen at random from the ranks of normal soldiers.
   (b) Many of the members die in the line of duty.
   (c) They have a dangerous job and need to protect themselves well.
   (d) They have a very short career due to the high stress levels.

4. Which of the following is correct?
   (a) The guards in Korea are specially trained military personnel.
   (b) The British Household Cavalry guard palaces and important government locations.
   (c) James Blunt was a musician in the British army.
   (d) The British Household Cavalry have had many disagreements with the Royal Family.

Words & Phrases

armor-clad *a.* 무기로 덮인, 무장한   tourist attraction 관광지   sultan *n.* 이슬람국 군주, 술탄   costume *n.* 의상, 옷
virtually *ad.* 실질적으로   military outfit 군복   changing ceremony 교대의식   feathered *a.* 깃털이 달린
metal breastplate 금속 가슴받이(갑옷)   complex *n.* 종합 빌딩   reconnaissance operation 순찰 수행
penetrate into ~로 침입해 들어가다   disturb *v.* 방해하다   conflict *n.* 충돌, 전쟁   front line 최전방
noblesse oblige 높은 신분에 따르는 도덕상의 의무

문장분석

■ The members of the Household Cavalry are soldiers in active service belonging to an elite unit responsible for mounted ceremonial duties and armored reconnaissance operations. ➡ service와 belonging 사이에 주격 관계대명사가 생략되었다. 원래 형태는 service which(혹은 that) belongs to였지만 주격 관계대명사가 생략되면서 일반동사인 belong의 형태를 -ing의 형태로 바꿔준 것이다. unit과 responsible 사이에도 주격 관계대명사가 생략됐는데 원래 형태는 unit which(혹은 that) is responsible였다.

Unit 23 Genuine impostors |짝퉁|

• 예술/미술 •

      The fake are the natural enemy of the genuine. The worst kind of fake is the impostor. They stealthily appear, then attempt to steal everything from the real ones. The pioneer of the impostors is French peasant Martin Guerre. In a 16th century French farming village, he staged a fraud. After missing for eight years, a man claiming to be Martin Guerre returned to his family, convincing almost everyone, at first, including Guerre's wife. Later, during a trial about whether the man was Guerre, the real Martin Guerre returned. And in the happy ending of the story, the impostor was executed.

      Fake artwork was rampant during the Renaissance in the 15th century. At the time, imitation was the father of creation. Artists competed to copy the ancient Greek masterpieces. Even the Renaissance master Michelangelo was an imitator, at best. According to Giorgio Vasari's "The Vite," Michelangelo reproduced many paintings, sometimes exposing a painting to smoke to make it look old. Sometimes, he would keep the original work and return his copied work. When the copies and fakes become industrialized, there was no happy ending any more. The World Customs Organization estimates the industry of fake goods to be about 500 trillion won ($526 billion) annually. Every year, 5,000 African children die from counterfeit vaccines. In Europe, 200,000 workers lose their jobs because of counterfeit goods annually.

1. What cannot be inferred from the passage?

   (a) Fakes are tributes to real works.

   (b) All artists are most likely guilty of being an imposter at some point.

   (c) Michelangelo was guilty of fraud.

   (d) Martin Guerre was one of the earliest recorded imposters in history.

2. What does the phrase "imitation was the father of creation" mean according to the passage?

   (a) Creation is the son of Imitation, but we are unsure who the mother is.

   (b) Imitation came before creation.

   (c) The two are related to one another.

   (d) Artists had to develop new ways of doing things in order to make new work look old or identical.

3. How are the fake the natural enemy of the genuine according to the passage?

   (a) They do not like one another and are not capable of coexisting.

   (b) The fake try to be the same as the genuine when they are not.

   (c) They are the opposite of real creativity, copies pretending to be real.

   (d) They are complete opposites of one another.

4. Which of the following is correct according to the passage?

   (a) Counterfeit goods cause major financial and health problems in the world.

   (b) Fake goods cause little financial loss.

   (c) Michelangelo never learned how to fully forge genuine artwork.

   (d) The production of honest art work in the Renaissance was prolific.

Words & Phrases

genuine *a.* 진짜의   impostor *n.* 사기꾼   stealthily *ad.* 몰래   fraud *n.* 사기   convince *v.* 설득하다
execute *v.* 사형시키다   rampant *a.* 만연한, 난무하는   Renaissance *n.* 르네상스   masterpiece *n.* 걸작   at best 기껏해야
reproduce *v.* 재생산하다   industrialize *v.* 산업화하다   counterfeit *a.* 가짜의

문장분석

■ After missing for eight years, a man claiming to be Martin Guerre returned to his family, convincing almost everyone, at first, including Guerre's wife. ➡

a man과 claiming 사이는 주격 관계대명사가 생략되었다. 원래 형태는 a man who claimed였다. 이 문장의 주어는 a man이며 동사는 returned이다.

Unit 24 Punched in the gut |정글|

After American author Upton Sinclair investigated a stockyard in Chicago, he published "The Jungle." The 1906 novel exposed the harsh conditions of the migrant workers in the meatpacking industry. Through his book, Mr. Sinclair had hoped to criticize capitalism and seek a socialist alternative. However, the public paid more attention to the food products processed by the migrant workers than the severe working conditions they had to endure. Because the novel vividly depicted the lack of hygiene in meat processing, the consumption of meat and processed meat plunged. Mr. Sinclair felt bitter about the response and said, "I aimed at the public's heart, and by accident I hit their stomachs." The incident that hit the stomachs of the Americans brought revolutionary changes to the American society. On June 30, 1906, Congress passed the Meat Inspection Act and the Pure Food and Drug Act, and the government became actively involved in food hygiene. The laws created the Food and Drug Administration, the U.S. government agency in charge of approving, testing and regulating food and drugs. A series of consumer movements was also organized.

The health awareness ignited by "The Jungle" happened 100 years ago, but recently British celebrity chef Jamie Oliver hit the stomachs of the Brits hard. Famous for his television shows, Mr. Oliver has been leading a campaign to improve school meals by using better ingredients, healthier menus and recipes. He experimented with replacing junk food with healthier options. He presented a variety of healthier choices made right at his kitchen with fresh ingredients. However, the students did not welcome the changes. They missed the taste of junk food, and the school was concerned of the increasing cost. Kitchen staffs complained about their added responsibilities. Some students boycotted the lunch as a group. When the frustrated Mr. Oliver appeared on television, the long-faced chef hit the stomachs of the British viewers. The public supported Mr. Oliver's cause to save the students from their addiction to junk food, and the education ministry decided to unfold a program to enhance the quality of school meals.

1. What can be inferred from the passage?

   (a) Food regulations in America are some of the strictest in the world.

   (b) Jamie Oliver tries to change the diet of children because he used to eat the same food.

   (c) Congress only creates legislation when forced by public opinion.

   (d) Children in today's schools are eating fairly unhealthily.

2. Why would the author, Sinclair, have named a book on food production "The Jungle"?

   (a) He wanted a title that would confuse the reader into reading the book.

   (b) He was referring to the factories and industry which were so complex and dangerous.

   (c) He felt that the food industry was a place you could get lost in.

   (d) There is no logical reason why he would name it with that title.

3. Why did the education ministry support Jamie Oliver and make the change?

   (a) The staff complained about the work load.

   (b) The children supported the change.

   (c) They wanted to avoid the negative publicity he was creating.

   (d) The cost of the other food was a concern.

Words & Phrases

investigate *v.* 조사하다   stockyard *n.* 가축 방목장   harsh *a.* 가혹한   meatpacking industry 육가공 산업
socialist alternative 사회주의적 대안   endure *v.* 견디다   vividly *ad.* 생생하게   hygiene *n.* 위생
revolutionary *a.* 혁신적인   Congress *n.* 국회   Food and Drug Administration 식약청   awareness *n.* 인식
ignite *v.* 점화시키다, 불을 붙이다   replace A with B A를 B와 교체하다   boycott *v.* 불매운동하다   frustrated *a.* 낙담한, 좌절한

문장분석

■ However, the public paid more attention to the food products processed by the migrant workers than the severe working conditions they had to endure.

products와 processed 사이에는 주격 관계대명사인 which(that)와 were가 생략되어 있다. 또한 conditions와 they 사이에는 목적격 관계대명사인 which 혹은 that이 생략되어 있다.

→ pay attention to라는 표현에 more ~ than 구문이 삽입되어 있다.

Unit 25 The lure of the green |골프|

•스포츠•

Golf is an addictive sport. Compared with other sports, it is often involved in controversy and troubles because of its addictive nature. The earliest historical reference to golf was a ban that is evidence of the effect the sport had on its players. In 1457, James II of Scotland banned golf because Scots indulged in the sport instead of training for war when the country was under the threat of invasion from England. However, even the stern royal command was not enough to halt the golf craze. The ban had to be reaffirmed by his son and then his grandson, James III and James IV. James IV, who had derided golf as a "fool's sport" that required neither power nor training, was the strictest. Not only golfers but those who provided land for the game were punished by imprisonment or a fine. This also had no effect. Comically, James IV played golf to prove its uselessness but ended up becoming a golf fanatic.

Mary, Queen of Scots, the daughter of James V, who permitted the sport, was the first female golfer in history. She is also the golfer who had to endure the severest penalty stroke because of her love for the game. Only three days after the assassination of her husband, Lord Darnley, she went for a round of golf with a young nobleman. The church and the parliament condemned her senseless conduct, and a rumor circulated that she had conspired with her lover and murdered her husband. The rumor led to a bigger controversy, and she was executed for treason.

There is a joke about the addictive nature of golf. One fine Sunday, a golf-loving pastor said he was sick and skipped a service to play golf. An angel saw the pastor in the golf course and reported it to God. When the pastor made a tee shot, the ball flew 350 meters, dropped on the green and rolled into the hole. The angel protested: "My lord, you should have punished him." God responded, "Think of the agony — he can't brag about the feat."

1. Why was there a ban on golf in Scotland?

(a) People were playing golf instead of getting ready for war.

(b) It was making people dangerously competitive.

(c) The royals didn't want the common people playing the same sport as them.

(d) The English government said that Scotland could not play golf.

2. Which of the following is incorrect?

(a) James IV banned golf but then later became addicted to it.

(b) Mary Queen of Scots was executed after her reputation was irreparably damaged.

(c) Even the threat of imprisonment didn't stop people wanting to play golf in Scotland.

(d) Mary Queen of Scots was proven to have murdered her husband.

3. What can you infer about the golfers from the joke?

(a) Even angels are golfers who become addicted.

(b) They like to tell everyone when they make a great shot.

(c) They will drop everything to play a round of golf.

(d) They get sick when they can't play golf.

4. What's the main point of the passage?

(a) That it is easy to win a round of golf.

(b) That golfers who neglect their duties should be punished.

(c) That golf is addictive to everyone.

(d) That golf should be banned.

Words & Phrases

addictive *a.* 중독성이 강한   reference (to) *n.* 언급   indulge (in) *v.* ~에 탐닉하다   invasion *n.* 침략   stern *a.* 엄격한
halt *v.* 멈추다, 저지하다   craze *n.* 열기, 대유행   penalty stroke 벌타   assassination *n.* 암살
conspire with ~와 공모하다   execute *v.* 사형시키다   treason *n.* 반역(죄)   brag about ~에 대해서 자랑하다

문장분석

■ Compared with other sports, it is often involved in controversy and troubles because of its addictive nature. ➡ 분사구문을 이용한 문장이다. Compared with의 문장은 원래 접속사 + it + is + compared with ~의 문장이었으나 주어가 동일할 시 접속사와 주어를 생략할 수 있으며 동사는 -ing의 형태로 바꾸는 이때 만약 be동사가 being으로 바뀔 때는 생략할 수 있다.

Unit 26 The power of friendship |친구|

• 예술/영화 •

Hollywood actor Robin Williams is known to have a "thousand voices." In the movie "Hook," he played Peter Pan with a young boy's voice and in "Aladdin," he voiced the "Genie" of the lamp in a young woman's voice. In "Mrs.Doubtfire," he was able to reproduce old British ladies coy ways of speech amazingly. Furthermore, in the movie "Bicentennial Man," his was the voice of a robot. His skill in imitating various voices and expressions makes one forget about any differences of sex and age.

There is a sad story behind how Mr. Williams became so talented at different voices. He was overweight during his childhood. Kids his age made fun of him and no one would play with him. Moreover, he was also lonely at home because of being an only child. So he used to make up imaginary friends and create their voices by himself. This later became the base for his voice acting. Was he lonely with just imaginary friends? Or did he long for a real friend? In his early twenties, during his days at the Juilliard School studying drama, he and Christopher Reeve were roommates. The two shared a long friendship that was so sincere they were known as "soul mates."

Mr. Reeve, who became famous as "Superman," was paralyzed from the neck down due to a horse-riding accident in 1995, at the age of 43. When he first lost his laughter in the face of his tragedy, a man came to visit him in hospital. The man, in a funny yellow gown, a surgeon's cap and mask, came into the ward and talked nonsense in a Russian accent. Mr. Reeve laughed for the first time since the accident because the man's appearance and words were so funny. That moment, the man took off his mask and revealed his face. It was Mr. Williams. To bring laughter to his friend at a difficult time, he practiced all night to perform for just one person. Mr. Reeve later recalled this moment and said, "When seeing my friend, who put a lot of effort in trying to make me laugh, I felt my life will go well."

However, Mr. Reeve died in October 2004 and his wife Dana Reeve followed him on March 6 this year due to lung cancer. Their thirteen-year-old son, Will, became an orphan whom Mr. Williams is now taking care of. Mr. Williams, who has been married twice, has a twenty-year-old son from his former marriage and a seventeen-year-old daughter and fourteen-year-old son with his current wife. Money isn't a big deal for him but it can't have been easy for someone to decide to raise someone else's child. But the power of friendship is strong. An American Indian proverb says, "Friends are those who carry my sorrow on their back."

1. What's the main topic of the passage?

   (a) The often controversial subject of adoption
   (b) The tragedies that beset two friends and brought them closer
   (c) Celebrities who are friends
   (d) Raising adopted kids in a blood family environment
   (e) Lonely kids learn to make people laugh to get friends

2. What can you infer about Robin Williams as a child?

   (a) His parents neglected him.
   (b) He had a lot of time to himself to hone his talents.
   (c) He was bullied because of his strange voices.
   (d) He was an avid movie watcher.
   (e) He was confused about his sexuality.

3. Which of the following is correct?

   (a) Robin Williams grew up in poverty so he was determined to make money.
   (b) Robin Williams and Christopher Reeve met in kindergarten and have been friends ever since.
   (c) Williams decided to adopt his friend's child because he is divorced and doesn't see his own children.
   (d) Robin Williams decided to adopt his friend's child because his friend's wife had died.
   (e) Christopher Reeve was so happy that his friend had made an effort to amuse him that he laughed for the first time since his accident.

4. Which is the best paraphrase of the underlined phrase?

   (a) A friend should be strong at all times, both physically and mentally.
   (b) A friend can always make you laugh.
   (c) A true friend is there for you in good times and bad times.
   (d) Friends come and go but family never changes.
   (e) If you are having troubles, a friend will help you out financially.

Words & Phrases

reproduce *v.* 재생산하다   talented *a.* 재능이 많은   become the base for ~의 기반이 되다   sincere *a.* 진지한
paralyze *v.* 마비시키다   appearance *n.* 외모   bring laughter to ~에게 웃음을 가져다주다   orphan *n.* 고아
sorrow *n.* 슬픔

문장분석

■ There is a sad story behind how Mr. Williams became so talented at different voices. ➡ How가 나올 때는 두 가지로 해석이 가능하다. 우선 어순이 How 형/부 S + V일때는 '얼마나 ~하든지'로 해석하면 된다. 하지만 이 문장에서처럼 How S + V의 어순을 취할 때는 '~하는 방법'이라고 해석하면 된다.

Unit 27 Leaping tall buildings |수퍼맨|

• 문화현상 •

The birth of Superman was in an American comic book in 1934. The immortal hero, who gave hope and courage to Americans during the Great Depression, later appeared in radio dramas, novels, animations, two television series and musicals. Christopher Reeve played Superman in four movies from 1978 to 1987. Later, a second television series was aired focusing on the childhood and romances of Superman. Superman was the origin of many "man" series, such as Batman, Spiderman and other superhero characters like Wonder Woman and the Incredible Hulk.

Umberto Eco saw Superman as a "hero in whom viewers can embody a dream of authority in industrial society and easily regard themselves as the same person." In particular, the Superman of movies has become the icon of American heroes, leading the way to world peace as an American. Many people have criticized the image as tinged with racism and American superiority. Superman and supernatural heroes in general are nothing new. The journey of Superman is the same type of epic that Joseph Campbell studied in numerous myths, religions and legends. "Unusual birth, hardship during youth, coming across a helper, achieving miraculous power and return."

Then why is it that Americans are so enthusiastic about Superman? According to a recent analysis, it is said that to Americans, with only a short history of just over 200 years and no founding myth, Superman has become a mythical hero of the country. Superman is sent to Earth by his father, who is a leader of the planet Krypton's society, and saves the Earth. The plot centers on an alien from outer space who becomes an extraordinary hero. It overlaps with the self-image of American society which considers itself as the guardian of world peace. The new movie "Superman Returns" has opened. It emphasizes the messianic character of Superman and even uses the term "savior." The villains are intercepted by the power of Superman when trying to drown the American continent. Superman saves America, not the whole Earth. This "returned Superman" shows very well that Americans still long for super powers but must be justified and should even be holy. "Superman Returns" shows how badly Americans want to recover their moral compass despite its reaction to the Sept. 11 attacks. Director Bryan Singer himself also commented that Superman is "a figure who gives comfort and peace to a world in confusion after the Sept. 11 attacks." In short, it is a desire for a great power that is kind and self-sacrificing.

1. What can be inferred from the passage?

   (a) Superman is akin to the growing of the American nation, from infancy to adulthood.

   (b) Superman is the greatest super hero ever created.

   (c) No other comic hero has had as much exposure or popularity as Superman has.

   (d) Superman is the ultimate symbol for world peace and order.

2. What is the main theme of the passage?

   (a) Superman and his history

   (b) How all other super heroes are based on the theme of Superman

   (c) The personal connection between Superman and New Yorkers

   (d) Iconography of American society

3. Which of the following is correct according to the passage?

   (a) Superman could have saved the towers on Sept. 11.

   (b) The story of Superman resembles that of other mythic heroes.

   (c) There are religions based on Superman as the savior.

   (d) Joseph Campbell is still creating Superman comics.

4. What is the most likely topic of the next paragraph?

   (a) Why Americans have or need to feel as though they have a great kindness and ability to sacrifice

   (b) The next Superman movie that will be released

   (c) How Superman maintains the moral compass of America

   (d) Why America needs to use heroes like Superman to supplement their short history

Words & Phrases

immortal *a.* 불사신의   the Great Depression 대공황   air *v.* 방송하다   embody *v.* 구체화하다
tinge with ~로 물들이다   superiority *n.* 우월성   hardship *n.* 고난   overlap with ~와 겹치다   messianic *a.* 메시아적인
long for ~을 갈구하다   justify *v.* 정당화시키다   moral compass 도덕적 잣대   confusion *n.* 혼돈, 혼란
self-sacrificing *a.* 자기희생의

문장분석

■ Umberto Eco saw Superman as a "hero in whom viewers can embody a dream of authority in industrial society and easily regard themselves as the same person." ➡ 목적격 관계대명사인 whom이 나와서 앞쪽의 hero를 수식하고 있다. 하지만 whom 앞에 쓰인 전치사 in으로 whom은 in whom의 형태로 관계부사가 되었다. 그러므로 뒷부분에는 완전한 문장이 나와야 한다. 그리고 and 뒤에는 regard A as B의 구문이 들어가 있다.

Unit 28 Epicurean bean paste |칙릿|

• 대중문화 •

"Chick-lit" is a genre of American and British popular fiction mainly targeting female readers in their 20s and 30s. Since the genre first emerged in Britain in the mid-90s, it has quickly spread across the United States, Asia and Eastern Europe. The heroes are usually young, urban female professionals in the media or fashion industry, who chat about sex, love and work. Topping bestseller lists around the world, chick-lit has established itself as a major genre, and movies and television series based on or influenced by the books have also been big hits: Witness the success of "Bridget Jones's Diary," "Sex and the City" and "Confessions of a Shopaholic." Chick-lit is not a mere literary subgenre but a major cultural phenomenon in the 21st century. "The Devil Wears Prada" and self-help books for single women are increasingly popular. Hollywood is taking note of "babebusters," blockbuster movie versions of chick-lit in which women rather than men are the leading characters.

While chick-lit books are often seen as being light reading with little substantial philosophy, feminists seem to approve of the genre. Chick-lit novels approach traditional feminine themes from a new angle, exploring the concept of "post-feminism." In short, it is given in the chick-lit novels that the heroines are modern women with completely different values on sex, consumption, desire and body image. Mallory Young wrote in "Chick Lit: the New Women's Fiction," that in a society where feminism has failed to take root, chick-lit satisfies both feminist liberty and post-feminist spending habits. On the other side of chick-lit is "lad-lit" novels focusing on the lives of contemporary young men. Nick Hornby, the leader in the genre, has written such popular novels as "High Fidelity" and "About a Boy," both of which have been made into films. If the girls in chick-lit unapologetically pursue worldly desires, the guys in lad-lit are often depicted as socially inept outsiders who are insensitive to trends and clumsy with relationships.

1. What is a typical chick-lit heroine like?

    (a) She is a feminist who cannot control her spending habits.

    (b) She is a young businesswoman whose main worries are sex, relationships and her career.

    (c) She is unhappy in her work and hopes to get a job in the media or fashion industries.

    (d) She is a mirror image of the men represented in lad-lit novels.

    (e) She doesn't care what anybody thinks of her.

2. What can you infer about lad-lit?

    (a) It is not very successful because men don't like to talk about their problems.

    (b) It appeals to women as much as to men.

    (c) It was created as a response to the success of chick-lit and to give a voice to men's issues.

    (d) The heroes of lad-lit are generally trying to get a girlfriend.

    (e) Men who read lad-lit have similar problems in their own lives.

3. Choose the correct statement from the following.

    (a) The main characters in chick-lit do not care about love and sex; they focus on their careers.

    (b) The genre, chick-lit, is still fighting to be taken seriously.

    (c) Chick-lit is at odds with feminism.

    (d) Chick-lit has its critics who believe it is demeaning to women.

    (e) The success of chick-lit movies has made Hollywood executives pay more attention to the genre.

4. Which is the best paraphrase of the underlined phrase?

    (a) Feminists demand that chick-lit books show the philosophy of being a woman.

    (b) Chick-lit is seen by feminists as a way to relax after a long day at work.

    (c) We might expect feminists to dismiss chick-lit, but instead they appear to endorse the genre.

    (d) Chick-lit is considered light reading because the issues involved are not important.

    (e) Feminists accept that not every woman wants to be a feminist.

Words & Phrases

target v. 목표로 잡다, 겨냥하다   emerge v. 출현하다, 나타나다   top v. 선두에 서다, 정상을 차지하다
establish itself as ~로 정립하다   phenomenon n. 현상   leading a. 주도적인   contemporary a. 현대의
pursue v. 추구하다   worldly desire 세속적 욕망   clumsy a. 서투른

문장분석

■ Hollywood is taking note of "babebusters," blockbuster movie versions of chick-lit in which women rather than men are the leading characters.

→ 관계부사인 in which가 나왔다. 뒷부분에는 완전한 문장이 나와야 되는데 비교급 표현인 rather than이 수식을 하고 있다. A rather than B는 'B라기보다는 A이다'라고 해석하면 된다. 주어는 women이며 동사는 are이다.

Unit 29 Safety first |복싱의 위험|

Since 1890, 1,355 people worldwide have died due to boxing matches, according to an article published in a U.S. sports journal last November. In the past, the protective measures weren't sufficient. However, even during the 1990s, 78 people died. Since 2000, another 68 have died, including two females. Those who died did not always lose, either. About 5 percent of the boxers who died either won or tied their match. The deaths occurred regardless of weight, too. Twice as many relatively lightweight boxers died, in proportion to heavyweights. The main reason the boxers died, in 80 percent of the cases, was injuries to the head, neck and brain. Heart failure was the next biggest reason, accounting for 12 percent of the deaths.

Boxing requires frequent attacks to the head and face. That's why the dura, the outer protective covering of the brain, is highly likely to be injured. Professor Satoshi Sawauchi and his team in the neurosurgical department of Jikei University in Japan discovered in 1995 that 75 percent of the brain injuries boxers suffer are subdural hemorrhages. Experts say that to prevent deaths from boxing, the number of matches should be reduced. Boxers should also be thoroughly examined both before and after a match.

Some go even further, saying professional boxers also should have to wear headgear. Critics say that such gear is not able to protect its wearer from a concussion, since one's entire brain trembles when he is hit on one part of the head. This transfers the damage to the other part, as well. Reducing the number of matches is not easy, either. Even amateurs who fight less than three rounds see tragedies occur in the ring.

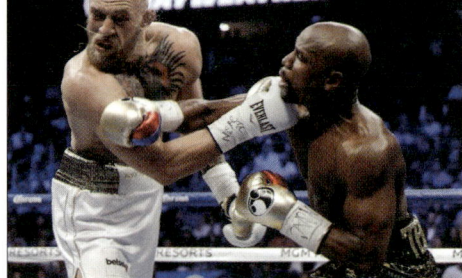

1. What's the topic of the passage?

    (a) An argument to persuade boxers to quit their sport

    (b) The dangers that boxers are exposed to by participating in the sport

    (c) The debate over whether boxers should wear protective headgear or not

    (d) The research of neurosurgeons to finding an aid for boxers

2. Which of the following is untrue about boxers, according to the passage?

    (a) They often deliberately try to cause brain damage to their opponent.

    (b) Both lightweight and heavyweight boxers can get brain damage.

    (c) To catch any injuries quickly, it is recommended that boxers are examined before and after a match.

    (d) Boxers experience many hits to the head and the face.

3. What can you infer about boxing?

    (a) The rules of boxing will be changed in the near future.

    (b) Boxing is considered by many to be the most dangerous sport in the world.

    (c) Boxers develop heart problems due to the lifestyle they lead when they are out of the ring.

    (d) There isn't a simple solution about how to make the sport safer, since the brain is so susceptible to impact.

4. What can you say is a reason for death by boxing?

    (a) The gender of the boxer

    (b) The victim received damage to the head, neck or brain

    (c) How large the boxer's body mass is

    (d) Too many fights in a short period of time

Words & Phrases

due to ~로 인해서, ~때문에   protective measure 보호책   sufficient a. 충분한   regardless of ~에 관계없이
in proportion to ~에 비례하여   outer a. 외곽의, 바깥쪽의   neurosurgical a. 신경외과의   subdural a. 경막하의
headgear n. 헤드기어(머리 보호장비)   concussion n. 뇌진탕   tremble v. 진동하다

문장분석

■ That's why the dura, the outer protective covering of the brain, is highly likely to be injured. → That is why ~라는 표현이 나오면 '그것은 ~때문이다'라고 해석을 하면 된다. 또한 the outer protective covering of the brain은 앞의 명사 dura의 동격 표현이다.

Unit 30 Power of rumor |괴소문|

•사회현상•

Michael Shermer is the author of several books that attempt to explain the ubiquity of irrational or poorly substantiated beliefs. In 1997, he wrote "Why People Believe Weird Things," which explores a variety of "weird" ideas and groups. He introduced the concept of the "belief engine" in explaining why the world is still infested with unscientific and magical patterns of thinking. "The concept is a mechanism in the human brain that searches for patterns and cause and effect in a world of chance and uncertainty." For example, when cow dung is scattered accidentally in a field, the farmer reaps a richer-than-expected harvest. Here, we can find how the "belief engine" works in the human brain. Shermer maintains that, thanks to the "belief engine," humankind has evolved from hunters and gatherers. Of course, there are malfunctions to be guarded against, for example shamanist praying for rain. But Shermer argues that a side effect of the "belief engine" is people are still dazzled by UFOs and ghosts.

In addition, people still maintain superstitious beliefs, groundless assumptions, malicious rumors and conspiracies. Rumors emerge when information is limited, logic is inconsistent and the gap between information and reality widens. They break out more often when people are politically suppressed, have a limited flow of information or communications are distorted. Prejudices and aggression spring up in such situations, which so-called "yellow" journalism relishes. Michael Scheele, author of "Das jungste Gerucht"(2006) wrote that "Official correction has no power to make a rumor vanish completely. That is a frightening and surprising power that false rumor, slander and backbiting have." In fact, the more frightening power of rumors lies in the fact that even though someone does not believe them, the moment he or she delivers them to others, they become suddenly powerful and plausible.

1. What's the passage about?

   (a) The research of Michael Shermer

   (b) The existence of rumors despite the attempts of modern society to make rumors disappear

   (c) The way that people believe weird things that appear irrational and believe rumors that appear false

   (d) The superstitions that are still believed around the world

2. Which of the following statements is correct, according to the passage?

   (a) Superstitions are more often believed by poorer people.

   (b) The idea of the belief engine was an original idea by Shermer.

   (c) There are a group of people whose lives are dedicated to making up things.

   (d) The human brain thinks that the world works by following random paths.

3. Which of the following best paraphrases Michael Scheele?

   (a) Rumors are frightening because they can hurt people.

   (b) A rumor will vanish if you can find evidence to prove it wrong.

   (c) Even when a rumor has been officially proven wrong, people still believe it.

   (d) Rumors have been a part of human communication for a long time.

4. What contributes to rumors?

   (a) When people think logically.

   (b) When a group of people are given too much freedom.

   (c) When communication is not free-flowing.

   (d) When information is not given out easily to people.

Words & Phrases

attempt to ~하는 것을 시도하다   ubiquity n. 편재(성)   irrational a. 비이성적인, 비합리적인   substantiated a. 입증된
introduce v. 도입하다   be infested with ~이 만연하다, ~로 횡행하다   uncertainty n. 불확실성   scatter v. 뿔뿔이 흩어버리다
maintain v. 주장하다   malfunction n. 기능 불량   superstitious a. 미신적인, 미신의   distort v. 왜곡하다
aggression n. 공격(성)   spring up 일어나다, 발생하다   slander n. 중상   backbiting n. 험담   plausible a. 그럴 듯한

문장분석

■ He introduced the concept of the "belief engine" in explaining why the world is still infested with unscientific and magical patterns of thinking. ➝ in -ing는 '~할 때'라고 해석을 하면 된다. 즉 in explaining은 '설명할 때'라고 해석하면 되며 뒤에 나온 why는 명사절을 이끌고 있다. '왜 ~하는지' 정도로 해석하면 된다.

Unit 31 Modern gangsters |야쿠자|

It is a common view that the word yakuza, which means gangster in Japanese, originated in the gambling world. The term comes from a card game in which the person who wins has the highest last digit from the sum of two or three single-digit numbers chosen randomly. It is similar to the Western trump game "blackjack." If you pick an 8 and a 9, the sum will be 17. The last digit is a 7. Normally people would not choose another card in that situation. However, when the inclination to gamble stands in front of reasonable thinking, you might pick again and get a 3, leaving you with the worst result, a last digit of 0. Such unreasonable thinking and behavior resembles the lives of the yakuza. Reading the numbers 8, 9 and 3 consecutively became the word yakuza. In short, it means a "very useless person."

What the yakuza hate most is having their pride and prestige damaged. That is why they are so noted for strict rules and regulations within the gang. From light punishments such as disciplinary confinement and tonsure, there are higher levels of punishment, including dismissal from membership, expulsion or having a finger cut off. Recently, the yakuza has been battling hard to survive. As society has cleaned up, they have had less chances to collect black money. This is why there are mergers and acquisitions among the yakuza groups, something unimaginable in the past. They are also very good at enticing otherwise reasonable organizational managers and IT minds to the groups. In addition, to become a leader of the yakuza within a group, it's most important to have management ability, quick decision-making skills and global business competence, not the ability to fight well.

1. What is the modern requirement for a yakuza leader?

   (a) An ability to fight to the death

   (b) Lack of fear in any situation

   (c) Skills similar to those of a successful businessman

   (d) Being able to hack into any email account

2. What can you infer about the yakuza?

   (a) They are dying out as people turn away from their temptations.

   (b) They have to change a lot in order to survive in the modern world.

   (c) They still exist as strong as ever in Japan and are growing outside of Japan.

   (d) They do not like to be talked about.

3. What's the purpose of the passage?

   (a) To encourage us to join the yakuza

   (b) To let us know that the yakuza are changing

   (c) To make us fear the yakuza in modern society

   (d) To show us their softer side

Words & Phrases

originate *v.* 기원하다   term *n.* 용어   randomly *ad.* 무작위로, 임의대로   reasonable *a.* 이성적인   useless *a.* 쓸모없는   disciplinary *a.* 훈계의, 훈련상의   confinement *n.* 제한, 감금   tonsure *n.* 삭발   expulsion *n.* 추방, 배제   entice *v.* 꾀다, 유혹하다   decision-making *a.* 의사결정의   competence *n.* 능력

문장분석

■ The term comes from a card game in which the person who wins has the highest last digit from the sum of two or three single-digit numbers chosen randomly. ➡ 관계부사인 in which는 선행사인 a card game을 수식하고 있으며 in which 절의 주어인 person을 주격 관계대명사 who가 수식하고 있다. in which 절의 동사는 has이다. 또한 numbers와 chosen 사이에는 주격 관계대명사가 생략되어 있으며 원래 형태는 numbers which(혹은 that) are chosen이다.

Unit 32 Code of life |코드|

•문화현상•

Code is crucial terminology in the following fields: communication and information technology. It means a promise to convert one signal series into another. For example, Morse code is a method for transmitting telegraphic information as a way to change letters into electrical signals. In this regard, "code" refers to the correspondence between letters and electrical signals.

Code is also frequently used in computer technologies. The process of converting data into signals is referred to as "encoding." It has other linguistic usages — passwords, abbreviations, and agreements and rules in a specific society. There are other terminologies such as "bar code" and "dress code." The word appears in a variety of titles for military spy operations, as shown in the name "code one." When people are on the same wavelength, we say that they have "similar codes." Code also refers to the sharing of unconscious and cultural experiences. In "The Culture Code," cultural anthropologist Clotaire Rapaille revealed that "culture code is an unconscious meaning that people attach to a specific subject via their cultures." In a word, code is a signal system designed for expressing and transmitting information, in which communication and information media are deeply rooted.

Media philosopher Vilem Flusser used the word as a principal concept in researching changes of awareness and culture in line with developments in media technologies. Against this backdrop, code is a system that manipulates and regulates symbols. Flusser proposed three codes from the anthropological perspective. They are drawings in the prehistoric times, text (letter code) in the historic times, and image (non-linguistic code) since the 1900s in the post-historic times. The plain drawings bestowed human beings the powers of symbolization; letter code contributed to the advent of modernization in the world; and the image code ranging from photos, film, TV, video and computer animation emancipated people from the text.

1. Which of the following paraphrases the viewpoint of Clotaire Rapaille?

    (a) People from the same culture usually have the same opinions about controversial subjects.

    (b) People change the way they say something when they communicate with someone from a different culture.

    (c) Subjects of conversation are changed from culture to culture.

    (d) People give meaning and importance to something by the way it is used in their particular culture.

2. What's the passage mainly about?

    (a) The use of code in many areas of life, both in communication and information technology

    (b) The way that the usage of the word code has developed over time

    (c) The code that we all live by in this culture

    (d) The differing opinions of cultural analysts on what code actually means

3. Which of the following is correct?

    (a) Flusser thinks that humans are not progressing linguistically, but retreating.

    (b) It is said that code is a signal system designed for expressing and transmitting information.

    (c) Morse code is actually not considered a real code.

    (d) The code that humans use to communicate has not developed much since prehistoric times.

4. Which of the following refers to people who have similar codes?

    (a) A man and a woman who both want to wait to have children until their mid-thirties

    (b) A crowd of people who are fighting over a new law

    (c) The president of a country and the people who voted for another candidate

    (d) A couple who divorce after only a few years of marriage

Words & Phrases

crucial *a.* 중요한   terminology *n.* 용어   convert A into B A를 B로 전환하다   transmit *v.* 전송하다
electrical signal 전기 신호   correspondence *n.* 대응, 일치   abbreviation *n.* 생략   operation *n.* 작전
unconscious *a.* 무의식의, 부지불식간의   principal *a.* 주된   anthropological *a.* 인류학적인   perspective *n.* 관점
prehistoric *a.* 선사 시대의   bestow *v.* 부여하다   contribute to ~에 공헌하다   modernization *n.* 현대화
emancipate *v.* 해방시키다

문장분석

■ The word appears in a variety of titles for military spy operations, as shown in the name "code one." → as 전치사는 흔히 뒷부분에 being이 생략이 된다. 그러므로 원래 형태는 as being shown이었다. 즉 수동으로 해석을 하며 '~으로써'의 내용을 추가시켜주면 된다.

Unit 33 | Feeling lucky? |불길한 숫자|

The reason why Westerners regard seven as a lucky number has to do with the Old Testament. The creator made the world in six days and rested on the seventh day. Hence, seven came to mean completion and blessing. The expression "lucky seven" first appeared in an 1885 Chicago White Socks Major League baseball game, when a wayward outfield ball was picked up by a strong wind and carried for a home run during the seventh inning. Since then, the expression has become widely used.

Another biblical story gave 13 an unlucky connotation, when Judas, the disciple who betrayed Jesus, sat in the 13th seat during the Last Supper. If there were 13 participants, including himself, in a meeting, the American president Franklin Roosevelt would call a secretary in to participate. When the Apollo 13 spacecraft that was discharged into space at 13:13 on April 11, 1970 failed to land on the moon due to a mechanical failure, people's thoughts immediately turned to the curse of the number 13. Fortunately, the spacecraft returned to Earth without anyone being hurt.

Just as many elevators in the West do not have a button for the 13th floor, in the East, there are many without the fourth floor. In Korea, China and Japan, the number four is pronounced respectively, sa, tsu and shi. They all have the same pronunciation as the word for death. Therefore, in these countries there are also no hospital wards with the number four.

1. What can you infer about the number 13?

   (a) It is regarded as unlucky due to the Apollo 13 spacecraft's failure to return from the moon.
   (b) It has been considered unlucky since the 1970s.
   (c) It is the equivalent to the number 4 in the East in that they both have religious origins.
   (d) Like the number 7, its unlucky reputation partly stems from the Bible.

2. Why is the number 4 unlucky in the East?

   (a) More people die on the fourth floor of buildings than any other floor.
   (b) The number 4 has a long history as being unlucky in traditional folk stories.
   (c) The word for death is spelt the same as that for the number 4.
   (d) Its pronunciation, whether in Korean, Chinese or Japanese, is similar to that of death.

3. All of the following are false except …

   (a) The 7th ball at the Chicago baseball game was the winning ball for the Chicago White Stockings team.
   (b) Franklin Roosevelt did not believe in superstitions and did not car for observing them.
   (c) It was because of a home run during a baseball game that the number 7 is used with the idea of luck in the English language.
   (d) Judas was the 13th disciple to betray Jesus and get caught for it.

Words & Phrases

regard A as B A를 B로 간주하다   have to do with ~와 관련이 있다   the Old Testament 구약성경
completion n. 완성   blessing n. 축복   wayward a. 변덕스러운, 고집이 센, 자기 멋대로의   connotation n. 함축, 내포
betray v. 배반하다   immediately ad. 즉시   curse n. 저주, 욕   respectively ad. 각각   pronunciation n. 발음

문장분석

■ If there were 13 participants, including himself, in a meeting, the American president Franklin Roosevelt would call a secretary in to participate. → call a secretary in to participate는 in과 to 사이를 분리시켜 주어야 된다. 즉 call a secretary in이라는 표현과 to participate의 표현이 붙어있는 형태이다. 즉 '비서를 불러들이다/참여시키기 위해'라고 해석하면 된다.

Unit 34 Dousing the sacred flame |성화|

• 스포츠 •

Ancient Greeks believed that Prometheus stole fire from the gods and gave it to mortals for their use. According to Greek mythology, the origin of human civilization lay in that theft. Since ancient times, Olympians have made fire in the temple of Zeus and Hera, honoring the great theft by Prometheus. Calling this fire sacred was just proper. The sacred fire was introduced in the modern Olympics in 1928 in Amsterdam. However, it consisted only of lighting the fire in a tower at the site. The Berlin Olympics, held in 1936, was the first Olympic Games in which the sacred fire was lit in Olympia, the birthplace of the Olympics, and taken to the site.

It was Germany's idea to use the Olympics as propaganda, extolling Nazi glory. On Aug. 1 of that year, at the Berlin sports stadium, after Hitler proclaimed the Olympics open to a gathering of 100,000 spectators, the highlight of the opening ceremony came when the sacred fire arrived in the stadium at the end of its journey from Greece through the European continent. Richard Strauss, then 70, conducted the first performance of the "Olympic Hymn," which he composed. The sacred fire that honored civilization and the gods was used to light up the propaganda of Nazism.

Today, the arrival of the sacred fire has become the highlight of the opening ceremony at every Olympics. Famous athletes such as Michel Platini and Muhammad Ali have been featured in Olympic torch relays. Ever more dramatic techniques of lighting the Olympic flame at the Games have also been introduced. The scale of the events taking the sacred fire to the Games site has also grown larger each time. Starting with the Athens Olympics in 2004, the sacred fire has roamed the whole world, including the African continent. Although there were times when the Olympic torch was blown out due to strong winds, its journey to deliver the sacred flame to the Games has gone smoothly. Who would pour cold water on the sacred fire on its way to light up the world's festival of peace?

1. What can be inferred from the passage?

    (a) The next Olympics will have the most dramatic lighting technique yet.

    (b) Prior to 1928 the modern Olympics did not exist.

    (c) The Nazis were the original creators of the Olympic flame.

    (d) The Olympic flame has become a positive symbol, contrary to its ties to Nazism.

2. Which is correct according to the passage?

    (a) Prometheus brought the first flame to the ancient Olympics.

    (b) The sacred flame was not always associated with the modern Olympic games.

    (c) When the Olympic flame is blown out it is relit in Greece and starts its journey again.

    (d) The Olympic flame must travel the world before arriving at its final destination.

3. Which of the following is the best title for the passage?

    (a) Prometheus and his theft of fire

    (b) The rise of the Nazi Olympic flame

    (c) A brief history of the sacred flame of the Olympics

    (d) The Olympic story

4. What is the main purpose of the passage?

    (a) To show how the free world took back the sacred flame from the Nazis

    (b) To explain the origins of the modern Olympic flame

    (c) To explain how the flame arrives at its destination

    (d) To explain how the flame brings world peace

Words & Phrases

Prometheus *n.* 프로메테우스(하늘에서 불을 훔쳐 인류에게 줌)　mythology *n.* 신화
lie (in) *v.* (원인·이유·본질·힘·책무 따위가) ~에 있다, 존재하다, 찾을 수 있다　sacred *a.* 신성한　propaganda *n.* 선전
opening ceremony 개막식　compose *v.* 작곡하다　feature *v.* 특집으로 다루다　Olympic flame 올림픽 대회의 성화
roam *v.* 돌아다니다　smoothly *ad.* 부드럽게, 아무런 사고 없이

문장분석

■ The Berlin Olympics, held in 1936, was the first Olympic Games in which the sacred fire was lit in Olympia, the birthplace of the Olympics, and taken to the site. ➡ held 앞에는 주격 관계대명사가 생략이 되었다. 원래 형태는 which was held이다. 뒤쪽에는 관계부사인 in which가 선행사인 Olympic Games를 수식하고 있다.

Unit 35 Lefties' rights |왼손잡이|

There were many societies that tried to change left-handed people into right-handers, mainly due to cultural prejudice. Changing hands can have a success rate of 70 percent before the age of nine, but it falls sharply to 20 percent after nine. The mystery of a left-handedness cannot be solved completely, even with the help of modern science. It is possible that handedness is hereditary, however, it does not follow the Mendelian inheritance law. If both parents are left-handed, the possibility that their child will become left-handed is at most 50 percent. However, if both father and mother are right-handed, the possibility that their child will be left-handed is only 2 to 10 percent.

Whether left-handers are smarter than right-handers is another unsolved question. Some people suggest that the movement of the left hand depends on the right brain, and thus left-handers have a better sense of time and space, which the right brain controls. They also claim that among such great artists as Leonardo da Vinci and Michelangelo, many were left-handed; right-handers have a developed left brain, giving them excellent linguistic (expressive) capabilities. Of all U.S. presidents, including Barack Obama, 16 percent are known to have been left-handed. Experts theorize that because left-handers are minorities, they have to overcome many difficulties and obstacles which push them to become high achievers. Recent research shows that left-handers perform better at playing computer games or flying fighter planes, which require swift information processing in the brain. It is mainly due to the fact that the right side of a left-hander's brain can be quickly linked to the left. It seems unnecessary to force left-handers to use their right hand in the 21st century.

1. What is the main idea of the passage?

    (a) Right handed people are inherently better at most things in life.

    (b) There are differences between right and left handed people, but both have value in society.

    (c) The continued dominance of right handed people over left handed people is wrong.

    (d) Left handed people are actually more aware of their surroundings in time and space.

2. What can be inferred from the passage?

    (a) To be accepted in society people should be right handed.

    (b) The best artists are all left handed.

    (c) Most people you meet are more likely to be right handed.

    (d) Right handedness really is better than left handedness.

3. Which of the following is untrue according to the passage?

    (a) A left handed fighter pilot will win against a right handed fighter pilot.

    (b) The left side of the brain controls the function of the right hand.

    (c) Left handed people are generally better at rapid information processing.

    (d) Right handedness used to be considered more desirable.

4. What is the best title for this passage?

    (a) Why right is better than left

    (b) How to change your handedness

    (c) The evolution of right and left

    (d) Right vs. Left; both have value

Words & Phrases

left-handed *a.* 왼손잡이의   prejudice *n.* 선입견, 편견   hereditary *a.* 유전의
Mendelian inheritance law 멘델의 유전법칙   unsolved *a.* 해결되지 않은   linguistic *a.* 언어학적인   swift *a.* 신속한
information processing 정보처리

문장분석

■ Experts theorize that because left-handers are minorities, they have to overcome many difficulties and obstacles which push them to become high achievers. → theorize 뒤의 that은 명사절로 사용되고 있으며 그 안에 because 절이 삽입으로 들어가 있다. obstacles 뒤에서 which가 주격 관계대명사로서 수식해주고 있다.

Unit 36 Ugly Chinese? |어글리 차이니스|

• 관광 •

　　In late 2014, a 40-something Chinese tourist from the mainland made a stir in Taiwan. He had entered the restricted area of Chunghwa Telecom, the island's largest communications provider, and took photos of various equipment, which he then shared on social media. He bragged that they were confidential pieces of equipment that he had photographed at an intelligence agency. It turned out that a company employee he met in the mainland had guided him. While the exposed machines weren't secret equipment, Taiwanese people were angry at the rudeness of tourists from the mainland.

　　Mainland Chinese tourists began traveling to Taiwan in 2008. As the number of visitors exploded, the Taiwanese people's hatred toward mainland Chinese deepened. Visitors not only littered and spat but also urinated on the floor of the National Chiang Kai-shek Memorial Hall, a site treasured by the Taiwanese. Hong Kong feels similarly. Hong Kongers are tired of mainland visitors buying up baby formula and diapers. A survey showed that they hated the mainland Chinese more than the Japanese, who oppressed them during the colonial period.

　　The opening of Taiwan's tourism business fanned anti-mainland sentiment, and Tsai Ing-wen, a supporter of Taiwanese independence, became president. Since then, the mainland Chinese government may have intervened as the number of mainlanders visiting Taiwan decreased by 30 percent. Opening the island to mainland Chinese tourism actually ended up reducing exchanges with the mainland.

　　Liberalism, a core theory in international politics, advocates that expanding exchanges between nations brings peace. When you learn about different customs and practices, misunderstanding from cultural differences will be resolved, and countries will get along. However, the theory did not take into account that lack of manners would affect public sentiment. Of course, it is presumptuous to think the mainland Chinese will remain rude forever. As Chinese people enjoy higher living standards and more international experiences, they will soon display sophisticated manners. After all, Korean tourists were derided as "ugly Koreans" not so long ago. Before the "ugly Chinese," there was the "ugly American," a pejorative term describing loud, rude and uncivilized American tourists in Europe and Latin America during the 1950s. There has been a book and movie titled "*The Ugly American*."

1. What is the passage mainly about?

    (a) The necessity for dialog between countries.

    (b) The hatred between Taiwan and China.

    (c) The rude behavior of tourists.

    (d) The effect of tourism on the mind.

2. What cannot be inferred from the passage?

    (a) The behavior of rude tourists can inspire hatred on a scale that is usually reserved for other behavior.

    (b) Some Chinese deliberately traveled to Taiwan to insult Taiwanese people and their history.

    (c) Chinese tourists have upset and angered people in other countries they have visited.

    (d) As Chinese people travel and experience more internationally, they will get better in their behavior.

3. What was the reason for the failure of liberalism in this instance?

    (a) Other subjective factors were not taken into account.

    (b) You can never truly know someone until you see how they live.

    (c) Tourists do not always behave in the ways that we expect.

    (d) Every country has groups of people that they wish they didn't have.

4. What does the underlined sentence imply?

    (a) It should have been clear to all that tourism was not the method to bring the two nations together.

    (b) As Taiwan and the mainland tried to work together, tourists sought to drive them apart.

    (c) Increased tourism from the mainland to Taiwan was expected to improve relations.

    (d) Mainland Chinese tourists were always expected to behave inappropriately.

Words & Phrases

mainland *n.* 본토   confidential *a.* 기밀의, 은밀한   intelligence agency *n.* 정보국   litter *v.* (쓰레기를) 버리다; 쓰레기   urinate *v.* 방뇨하다, 소변하다   oppress *v.* 억압하다, 탄압하다   colonial period *n.* 식민지 시대   sentiment *n.* 감성, 정서   advocate *v.* 옹호하다; 옹호자   custom *n.* 관습   presumptuous *a.* 뻔뻔한   sophisticated *a.* 세련된   uncivilized *a.* 미개한, 야만의

문장분석

■ Since then, the mainland Chinese government may have intervened as the number of mainlanders [visiting Taiwan] decreased by 30 percent. ➔ Since then은 과거 이후 현재까지 계속됨을 의미하는 현재완료 시제와 함께 쓰이는 시점부사구, 주절의 주어는 분사구 visiting Taiwan의 수식을 받는 the mainland Chinese government, 동사는 may have intervened이며, as는 시간 부사절 접속사로, 주어는 the number of mainlanders, 동사는 자동사 decreased, 전치사 by는 기존의 수의 차이를 의미한다.

Unit 37 Classical economics |오보에|

Recognized internationally as one of the finest musical groups of its kind in the world, the Orpheus Chamber Orchestra is unique for having no conductor. For every work, the orchestra members select the concertmaster and the principal players for each section. With its collaborative leadership style, the talented musicians create profound, conductor-less harmonies. American-style market-based capitalism is also widely regarded to focus on a similar type of control. A key task for orchestra members is the fine-tuning of their instruments to avoid any dissonant sounds. In this sense, the oboe plays a pivotal role in harmonizing different sources of sound.

The oboe was once banished by the medieval church on charges of "depriving the audience of its soul." It's beautiful yet pathetic tones were in discord with divinity. The oboe requires patience; it requires a sustained output of breath in order to deliver its sad, sweet melodies. However, the oboe has endured because of its stable tones. A symphony orchestra is tuned according to the oboe before performances. Violins and cellos tighten or loosen their strings in tune with the oboe. Orchestras take precautions against the unique sounds of the oboe. A slight mistake may lead to discord. That's why it is considered the most dangerous musical instrument, one that does not allow any mistakes, even though it serves to harmonize the whole orchestra.

1. What's the main idea of the passage?
   (a) The dangers that accompany anyone who decides to learn to play the oboe
   (b) The role of the oboe in conductor-less orchestras
   (c) The different fortunes of the oboe over time, being celebrated by some conductors and dismissed by others
   (d) The crucial role of the oboe in fine-tuning individual instruments of the orchestra and harmonizing them together

2. Which of the following is correct, according to the passage?
   (a) An oboe player must have patience in producing the long sounds of the oboe.
   (b) The medieval church disliked the oboe, believing it could cause the death of Christians with its sound.
   (c) The Orpheus Orchestra does not have a permanent conductor, but invites conductors from around the world to visit their orchestra and lead it.
   (d) The oboe sometimes causes problems in the orchestra as it is difficult to tune your instrument against the sound of the oboe.

3. What can you infer from the passage?
   (a) The Orpheus Orchestra would be overjoyed to have a conductor choose to join them permanently.
   (b) If the oboe is out of tune, the violins and cellos in the string section can help to bring it back in tune.
   (c) If an orchestra loses its oboe, it would find it extremely difficult to perform well.
   (d) The oboe is only brought into orchestras under extreme circumstances, such as when a conductor has taken ill and cannot perform.

Words & Phrases

be recognized as ~로 인식되다   of one's kind 해당 분야에서   unique *a.* 독특한   conductor *n.* 지휘자
profound *a.* 심오한   collaborative *a.* 협동적인   market-based *a.* 시장기반의   fine-tuning *n.* 정교한 조율
dissonant *a.* 불협화(음)의   banish *v.* 추방하다   medieval *a.* 중세의   deprive A of B A에게서 B를 앗아가다
pathetic *a.* 애처로운   discord *n.* 불협화음   serve to ~로 작용하다

문장분석

■ It's beautiful yet pathetic tones were in discord with divinity. ➡ It ~ that 강조 구문에서 that이 생략된 형태이다.

원래 형태는 It's beautiful yet pathetic tones that were in discord with divinity이다.

Unit 38 Multiple choice |폴리아모리|

•문화현상•

Polyamory means having multiple loving, non-monopolized, intimate relationships. It is different from simple cheating; one loves more than two people at a time, with the knowledge and consent of the partners. Polyamory is the opposite of monogamy. Consecutive monogamy — marrying then getting a divorce and then getting married again is called serial monogamy. Polygamy is marrying several people at the same time. It pertains to one or both partners who marry multiple partners. Polygyny refers to the practice of having multiple wives, and polyandry refers to a woman having multiple husbands. Those who proclaim polyamory emphasize the difference between polyamory and polygamy.

If polygamy is a marriage system that has become the norm due to religious or regional tradition, polyamory is its cultural outcome. At the core is an "open marriage," whereby the partners themselves decide on the form of group marriage or acknowledge having another partner. They think that monogamy that mankind has idealized does not fit human nature and especially represses women. At a glance, monogamy looks like an egalitarian system, but beneath the surface, it has long been systematized for male partners having affairs and female commercialization. Sexual openness is a particular characteristic of polyamory, but it also emphasizes devotion, intimacy and intellectual ties.

1. What is the passage mainly about?

   (a) The acceptance of monogamy as the correct relationship system to follow

   (b) The similarities between polygamy and polyamory

   (c) The difference between polyamory and other closely connected words that describe relationship forms

   (d) The growing cult of polyamory and the effects it can have on society and cultures where it is accepted and encouraged

2. Which of the following is correct?

   (a) Polyamory involves relationships that are equal in love and importance.

   (b) Polyamorists argue that monogamy goes against human nature and provides a means to repress women.

   (c) Polyamory is an umbrella term that includes polyandry and polygyny.

   (d) In a polyamorous relationship, participants keep their sexual relationships secret from other participants.

3. What can you infer from the passage?

   (a) Polyamorists consider their form of relationships to be superior to and more evolved than monogamous relationships.

   (b) Sexual openness can lead to heartbreak and abuse of the relationship.

   (c) Affairs are just likely to happen in polyamorous relationships as in monogamous ones.

   (d) The level of devotion to your partner(s) is higher in polyamory than monogamy.

Words & Phrases

polyamory *n.* 둘 이상의 남편을 둔 아내   intimate *a.* 친밀한   cheating *n.* 외도   consent *n.* 동의
monogamy *n.* 일부일처제   polygamy *n.* 일부다처제   pertain to ~와 관계하다, 어울리다   polyandry *n.* 일처다부제
proclaim *v.* 증명하다, 포고하다   norm *n.* 기준, 규범, 모범   idealize *v.* 이상화하다   fit *v.* 어울리다
repress *v.* 억압하다, 억누르다   systematize *v.* 조직화하다   affair *n.* 불륜   commercialization *n.* 상업화

문장분석

■ Consecutive monogamy — marrying then getting a divorce and then getting married again is called serial monogamy. ➡ —(대쉬)는 동격 처리이다. 즉 동격의 that과 같은 역할을 하고 있다. get married와 be married는 의미상의 차이가 분명하다. get married는 결혼식을 하고 있는 장면, 즉 동작을 강조해주고 있는 형태이며, be married는 결혼한 상태 즉 유부남, 유부녀가 된 상태를 뜻하므로 그 의미상의 차이를 분명히 파악해야 한다.

Unit 39 Real-life piracy |해적|

• 사회문제 •

"Here it is about gentlemen of fortune. They live rough, and they risk swinging, but they eat and drink like fighting-cocks, and when a cruise is done, why, it's hundreds of pounds instead of hundreds of farthings in their pockets. Now, the most goes for rum and a good fling, and to sea again in their shirts." This is the lifestyle of pirates as described by Captain John Silver, who always had a parrot on one of his shoulders. This excerpt comes from the novel "Treasure Island" by Robert Louis Stevenson, a book that almost always surfaces in collections of international children's literature. Whether in novels or movies, pirates are often glamorized. It is a romantic notion to follow an old map over the horizon to an unknown island to find a buried treasure chest.

But the life of real pirates is, to the contrary, nasty, cruel, desperate, full of betrayals, and short because of disease and violence. In "The History of Pirates" by Angus Konstam, the author concludes that we have endowed pirates with the image they currently enjoy simply because they stand for freewheeling behavior in contrast to the lives of modern, law-abiding urban dwellers.

Piracy as a job is as old as prostitution. And just as with prostitution, even in this day and age when the technology to sail has advanced to the point where we target it at space, piracy hasn't ended. In waters off Somalia that flow into the Suez Canal, lots of pirate attacks take place every year. If anything has changed, it is that instead of plundering cargo like the pirates of old, nowadays they kidnap sailors to collect ransom. A few days ago, the Los Angeles Times estimated that the annual revenue of Somali pirates amounts to $50 million. This is easily one of the most lucrative livelihoods in Somalia, impoverished due to a civil war that has lasted close to 20 years. It is no wonder that pirates, who live in luxurious mansions and own fancy foreign-made cars, are at the top of young women's wish lists for a husband.

1. What is not discussed in the passage?
   (a) Change in the motivation of pirates
   (b) The difficulty in maintaining a private life and personal relationships
   (c) The incorrectly romantic perception that we have of the life of pirates
   (d) The life expectancy of pirates

2. Which of the following describes a pirate according to Captain John Silver?
   (a) Pirates bring home a lot of money, save their wages and live in large houses.
   (b) A pirate can come home with much more money in his pocket than you would expect.
   (c) He doesn't drink very much alcohol because this would impair his ability on a ship.
   (d) Once a pirate earns enough money to support his family and buy a good bottle of wine, he is ready to retire.

3. What is inferred about modern pirates from the passage?
   (a) The wealth of pirates in Somalia makes them a desirable partner for a woman.
   (b) The Somali pirates changed to kidnapping and ransom because of a rise in sea traffic.
   (c) The number of attacks they make per year will continue to rise at an alarming rate.
   (d) Some Somalis are tempted to become pirates due to the respect that pirates enjoy in their country.

4. Why has the writer compared piracy with prostitution?
   (a) When pirates came back to land, they often visited prostitutes first and became intrinsically linked with them.
   (b) Often the wives of pirates would revert to prostitution to earn money during the long period that their husbands were gone.
   (c) The history of both jobs goes far back into history, and both still exist despite the evolution of technology to change the basis for the job.
   (d) Both jobs are so old that they are decreasing in popularity and there is a lack of young people entering the professions.

Words & Phrases

fortune n. 운, 재산, 부 rough a. 거친 fighting-cock n. 싸움을 좋아하는 사람 live like fighting-cocks 호화롭게 살다
farthing n. 파딩(영국의 청동화(靑銅貨)로 1/4페니; 1961년 폐지) rum n. 럼주 fling n. 방종, 기분대로 하기, 방자 pirate n. 해적
excerpt n. 발췌, 인용(구, 문) Treasure Island 보물섬 glamorize v. 매혹적으로 만들다, 돋보이게 하다, 미화하다
horizon n. 수평선 unknown a. 미지의 treasure chest 보물 상자 nasty a. 더러운, 불결한
desperate a. 자포자기의, 목숨을 아끼지 않는 betrayal n. 배신 freewheeling a. 구속당하지 않는, 자유분방한
law-abiding a. 법을 준수하는 prostitution n. 매춘 plunder v. 약탈하다 ransom n. 몸값 lucrative a. 돈이 되는

문장분석

■ This is the lifestyle of pirates as described by Captain John Silver, who always had a parrot on one of his shoulders. → as 뒤에는 being이 생략된 형태이다. 그러므로 described는 수동의 뜻으로 해석해 주어야 하고 as described의 해석은 '설명되는 것으로써'로 해석하면 된다. 주격 관계대명사인 who는 선행사인 Captain John Silver를 수식하고 있다.

Unit 40 Femme fatales |팜므 파탈|

• 대중문화 •

One of the most tragic works of art in the early 20th century features a woman named Alma Mahler. Her first husband was the late-romantic composer Gustav Mahler. His Symphony No. 6 in A minor is tender and solemn, although often referred to as the "Tragische (Tragic)". This soaring melody was composed for his beautiful wife, 19 years younger than him. His heart was fervently set on his voluptuous and intelligent wife. His passion verged on madness, to the extent that he kept her at home to maintain exclusive possession of her. His symphony presaged their tragic ending.

Oskar Kokoschka is a leading exponent of Expressionism and a key figure in European art. Kokoschka's oil painting "Bride of the Wind" is a self-portrait expressing his unrequited love for Alma Mahler, widowed after the death of Gustav Mahler. Kokoschka began a passionate affair with the older Alma Mahler one stormy night. Kokoschka was so obsessed with her that he sent her hundreds of love letters, but was ultimately rejected by Alma, who was searching for a more stable life. For more than 66 years, he was plagued by schizophrenia while Alma continued to be spoken ill of behind her back.

Recent films and TV dramas are flooded with seductive femme fatales, sexually attractive and likely to cause problems for any man who is attracted to their irresistible charms and beauty. Anna Nicole Smith, who worked at various strip clubs before gaining fame in an adult magazine, married oil tycoon Howard Marshall, 63 years her senior. One year after their marriage, Marshall died. Smith inherited her husband's estate of $470 million but was she as happy as many assumed?

Such women can be understood differently from a woman's perspective. Alma had an inborn artistic talent. She discovered and loved the hidden talents of Mahler and Kokoschka. Her second husband, Walter Gropius, was a great architect, and her last husband Franz Werfel, a world-renowned writer. Alma recalled that they were highly gifted and beautiful people. Following her husband's death, Smith had to fight a lengthy legal battle over his estate and after her 20-year-old son died, she ended her lonely life in a hotel room last year overdosing on prescription drugs. Until truth reveals itself, we should not carelessly criticize femme fatales. It is the modern version of "The Scarlet Letter."

1. Choose the most appropriate title for the passage.
   (a) Women who marry men for their money
   (b) The passions of Alma Mahler
   (c) Are femme fatales misunderstood?
   (d) Depictions of femme fatales on the silver screen

2. Which of the following people is the quotation "all the riches in the world couldn't bring contentment" most likely to be about?
   (a) Alma Mahler
   (b) Anna Nicole Smith
   (c) Howard Marshall
   (d) All of the above

3. Which of the following statements is false, according to the passage?
   (a) Men seemed to fall deeply in love with Alma Mahler, to the point of obsession.
   (b) When Howard Marshall died, Anna Nicole's life began a downward spiral of drug abuse and court cases and death.
   (c) Kokoschka loved Alma Mahler from afar for his entire life, never able to connect with her.
   (d) Alma Mahler was attracted to artists and considered her role to be in nurturing and fostering their talent.

4. What can you infer from the passage?
   (a) Howard Marshall's money will return to his family now that Anna Nicole Smith has died.
   (b) Anna Nicole Smith has always suffered from mental health problems.
   (c) Femme fatales are named thus because of the selfish way they treat men.
   (d) Alma Mahler was considered by many to be the cause of Kokoschka's illness.

Words & Phrases

feature *v.* 특집으로 다루다   named *a.* ~라 불리는   late-romantic *a.* 후기 낭만주의의   composer *n.* 작곡가
symphony *n.* 교향곡   solemn *a.* 엄숙한, 근엄한   verge on ~에 접하다, 인접하다   exclusive *a.* 독점적인
possession *n.* 소유   key *a.* 주요한   passionate *a.* 열정적인   affair *n.* 불륜, 연애   be obsessed with ~에 집착하다
ultimately *ad.* 궁극적으로   stable *a.* 안정적인   be plagued by ~의 괴롭힘을 받다   schizophrenia *n.* 정신 분열병
speak ill of ~에 대해서 험담하다   be flooded with ~로 넘쳐나다   seductive *a.* 유혹하는, 매력 있는
irresistible *a.* 거부할 수 없는   charm *n.* 매력   inherit *v.* 상속받다   perspective *n.* 관점
gifted *a.* 재능을 부여받은, 재능있는   lengthy *a.* 장기간의   legal battle 법정 싸움   overdose on ~를 과다복용하다

문장분석

■ His Symphony No. 6 in A minor is tender and solemn, although often referred to as the "Tragische (Tragic)". ➡ 분사구문을 이용한 문장이다. 접속사인 although가 나왔으므로 주어와 동사가 있어야 하지만 주어의 모습이 보이질 않는다. 원래 형태는 although His Symphony No. 6 is often referred to as the "Tragische(Tragic)"이었지만, 주어가 주절의 주어와 일치하므로 생략을 하고 be동사인 is도 being의 형태로 바꾼 후 생략을 하였다. 또한 접속사인 although도 생략을 하는 것이 원칙이나 의미를 분명하게 해주기 위해서는 남겨둘 수 있다. 이러한 이유 때문에 although often referred to as the "Tragische(Tragic)"의 형태가 나온 것이다.

Unit 41 Dealing with drugs |마약 실용주의|

• 사회문제 •

Mice in a laboratory are given drugs. The mice soon become so addicted to the drugs that they risk getting electric shocks and don't want to eat food anymore. The conclusion of the experiment: Drugs are addictive and dangerous. But one could pose the question: "Think about it from the mice's perspective. They are imprisoned in a small cage. Life is not pleasant. If the mice were happy, would they still take drugs?"

In 1981, Simon Fraser University in Canada conducted a test. A spacious utopian park for 16 male and female mice was made, equipped with delicious cheese and numerous things to play with. Sugar water blended with morphine was on offer, as well as regular water. Meanwhile 16 other mice were imprisoned in a cage. The results: The pampered, happy mice drank mostly the plain water, while the caged mice drank the morphine-spiked water 16 times more than the mice in the park. The test was considered controversial for underrating the dangers of drugs and laying the blame for addiction on the environment.

Richard Brunstrom, the chief constable of North Wales Police, takes an extreme stance. He says that the state has lost the war against drugs. With the number of drug addicts soaring while criminal gangs rake in huge profits, now is the time to abandon moral sensibilities and take the pragmatic approach of legalizing drugs. If the state sells drugs directly, Brunstrom maintains, then income sources for criminal gangs will dry out and related crimes will be reduced. It is ironic that a realistic viewpoint — or defeatism — is now considered radicalism.

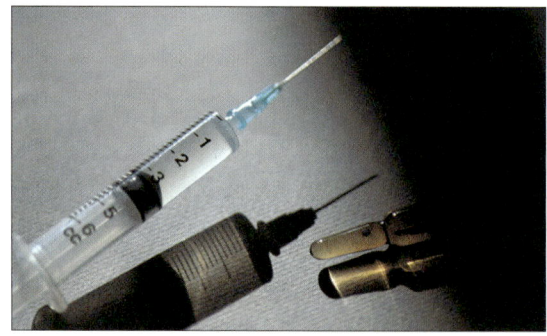

1. What is this passage mainly about?

    (a) The addiction rate of mice in a laboratory setting

    (b) The relationship between drug use and the influence from the surrounding environment

    (c) The rampant use of drugs in the UK and the inability of the police to stop it

    (d) The many dangers of drug use on both mice and men

2. What can be inferred from the passage?

    (a) The use of drugs has an overwhelmingly negative effect on society and can be difficult to manage.

    (b) The Northern Wales area will begin to sell drugs legally in the near future.

    (c) The introduction of cheese to laboratory mice prevents them from taking drugs.

    (d) Mice exposed to drugs will attempt to commit suicide by electrocuting themselves.

3. What could be a possible topic for the next paragraph?

    (a) The life of a drug addicted mouse in a laboratory

    (b) The different effects of morphine on mice, both positive and negative

    (c) Further studies into the factors that affect the rate of drug use by mice

    (d) The general populations' reaction to the now radical idea of legalized drug use in the UK

4. Which of the following is incorrect according to the passage?

    (a) Mice are not intelligent animals and will eat or drink whatever they are given.

    (b) Mice were more likely to take drugs if they were in a cage with no distractions.

    (c) The environment that surrounds an individual, mouse or human, may have some effect on their drug use.

    (d) The police chief in Northern Wales can see no possible solution to the problem within the regular rules.

Words & Phrases

be addicted to ~에 중독되다   electric shock *n.* 전기 충격   pose *v.* 제시하다   perspective *n.* 관점   imprison *v.* 가두다
conduct *v.* 실행하다   spacious *a.* 넓은, 광범위한   numerous *a.* 많은, 다수의   blended with ~와 섞인
pampered *a.* 응석받이로 자란, 제멋대로 하는, 방자한   underrate *v.* 낮게 평가하다, 과소평가하다
lay the blame for A on B   A의 잘못을 B에 두다   stance *n.* 입장   pragmatic *a.* 실용주의적인, 독단적인
legalize *v.* 합법화하다   defeatism *n.* 패배주의

문장분석

■ The mice soon become so addicted to the drugs that they risk getting electric shocks and don't want to eat food anymore. ➔ so ~ that 구문을 이용한 문장이다. 해석은 '너무 ~해서 …하다'라고 하면 된다. 즉, 이 문장에서는 '너무 약에 중독이 되어서 그들은 ~하다'라고 해석한다.

Unit 42 The essence of consumption |반소비|

• 사회현상 •

Jean Baudrillard viewed ostentatiousness and waste as the distinguishing characteristics of modern consumption. He refers to the modern hero as "wasters." The standard of the modern hero is determined by the quantity of waste. People observe the grandiose lifestyles of rock, movie and sport stars with a sense of envy and surprise. Marcel Mauss wrote, "The waste of wealth provides the wasteful with special privileges and authority." According to Bourdieu, consumption serves as a demarcation of the social tiers. Buying luxury products is a voucher that shows one belongs in the upper class; the original meaning of "distinction," which connotes noble grace, refers to difference or discrimination. One can rise in social standing when adopting the spending style of the upper class; withstanding the economic strain, one buys luxury products or imitates the unbounded spending habits of the upper class. Woefully, there are fake products, as well. All this proves that the essence of consumption is ostentatiousness.

A dilemma forms: as society becomes wealthier, people pursue the upper class by mass consumption, which leads to the popularization of luxury products. When everybody carries around high-end products, the hierarchical distinctions of consumption become blurred, so the highest class chooses a strategy of "anti-consumption" or "underconsumption." Millionaires ride in compact cars or visit commonplace restaurants. Professor Park Chung-ja of Sangmyung University slams this in her book "Robinson Crusoe's Extravagance" writing, "If carrying a Luis Vuitton handbag is a sign of accession for middle class women in their 20s, class distinction for the owner of a jaebeol (large conglomerate) is eating sundubu (tofu soup), which costs 5,000 won ($5). This kind of underspending is an extreme display of power." Riesman makes a similar indictment: "The established upper class underspends to distinguish itself from the nouveau riche."

1. Which of the following is an example of underconsumption?

   (a) A poor person working hard for a long time to save enough money to rent a large apartment

   (b) A rich person staying in the penthouse suite of a luxury hotel while on vacation

   (c) The president of a large international company wearing a cheap but well-made suit from a market

   (d) A university student spending all of her money on clothes and accessories in order to attract a wealthy boyfriend

2. What's the main topic of the passage?

   (a) A reversal in the ways that wealth is displayed by different classes of people

   (b) The envy that society has for millionaires and those who show off their riches

   (c) How to pass yourself off as a member of the nobility or the upper class

   (d) The trend of modern society to follow consumption less aggressively than before

3. According to the passage, what happens when everybody purchases high-end products?

   (a) An even higher product is looked for and the upper class spends even more money.

   (b) The lines between social classes become less clear, causing the wealthy people to react and find a different way to distinguish themselves from the lower classes.

   (c) Consumption continues increasing to an almost out of control level.

   (d) Everybody lives together in a classless society, without distinction or hierarchy.

Words & Phrases

ostentatiousness *n.* 과시   distinguishing *a.* 두드러지는   consumption *n.* 소비   refer to A as B A를 B로 간주하다
grandiose *a.* 웅장한, 숭고한   envy *n.* 질투   privilege *n.* 특권   demarcation *n.* 구분, 한계, 경계
voucher *n.* 상품권, 상환권   distinction *n.* 구별, 구분   connote *v.* 의미하다, 내포하다   withstand *v.* 저항하다, 견디다
unbounded *a.* 무절제한   spending habit 소비 습관   dilemma *n.* 난관   slam *v.* 혹평하다   conglomerate *n.* 대기업
indictment *n.* 기소, 고발

문장분석

■ Buying luxury products is a voucher that shows one belongs in the upper class; the original meaning of "distinction," which connotes noble grace, refers to difference or discrimination. ➡ 동명사가 주어로 쓰일 때

는 '~하는 것'이라고 해석하면 된다. 이 문장에서는 '사치품을 사는 것'이라고 해석하면 된다. 주격 관계대명사인 that과 which가 나와서 선행사인 a voucher와 the original meaning of distinction을 각각 수식하고 있다.

Unit 43 Superstars have super stress
|수퍼스타 경제학|

• 예술/연예 •

It is hard to know how much money movie actors, television personalities or rock stars actually make; however, the recent figures released by the media are astronomical. Earnings into the millions are the average, and some celebrities earn at least $10 million, demonstrating the extent of their star power. Several famous stars garner more profit than some respectable medium sized companies. Lately, corporations that use popular stars as the face of their company have hit the jackpot as the value of their stocks skyrocket. One star even pocketed tens of millions of dollars in public stocks; these people are not just stars — they are superstars.

Except for these few superstars, the majority of entertainers do not make a lot of money and their lifestyles are anything but extravagant. The salaries of superstars dwarf the earnings of regular entertainers. Although they perform similar duties, the large gap in earnings is caused by the "superstar phenomenon" which governs the entertainment market. In this market, the consumers want the products made by the best producers, and only the greatest producers have the technology to provide the consumers with products at the lowest cost. Popularity is the standard that determines greatness. Seeing the movie of an unknown actor 10 times does not satisfy the urge to see a superstar in a movie. The superstar phenomenon holds true for professional sports, demonstrated by the wide gulf in salaries between several superstar players and journeymen players.

Although natural talent and hard work are necessary for being a star, luck plays a role, as well. If one lets the opportunity of a lifetime slip away, one may never have the opportunity to become a star again. Regardless of how much money a superstar makes, if the probability of becoming a star is low, the expected income will unavoidably be low. If annual earnings amount to $10.6 million and the probability of becoming a star is 0.1 percent, the expected income will amount to no more than $10,600, which is the reason the majority of unknown entertainers are destitute. When considering the short time a superstar maintains his or her status, the lifetime expected income decreases even more.

1. Which of the following is correct?

    (a) The gulf between superstar entertainers and regular entertainers does not apply to professional sports.

    (b) Don't worry if you miss an opportunity to become a star; another will appear again soon.

    (c) Some celebrities earn vast amounts of money, more than some companies, but they are in the minority.

    (d) The earnings of superstars are highly exaggerated by the media.

2. What is the main idea of the passage?

    (a) The relatively low total earnings that actors make throughout their careers

    (b) The large gap in popularity and wealth between those superstars at the top of their field and those who are not

    (c) How the rich get richer and the poor get poorer

    (d) The cost of getting products to the consumers more quickly and more efficiently

3. What can be inferred about regular entertainers?

    (a) They are all very competitive and none of them get on very well.

    (b) They earn less because they have fewer movies to act in and they don't perform as well as superstars.

    (c) They will probably earn very little in their career.

    (d) They are immensely jealous of the lifestyles of superstars.

4. What is the "superstar phenomenon"?

    (a) A situation that enables anyone to become a superstar, whatever their background

    (b) It involves professional sports players and is the practice of paying well-known players more for doing less

    (c) The desire of regular people to emulate superstars and try to become one of them

    (d) A situation where the superstars have access to the best material and technology which feeds the desire of consumers and makes them like the superstars even more

Words & Phrases

release *v.* 개봉하다   figure *n.* 수치   astronomical *a.* 천문학적인   demonstrate *v.* 드러내다, 증명하다
garner *v.* 저축하다, 모으다   skyrocket *v.* 하늘로 치솟다   the majority of 대부분의
anything but = never (*cf.* nothing but = only)   govern *v.* 관장하다, 통제하다   urge *n.* 충동, 욕구
probability *n.* 가망성, 개연성, 확률   expected income *n.* 기대 수입

문장분석

■ When considering the short time a superstar maintains his or her status, the lifetime expected income decreases even more. ➡ when 절이 나온 후 -ing 형태가 나왔다고 해서 분사구문의 생략된 형태로 보는 오류를 저질러서는 안 된다. 순간적으로 주어가 생략되고, 동사의 형태를 -ing의 형태로 바꿔 준 뒤 의미를 분명하게 해주기 위해 when이 생략되지 않은 형태로 볼 수 있다. 하지만 그렇지가 않고 considering the short time의 부분은 전치사구로 사용된 것이다.

Unit 44 Pursuit of libertarianism |리버테리언|

Clint Eastwood was his stiffest competitor. The two men competed for the same award in 2005, with Clint Eastwood emerging victorious at the time. Although a rivalry ensued, the two men were avid supporters of each other's work. When Martin Scorsese was pitted against religious circles for his controversial movie "The Last Temptation of Christ," Clint Eastwood supported him, citing freedom of speech. A former actor, director Clint Eastwood is often called the "miracle of American movies" because of his rise from macho male Hollywood hero to respected director. Between the 1960s and 1980s, he starred in spaghetti Westerns and cop movies like the "Dirty Harry" series. Later, he directed "Unforgiven" (1992), which broke the tradition of conventional Westerns and "Million Dollar Baby" (2005), which confronted the issue of euthanasia. He won the best director prize for both movies. His movies grow more profound as he ages, as he is now nearly in his 80s.

His political dispositions, however, have often been the source of controversy. "Dirty Harry" has been blasted as being a symbol of rightwing fascism; he has been a lifelong member of the Republican Party; and people have questioned his closeness with former president Ronald Reagan. Clint Eastwood calls himself a libertarian. In an interview published in the "Cahiers du Cinema," Mr. Eastwood says, "I've been a Republican because I chose that party at the time of my military service at the beginning of the 1950s ... My political choices don't really fit in with any of the camps, and actually I feel myself to be something of a libertarian." Libertarians are considered one stream of conservatism, but they do have some ambiguous aspects. While forming the foundation of American-style liberalism based on the traditional cowboy spirit, libertarians are also amicable to left-wingers.

1. Which of the following does not appear in the passage?

   (a) His religious stance and the effect on his directorial choices
   (b) Eastwood's association with the Republican Party
   (c) A respectful rivalry between Clint Eastwood and Martin Scorsese
   (d) His predilection to tackle controversial issues in his movies

2. What can you infer about Clint Eastwood?

   (a) He voted Republican because his friend, Ronald Reagon, was involved in that party.
   (b) He has been exceptionally successful as both an actor and director.
   (c) He knows which type of stories he is good at telling and sticks to those in his movies.
   (d) He became a libertarian after Martin Scorsese introduced him to it.

3. Which of the following is not a reason why Eastwood has been linked with the rightwing fascism?

   (a) He acted in the movie "Dirty Harry" which has been accused as representing rightwing fascism.
   (b) He has voted Republican and been a member of the party since he entered them military in the 1950s.
   (c) In interviews he has expressed rightwing tendencies in his statements.
   (d) He is a friend of former Republican president Ronald Reagan.

Words & Phrases

stiff *a.* 경직된, 단호한, 불굴의   compete for ~을 위해 경쟁하다   avid *a.* 열렬한   pit against ~을 …와 경쟁시키다, 싸움 붙이다
respected *a.* 존경받는   confront *v.* 직면하다   profound *a.* 깊은, 심원한, 뜻깊은   disposition *n.* 성향
controversy *n.* 논란   fascism *n.* 파시즘   closeness *n.* 친밀함   libertarian *n.* 자유론자
fit in with ~에 잘 끼다, 어울리다   conservatism *n.* 보수주의   ambiguous *a.* 애매모호한   amicable (to) *a.* 우호적인
left-winger *n.* 좌파사람

문장분석

■ Later, he directed "Unforgiven" (1992), which broke the tradition of conventional Westerns and "Million Dollar Baby" (2005), which confronted the issue of euthanasia. ➡ 주격 관계대명사인 which가 나와서 선행사를 수식해주고 있는 구조이다. 첫 번째 which는 "Unforgiven"을, 두 번째 which는 "Million Dollar Baby"를 수식해 주고 있다.

Unit 45 Helicopter kids will crash |코치 인생|

• 사회현상 •

"Helicopter parents" refer to parents who pay extremely close attention to their child or children. In the United States, there are reports that corporations are setting their sights on helicopter parents in order to recruit their talented offspring. It is the global manifestation of the domestic phenomenon of aggressive, dedicated mothers.

In the United States, they refer to children born during the 1980s as "helicopter kids." Indulged by overprotective parents, they feel they are somehow special. Other reports indicate that narcissism is on the rise compared to previous generations. The "kangaroo generation" refers to children who leech off their parents; children suffering from "Peter Pan syndrome" refuse to grow up; and over-indulged children in China are referred to as "little emperors." Similar to helicopter kids, all these terms refer to children who are protected and coddled to a degree that threatens their ability to make it in life.

In the Hollywood movie "Hitch," Will Smith plays a "date doctor" who coaches men on how to woo women. This is not happening just in movies — businesses that offer date management and referrals are popping up. There is a program on domestic cable television where famous entertainers work as date coaches. The scope goes beyond mere dating; prompted by the general complexity of life, increased competition and an overload of information, so-called "life coaches" that advise on self-improvement, career management, social skills, child education, and financial issues are now offering their services. When looking at the self-improvement books at the top of the bestseller list, they are all coaching books. In the United States, life coaching is a $1 billion industry.

Domestically, education coaches are currently on the rise in the private education market. These coaches do not teach from the textbook, but they organize an overall study program, equipping the student with the appropriate learning methods. They are educational consultants and study managers. Graduates from elite universities and parents who have successfully educated their own children usually step into this market.

Self-learning is already outdated. Children learn at schools and academies; they learn from helicopter parents who are at their beck and call; and if that is not enough, they can entrust their lives to coaches and consultants. It has become the emblem of a turbulent and chaotic society. Self-reliance has vanished; living is impossible without someone managing and directing them — it is a "coached life." They are children forever. Are you a helicopter parent?

1. What does the writer think is happening to the "helicopter kids"?

   (a) They are outshining and outperforming other kids in every way.

   (b) They lack self-confidence and do not believe that they can complete tasks.

   (c) Their capacity to be successful independently of their parents is reduced.

   (d) They are blinded to real life and cannot understand why everyone doesn't treat them the way their parents do.

2. What's the idea of the passage?

   (a) The disappearing ability of people to manage themselves and make their way in life by themselves

   (b) The popularity of self-help books in the U.S.

   (c) The universal problem of pushy parents, blinded about their child's abilities

   (d) Society's reliance on celebrities to show us the best way to live and do things

3. Which of the following is not a reason why "life coaching" is so widespread?

   (a) The complications in life that we experience every day

   (b) The desire to be better than other people, both professionally and personally

   (c) The increased tendency to divorce rather than work through marital problems

   (d) The modern technological life we exist in these days

4. Choose the incorrect one from the following.

   (a) Life coaching is an extremely lucrative business.

   (b) Children's entire lives are handed over to a group of adults who will guide them in every way.

   (c) Date doctors are real and make their money by helping men to court women.

   (d) The kangaroo generation refers to people who are reluctant to accept their parents' aid.

Words & Phrases

pay attention to ~에 관심을 보이다   corporation *n.* 기업   set sights on ~에 조준하다, 목표를 정하다
recruit *v.* 채용하다, 모집하다   talented *a.* 재능 있는   manifestation *n.* 표현, 명시, 시위행위   aggressive *a.* 공격적인
overprotective *a.* 과잉보호의   over-indulged *a.* 지나치게 응석받이의   coddle *v.* 소중히 기르다, 응석받이로 기르다
pop up 튀어나오다, 발생하다   scope *n.* 범위, 영역   an overload of 지나치게 많은
self-improvement *n.* 자기 개선, 자기 수양   be on the rise 상승하고 있다   private education market 사교육 시장
appropriate *a.* 적절한   consultant *n.* 컨설턴트, 고문   outdated *a.* 구시대의, 낡은   entrust *v.* 맡기다, 위임하다

문장분석

■ and over-indulged children in China are referred to as "little emperors." → are referred to as의 부분을 보면 전치사 두 개가 연속으로 나와 이상해 보이지만, 이것은 refer to A as B 구문의 수동태의 형태이다. 즉 주어로 사용되고 있는 over-indulged children이 A 부분에 있었지만 수동태로 변형되면서 주어로 빠져 나간 것이다.

Unit 46 Barbie does Freud |키덜트|

•문화현상•

Barbie was introduced to the world at the American International Toy Fair on March 9, 1959. Millions have been sold and her initial success was because she was an adult-bodied doll at a time when most children's dolls were based on infants. Mattel, the company which produced Barbie, made a fortune. Barbies have been made in many different nationalities and races and she has had many different careers. And Barbie got a family, too. She has friends and sisters. In fact it was Midge — a friend of Barbie — who was pregnant. Midge was designed to offset criticism that Barbie was just a sex symbol. Barbie has also sold related toy products, such as clothes and furniture. The world of Barbie is indeed limitless, including costumes, publications, stationery and electronic goods. Her career is an example of the present marketing trend, called "One Source Multi Use."

The recent changes in the traditional toy market are giving Barbie gray hair. Young teenagers no longer play with dolls so much. Girls nowadays want computer games, a video set, mobile phones, or an MP3 player, as soon as they enter a primary school. Thus the main market for traditional toys has narrowed to young children who have not yet gone to school. And many countries have a declining birth rate. Each of these aspects has worried traditional toy sellers. Toys "R" US, the world's leading toy retailer, has closed at least 70 stores in the United States. Some companies have been transformed into gift shops.

Sigmund Freud said, "What a distressing contrast there is between the radiant intelligence of the child and the feeble mentality of the average adult." Toy companies have taken this idea to heart. The biggest toy manufacturer in Japan, Bandai, has recognized that toys are not just for kids. The company has now developed dolls for retired people and adult females. Their new fashion doll, Sakurana, is an urban lady who has her own career. Bandai's marketing representative said Sakurana will appeal to an adult female's desire to identify with a successful looking doll and the company expects she will take care of her in the same way she takes care of herself. This is the newly emerging kidult (adults who are like kids) market. Even for Barbie, maniac adult collectors are the most important customers. Adults are grabbing the dolls kids have turned away from to extend their childhoods.

1. At what point do young girls start to want more adult products?

   (a) Before they even begin primary school

   (b) When they enter puberty and start to develop an interest in boys

   (c) The moment when they realize that Barbie is unrealistic

   (d) When they begin to attend primary school

   (e) When they see what their friends have

2. What's the passage mainly about?

   (a) Changes in the toy market involving type of products and target audience of each product

   (b) Attitudes to Barbie, ranging from affection to derision

   (c) A comparison of the marketing strategies of Toys "R" Us and Bandai

   (d) The emerging "One Sourse Multi Use" marketing trend

   (e) The place of Barbie in the contemporary world

3. What can you infer about Sakurana?

   (a) Sakurana is based on the traditional model of Barbie.

   (b) Sakurana has already become more popular than Barbie was in her early career.

   (c) Sakurana is aimed at retired people who want to feel young again.

   (d) She will appeal primarily to kidults who are looking for a way to return to their childhoods.

4. Which of the following is incorrect?

   (a) The Midge doll was an attempt to counteract the sexist criticism that Barbie was getting.

   (b) Barbie was a success because the proportions of her body were very attractive.

   (c) Toys "R" Us are being forced to close some locations due to the new face of the toy market.

   (d) The kidult market is an emerging but economically fruitful market.

Words & Phrases

introduce v. 소개하다, 도입하다   initial a. 초기의   adult-bodied a. 성인을 닮은 몸을 가진   nationality n. 국적
offset v. 상쇄하다   stationery n. 문방구   narrow to ~로 줄어들다, 협소해지다   declining a. 감소하는
career n. 직업, 경력   maniac a. 마니아의   extend v. 확장하다, 연장하다

문장분석

■ Mattel, the company which produced Barbie, made a fortune. ➡ 주어는 the company가 동격으로 수식하고 있으며, 이 것을 주격 관계대명사 which가 수식해주고 있다. 주절의 동사는 made 이다.

Unit 47 Deadly cultural differences
|총기 규제론|

• 사회문제 •

Jim Brady was the White House Press Secretary during the Ronald Reagan Administration. Brady was shot in the head in March 1981 and became paralyzed when John Hinckley attempted to assassinate President Reagan. The "Brady Law" enacted in 1994 is the result of the hard work of Brady and his wife. This law required background checks for purchasing guns regardless of their purpose to look for criminal records, mental illness and illegal immigrants. However, this temporary law expired in 2004. The obstacle that Brady was not able to jump over was the National Rifle Association. Charlton Heston, the star of "Ben Hur," was its president until 2004. The NRA holds strong political power and receives huge amounts of money from gun production and distribution companies. It brags proudly about defeating laws to restrict gun use in Congress, including the Brady Law.

The success of the NRA and of gun possession in the United States stems from the country's unique culture and historical background. In 1791, the second amendment to the U.S. Constitution declared a well regulated militia as "being necessary to the security of a free State," and prohibited Congress from infringing upon "the right of the people to keep and bear arms." After going through the War of Independence and expanding to the West, U.S. citizens believe this clause, which is over 200 years old, is vital for them to defend themselves, thinking, "It is not the police that protects my family and I, but myself." Many in America think that Al Gore, who ran for president in the year 2000, was not able to win against President Bush because Gore wanted to restrict gun use. In the United States, people think that possessing a gun is a right of the people.

1. What's the passage mainly about?

　　(a) The U.S. Consitution's approval of gun possession in America for self defense

　　(b) The "Brady Law" and how it protects innocent people

　　(c) The history of the National Rifle Association in politics

　　(d) The contentious and divisive issue of gun possession in America

2. What was the purpose of the Brady Law?

　　(a) To prevent all private gun ownership throughout America

　　(b) To prevent all illegal immigrants from possessing a gun

　　(c) To afford only those individuals who pass all background checks to own a gun

　　(d) To wield a blow to the strong power of the NRA

3. Choose the correct one from the following, according to the passage.

　　(a) It is believed that Al Gore lost the presidential election because he believed in less gun restrictions.

　　(b) The NRA receives monetary donations from companies that campaign for more restrictive gun laws.

　　(c) The U.S. constitution states that Americans should only be able to bear arms for use in self-defense.

　　(d) Many Americans believe that it is their personal duty to keep themselves and their family safe from harm, not the duty of the police.

4. What can you infer about the Brady Law?

　　(a) Ronald Reagan was so thankful to Jim Brady for saving his life that he made sure the law was implemented as soon as possible.

　　(b) Jim Brady wanted the Brady Law to be added as an amendment to the Constitution.

　　(c) The Brady Law would prevent all non-Americans from being able to buy a gun in America.

　　(d) The law was ultimately defeated by the NRA, who were incensed when it came into being in 1994, and did not give up until it ceased to exist.

Words & Phrases

administration *n.* 정부, 정권　paralyze *v.* 마비시키다　assassinate *v.* 암살하다　regardless of ~와 관련 없이
mental illness *n.* 정신병　illegal *a.* 불법의　temporary *a.* 일시적인　expire *v.* 끝나다, 만기가 되다　obstacle *n.* 방해(물)
distribution *n.* 분배　defeat *v.* 꺾다, 무효로 하다　infringe upon (권리 등을) 침범하다　bear arms 무기를 갖추다

문장분석

■ The obstacle that Brady was not able to jump over was the National Rifle Association. ➡ 목적격 관계대명사

인 that이 선행사인 The obstacle을 수식해 주고 있으며 over 뒷부분에 that이 들어가면 알맞다. 주절의 동사는 was이다.

Unit 48 A knowledge of wine |와인 스트레스|

•문화현상•

Often referred to as the "greatest gift from God," wine, which has been synonymous with culture and refinement, boasts a long history. Ancient Greeks thought drinking wine while engaging in debates separated them from the savages. The origin of the Greek word "symposium" means "drinking together." As land for growing grapes expanded and mass production techniques for producing wine were developed, slaves started to drink wine as well, which prompted the noble class to place importance on vintage (the year grapes were grown and harvested). They further distinguished themselves by establishing etiquette for wine drinking (see "A History of the World in Six Glasses" by Tom Standage).

We live in times when conducting high-end business becomes difficult without a knowledge of wine, which explains why an increasing number of CEOs are becoming wine experts. Interestingly enough, Karl Marx cautioned more against people who did not drink wine than capitalists. An economic research center polled 400 CEOs and executive managers and found 84 percent felt stress regarding wine. They cited having to select a good wine for the dinner table and being unable to participate in wine discussions. Napoleon once said, "Nothing makes the future look so rosy as to contemplate it through a glass of Chambertin." What would he make of all this? He might say, "Formality is important but first learn to enjoy the wine and slowly start from there."

1. What can you infer about CEOs?

    (a) CEOs usually know a lot about wine because they have to drink it so much.

    (b) They wish that they could attend wine courses to improve their wine knowledge.

    (c) They spend much of their free time drinking wine instead of conducting business formally.

    (d) Entertaining in the correct way is a big part of making business deals for them.

2. What's the passage about?

    (a) The importance of wine in life and furthermore in business

    (b) Stresses that CEOs experience

    (c) The differences between those who drink wine and those who don't

    (d) How to impress business partners with your knowledge of wine

3. Which of the following is false?

    (a) Wine etiquette was invented by the higher classes in order to separate themselves from the lower classes.

    (b) As grape production grew, more and more people from different classes could drink it.

    (c) Karl Marx thought that wine drinking was the reserve of the rich and should remain that way.

    (d) The year a grape was grown is vital in distinguishing expensive and cheap wine.

Words & Phrases

(be) **referred to as** ~로 간주되다 (*cf.* refer to A as B A를 B로 간주하다)   **synonymous** *a.* 동의어의   **debate** *n.* 토론, 논의   **mass production** *n.* 대량 생산   **prompt A to B** A가 B하도록 자극하다, 격려하다   **distinguish themselves** 돋보이게 하다   **high-end** *a.* 고급스러운   **regarding** *prep.* ~와 관련하여

문장분석

■ Often referred to as the "greatest gift from God," wine, which has been synonymous with culture and refinement, boasts a long history. ➡ 분사구문을 이용한 형태이다. Often referred to as the "greatest gift from God"는 원래 주절의 주어인 wine이 주어로 사용되어서 원래 형태는 wine is referred to as the "greatest gift from God"이다. 하지만 주어가 일치하므로 주어를 생략하고 be동사를 being으로 변환시켜준 뒤 생략을 한 형태로 보면 된다. 또한 주격 관계대명사 which가 선행사인 wine을 수식하고 있으며 주절의 동사는 boasts이다.

Unit 49 A master to the end | 거장(巨匠) |

Just as the early 20th century had the great master Pablo Casals, the latter part of the last century had Rostropovich. Even though he was regarded as the best in his era, he was modest and humble. That he recorded the entire Bach Cello Suites when he was over 60 proves his modesty. As Bach Cello Suites require thorough interpretation and masterly technique, the suites are the goal that any cello player wants to achieve. The suites are the beginning and the goal as well for cellists so they are called the Bible of the Cello. Rostropovich might have been tempted to record the classical pieces at an earlier day to earn credit, like many cellists actually do, but he did not hurry. He kept on waiting until he could understand his playing himself.

Rostropovich was a man of conviction and courage. He sheltered Aleksandr Solzhenitsyn in his country house for four years. For that reason, the musician was persecuted by the government and lived in exile for 16 years. When the Berlin Wall fell in 1989, he played on the spot to celebrate the event. During the Soviet coup in 1991, when members of the former Soviet military surrounded the Russian government building, the cellist showed up on the spot, again. He wanted to support former President Boris Yeltsin of Russia, who stood on top of a tank to stop the coup attempt.

People say life is short, but art is long. Rostropovich made major achievements both through his life and his art. He excelled in art, a way of expressing a sublime intellect. At the same time, he did not compromise with the mundane world and was very generous and thoughtful to people in need. In an interview, he said that one day a person will meet a judge — his own conscience, and that if a person does not know hardship, he cannot become truly happy. That explains how he could lead a life of integrity until his last moment.

1. What's the main idea of the passage?

    (a) The persecution that Rostropovich experienced throughout his life
    (b) Rostropovich's often dangerous involvement in Russian politics
    (c) The internal struggle that Rosptropovich felt between art and politics
    (d) The impressive and dignified life that Rostropovich led

2. Which of the following is correct about Rostropovich's cello talent?

    (a) Even though he achieved a great feat, he did not want to be celebrated for it.
    (b) He did not prepare for his recording of the suites since he was already a cello master.
    (c) He tried to record the suites when he was younger but he wasn't good enough yet.
    (d) He waited until he was over 60 because he wanted to play the suites when he truly comprehended his own playing.

3. What can you infer about Rostropovich?

    (a) He was a risk-taker who helped others at the expense of his own safety.
    (b) He was a member of Yeltsin's government until the coup attempt.
    (c) Rostropovich believed that he must experience inconveniences in order to be satisfied with life.
    (d) He was able to excell in a variety of the arts, both music and literature.

4. Which of the following is not discussed in the passage?

    (a) The way Rostropovich liked to live his life
    (b) His relationship with the Soviet government
    (c) The importance of the Back Cello Suites for a cello player
    (d) Rostropovich's lack of formal education

Words & Phrases

master *n.* 거장   era *n.* 시대   humble *a.* 겸손한   interpretation *n.* 해석   achieve *v.* 성취하다
classical pieces 고전음악   earn credit 신용을 얻다   conviction *n.* 확신   persecute *v.* 핍박하다   exile *n.* 추방
on the spot 그 자리에서   celebrate *v.* 축하하다   coup *n.* 쿠데타   attempt *n.* 시도   achievement *n.* 업적, 성취
sublime *a.* 숭고한   compromise (with) *v.* 협상하다   mundane *a.* 세속적인, 일상의   hardship *n.* 고난
integrity *n.* 성실, 완전무결

문장분석

■ Rostropovich might have been tempted to record the classical pieces at an earlier day to earn credit, like many cellists actually do, but he did not hurry.

→ might have been은 '~했을지 모르겠다'라고 해석을 하는데 즉 50%대 50%의 마음을 나타내는 것이다. 이외에도 should have p.p., ought to have p.p., could have p.p.가 있는데 해석을 should have p.p.와 ought to have p.p.는 '~했어야만 했는데 (안 했다)'이고, could have p.p.는 '~할 수 있었는데 (안 했다)'이다. 즉 부정어구가 없는데도 불구하고 '안 했다'라는 뜻을 나타내므로 주의해야 한다.

Unit 50 Two-faced 영화제

The Cannes Film Festival is the oldest of the three major film festivals, which include Venice and Berlin. The three festivals are in artistic centers, and each compete for movies outside the style of Hollywood, where quality movies with diverse topics are not easily found. They rate movies not in terms of sales, but on aesthetics. They are indeed festivals of movie-lovers.

But the idea that a film festival is purely just a place for art is a misunderstanding. It has different faces, too — politics and money. Above all, a film festival is a sphere of politics of the people behind the screen. Parties take an important place. Movie premieres during the festival show are a time for network-building. Politics and networks built in the international festivals often influence the orientation of the awards.

Another feature of the film festival is money. One of the main reasons that Cannes could become the big brother of the three film festivals is because of the size of its movie market. A large-sized market with a lot of money makes the festival even bigger. For instance, it invites Hollywood stars for non-competition awards outside of the art movie runnings. They bring the media limelight, as well as sponsors from multinational corporations. Stars invited to Cannes also tread the red carpet, in the tradition of the Academy awards. Their splendid dresses and expensive accessories all become part of the public interest.

Moreover, the prices soar across the city during the festival. The festival transforms a once-tired coastal city outshined by Nice into a prosperous cultural center of the world. The Cannes festival therefore is a model of marketing for both the festival and the city's culture. On the one hand, the festival indulges in the ocean of hunger for artsy films; on the other hand, it keeps a balance between commerce and politics. Therein lie the two faces of a film festival.

1. What's the passage mainly about?

   (a) The three major film festivals, Cannes, Berlin and Venice

   (b) Producing art for art's sake

   (c) The politics of the movie industry

   (d) The transformation of the city of Cannes during the film festival

   (e) What goes on behind the scenes and in the public eye at the Cannes Film Festival

2. What do Hollywood stars bring to the Cannes festival?

   (a) They bring the interest of the public because of their clothing and their fame.

   (b) They bring the interest of movie awards companies.

   (c) They bring the old Hollywood glamor to the city.

   (d) They bring the big designers to the city and lots of high-end stores.

   (e) They bring a little bit of culture that is lacking in the city for the rest of the year.

3. What can you infer about the Cannes Film Festival?

   (a) It's a place where anyone can get into movies.

   (b) You have to know the right people to get an invitation.

   (c) There are many different motives for people to attend the festival.

   (d) It is the envy of all other film festivals across the world.

   (e) The major awards ceremonies shun the opinion of the festival goers.

4. Choose the correct one from the following.

   (a) The festival is not a place just for film fans to appreciate artistic films.

   (b) Cannes was in the shadows of Nice until the festival brought it to the forefront of movie culture.

   (c) The festival doesn't judge movies on their earnings but rather on their artistic merit.

   (d) During festival time the cost of everything escalates a lot.

   (e) All of the above are correct.

Words & Phrases

compete for ~을 두고 경쟁하다   diverse *a.* 다양한   in terms of ~의 관점에서   aesthetics *n.* 미학   purely *ad.* 순수하게   misunderstanding *n.* 오해   sphere *n.* 영역, 분야   network-building *n.* 네트워크 쌓기   orientation *n.* 방향, 방침   multinational corporation *n.* 다국적 기업   tread the red carpet 레드 카펫을 밟다   splendid *a.* 빛나는, 화려한   expensive *a.* 값비싼   public interest *n.* 공공의 이익   once-tired *a.* 한때 보잘 것 없는   indulge in ~에 탐닉하다   keep a balance between A and B   A와 B의 균형을 유지하다

문장분석

■ and each compete for movies outside the style of Hollywood, where quality movies with diverse topics are not easily found. ➡ 관계부사인 where가 선행사인 Hollywood를 수식하고 있다. 또한 where 절 안에서 주어가 나온 뒤 전치사구인 with diverse topics가 삽입으로 들어가 있다.

Unit 51 Is trusting an artist pathetic?
|천경자 위작 논란 자체가 후진국적일까?|

• 예술/회화 •

Since artist Chun Kyung-ja has passed away, "Beautiful Woman" could be reappraised for authenticity, based on the fact that Chun had said the painting was not hers and forger Kwon Chun-sik claimed to have painted the controversial piece. So the museum should reconsider the findings of the National Forensic Service that "Beautiful Woman" was genuine. Art critic Jeong Jun-mo claims that it is genuine. An anthology of Chun published in 1990, a year before the controversy, included "Beautiful Woman," and Chun never argued with it when she must have been involved in the publication process, Jeong says. In addition, Kwon said he forged the painting in 1984, but the museum actually acquired it in 1980. Lately, Kwon has changed his position and claimed he had painted it in the late '70s. But the painting he said he used as a reference was actually painted in 1981. While the two sides have different arguments, they both want the truth. Opinions online mostly focus on the position that the artist's words should be trusted, and ignoring her claim is pathetic and backward. But let's look at an example from another country.

In 1995, the New York Supreme Court ruled that French painter Balthus' painting "Colette in Profile" was authentic when the painter fervently denied that he had created the work. The painting was included in the catalogue of the 1980 Venice Biennale, which Balthus had reviewed and approved. He had also previously claimed that certain works were not his when he was not happy with the dealers or galleries that sold his paintings. There have also been cases of artists denying the authenticity of their own works when they were not satisfied with the quality or wanted to punish a collector obsessed with material value. Pablo Picasso was one of them. One day, an owner of one of his unsigned pieces brought it to Picasso and asked him to sign the painting. Picasso instantly noticed that it was one of his creations. But he refused to sign it and said, "I can paint false Picassos just as well as anybody." I don't mean to say that Chun is such a case. It is possible that "Beautiful Woman" was forged. But the possibility of authenticity also cannot be completely ruled out, just as in the Balthus case. Not fully trusting the words of the artist _____. This may be a chance to clarify the truth.

1. Which can be inferred from the passage?

    (a) It is impossible to tell whether Chun actually did paint "Beautiful Woman" or not.
    (b) Balthus and Picasso are similar in that they both wanted to distance themselves from inferior works.
    (c) Balthus didn't want "Colette in Profile" included in the Venice Biennale, but had no choice.
    (d) Picasso was sick and tired of imitators trying to sell paintings in his unique style.

2. Choose the false statement from the following according to the passage?

    (a) Some artists might deny to have painted something to punish the person who owns it.
    (b) Painters may lie about whether they painted something for a plethora of reasons.
    (c) Another painter, other than Chun Kyung-ja, claims to have painted "Beautiful Woman".
    (d) The painting's authenticity was not questioned before Chun Kyung-ja died.

3. Which best completes the sentence?

    (a) has become the norm in the art world
    (b) is a necessary step we have to take
    (c) may set us on the road to ruin
    (d) is not pathetic and backward

4. Which of the following is the opinion of the author?

    (a) The evidence shows that Chung could not possibly have painted "Beautiful Woman".
    (b) We shouldn't blindly believe what an artist says, but seek to find out the truth.
    (c) If an artist wants to relinquish ownership of something they have done, it should be allowed.
    (d) Every artist needs to be believed; otherwise, why even listen to them?

Words & Phrases

pass away 사망하다, 돌아가시다   reappraise v. 재평가하다   authenticity n. 진위; 진실성   contemporary a. 동시대의   controversial a. 논쟁의   forger n. 위조자, 날조자   genuine a. 진짜의   pathetic a. 한심한   fervently ad. 열렬히   deny v. 부정하다; 취소하다   material a. 물질적인

문장분석

■ There have also been cases of artists denying the authenticity of their own works when they were not satisfied with the quality or wanted to punish a collector obsessed with material value. → there 유도 부사 구문, cases of artists와 수일치하므로, 복수동사 have also been, 이때, been은 존재하다는 의미의 완전자동사, denying~ 이하는 artists 수식, when은 시간 부사절 접속사, 등위 접속사 or은 동사 were와 wanted를 연결한다. obsessed with는 분사구문으로 a collector를 수식한다.

Unit 52 Sheep astray |'학위 효과와 학력 검증'|

In any society, the higher a person's education, the more he or she gets paid. People who have spent more time and energy than others to get advanced degrees expect more compensation. For that correlation to continue, the premise that people with higher education work more competently must also prove to be true.

The problem occurs when one's educational background does not guarantee competence as an employee. If one has a high educational background but doesn't meet the expectations of him, his employer won't pay him more despite his background. In many fields, educational degrees are not considered important. In some jobs, employers do not even check the educational background of the new workers they hire.

Controversy arises when the difference in payment gets bigger along with the difference in educational backgrounds. In economics, this is called the sheepskin effect. According to that theory, a person with a higher degree gets paid a lot more even though he or she is not any more competent than other, less-educated people. If this persists, the demand for higher education will continue to increase.

Even though one's educational background does not guarantee competence, companies still look to applicants' educational backgrounds when they hire new workers. This is because there is no better way to differentiate applicants. When a job requires professional knowledge and skills, a higher educational background is required.

That is why, in the positions of researchers or professors, higher academic degrees and research papers are required. In these cases, academic degrees are not part of the sheepskin effect, but rather to show their competence. To be employed as a professor with a fabricated academic degree is the same as driving a car with a fake driver's license. It is more than a lie. It is a crime.

1. What's the passage mainly about?
   (a) Valid reasons as to why some people get paid more than others for doing the same job
   (b) The heinous crime of faking your academic degree
   (c) The link, sometimes strong and sometimes weak, between educational background and competence
   (d) The importance of gaining a higher education for all jobs

2. All of the following are correct except …
   (a) Sometimes employers are not interested in job applicant's educational background.
   (b) As people with higher education are given better jobs, the demand for higher education will increase.
   (c) Educational background is often the only way for an employer to decide who will make the better employee.
   (d) For researches and professors, academic degrees are not so important and many have fake degree certificates.

3. What is the sheepskin effect?
   (a) When demand for higher education increases because demand for highly skilled workers has increased.
   (b) When a competent employee gets paid more than an incompetent employee.
   (c) When somebody gets paid a lot more money than an equally talented person simply because of their educational background.
   (d) The demand for higher education is dependent on the demand for highly-educated people.

4. What can you infer about somebody with not much education?
   (a) They wanted to enter the job market as soon as possible.
   (b) They usually have a hard time getting a highly-paid job.
   (c) They are likely to be more competent than somebody with higher education.
   (d) They have the same skills and weaknesses as someone who has gone though higher education.

Words & Phrases

compensation *n.* 보상   correlation *n.* 상관관계   premise *n.* 전제   competently *ad.* 유능하게, 적절하게
educational background 교육적 배경   guarantee *v.* 보장하다   expectation *n.* 기대   sheepskin *n.* 졸업증서
demand *n.* 요구, 수요   applicant *n.* 지원자   fabricated *a.* 조작된, 날조된

문장분석

■ For that correlation to continue, the premise that people with higher education work more competently must also prove to be true. → to 부정사의 의미상의 주어를 이용한 문장이다. to 부정사는 원래 동사였으므로 주어가 있는데, 형태가 바뀌었으므로 주어의 형태도 바꾸어 주어야 한다. 주어의 모습은 for 목적격의 형태로 to 부정사의 주어로 사용한다. 해석을 주어와 동사의 해석으로 하면 된다. 또한 여기에서 that은 지시형용사로서 사용되고 있다. 주절의 주어인 the premise는 동격의 that으로 수식받고 있으며 주절의 동사는 must이다.

unit 52 '학위 효과와 학력 검증'

Unit 53 Attachment to planners |수첩|

Japanese people have a special attachment to planners. Before the new year begins, stationery stores are crowded with customers shopping for new planners and notebooks. Loft, for example, a store in Shibuya, Tokyo, displays more than 4,000 kinds of planners. For 12 straight years, Hobonichi has been the best-selling manufacturer of planners. In 2002, it sold 12,000 copies, and this year, it has released 79 different kinds of planners in various designs, colors, sizes and materials. This year, Hobonichi produced 610,000 planners. One of the most popular is a planner set with two separate books for the first and second half of the year.

In a digital world where people manage schedules on smartphones and tablets, old-school planners continue to evolve. The stationery industry was concerned about a rapid decline, but it turned crisis into opportunity by adjusting to customers' tastes. The population of Japan is 126.7 million, but more than 100 million planners are sold every year.

Pen and pencil manufacturer Zebra surveyed 104 new hires at Japanese companies in July and found that 78.8 percent of respondents said they handwrote work tasks, and 56.9 percent said they handwrote schedules on their planners. Only 21.2 percent used smartphones. Handwriting stimulates the brain more than typing, _____. In an online article for the Yomiuri Shimbun, stationery expert Makiko Fukushima praised planners. "Unlike digital devices, you can leave various forms of records from your feelings, sentiment and memories."

1. What is the topic of the passage?

    (a) A comparison between smartphones and paper planners.
    (b) How planner buyers choose which one to purchase.
    (c) The popularity of handwritten planners in Japan.
    (d) the importance of writing down schedules in a planner.

2. How have planners maintained their popularity as tech has developed?

    (a) There is a current trend for nostalgia and planners are representative of this.
    (b) Planner companies have done deals with companies to supply workers.
    (c) Companies that make planners do lots of research into current likes and dislikes.
    (d) Planners have not remained the same and change to suit an evolving world.

3. What can you infer is the reason for the popularity of the best-selling planner in Hobonichi?

    (a) You can plan carefully over the whole year.
    (b) You can divide the year in half and focus on six months at a time.
    (c) You can separate your things between personal and professional.
    (d) You don't have to use only one planner for the whole year.

4. Which best completes the sentence?

    (a) and information can be stored longer in the memory bank
    (b) but it takes a lot longer to write something down than to use your smartphone
    (c) so that you can feel more as you are writing something down
    (d) which is needed as you grow older and your brain deteriorates

Words & Phrases

attachment *n.* 애착   stationery *n.* 문구   evolve *v.* 진화하다   respondent *n.* 응답자   stimulate *v.* 자극하다, 활발하게 하다
praise *v.* 칭찬하다   sentiment *n.* 감정, 감성

문장분석

■ Pen and pencil manufacturer Zebra <u>surveyed</u> 104 new hires [at Japanese companies] [in July] <u>and found</u> that 78.8 percent of respondents said they handwrote work tasks, <u>and</u> 56.9 percent said they handwrote schedules on their planners. ➡ 장소 부사구 at Japanese companies, 시간부사구 in July. 첫 번째 and는 동사 surveyed와 found를 연결, 두 번째 and는 found 동사의 목적어 that절을 연결, that절 안에 동사는 said로 뒤에 접속사 that이 생략된 명사절이 목적어 자리에 왔다. 56.9 percent said 역시 목적어가 생략된 that절을 목적어로 받고 있다.

Unit 54 Get fathers involved
|'출산 보이콧'을 막으려면|

• 사회현상 •

The National Health Insurance Service research shows that the insurance premiums were classified into five groups according to income levels. In the overall births, the portion of mothers in the two highest groups increased by 11.9 percent, from 39.2 percent in 2006 to 51.0 percent last year. In contrast, the mothers in the two lowest groups decreased by 11.3 percent, from 33.7 percent to 22.4 percent. The middle group remained almost the same, 26.2 percent to 26.0 percent. The age of birth inequality has come, as only the rich people get to have as many children as they want.

Another study released in June supports the claim. 44.6 percent of the women who decided to have no more children after having the first child say that childcare and educational expenses were the prime cause. Other reasons such as values (16.3 percent), work-life balance (15.4 percent) and unstable income and employment (10.1 percent) were far lower.

A low birth rate is not entirely a sign of despair. It has long been an established theory that when the national income grows, the overall birth rate of the country decreases. As women increasingly participate in society, _____.

However, in Norway and other Northern European countries, the birth rate has actually rebounded gently as the income continues to grow. Demographers call it "J curve." It does not appear in all European countries. In Southern Europe, such as Spain and Italy, fertility rate remains the same as income grows.

An Oxford University study shows that J curve does not appear in Southern Europe because of the clear distinction in gender roles, and men do not participate in housework and childcare. When husbands share housework, the birth rate increases as income goes up. Interestingly, in societies where wives are solely responsible for housework, more families decide to have only one child. Mothers feel burdened as fathers don't participate in childcare, and they refuse to have a second child.

114

1. What's the main idea of the passage?

  (a) Birth inequality looks set to stay.

  (b) A nation's wealth affects the raising of children.

  (c) Women need more encouragement to have babies.

  (d) A low birth rate can be turned around.

2. Which best completes the sentence?

  (a) the expense of raising a child and the cost for the mother surge

  (b) men find that they are being sidelined in areas they once took for granted

  (c) the government runs out of ways to encourage them to stay home

  (d) the birth rate increases along with more wealth

3. What does the underlined sentence mean?

  (a) Bearing children has become the sole preserve of the rich as birth inequality spreads.

  (b) Rich people have made sure that birth inequality helps them and hinders others.

  (c) It has been a long time coming, but we have finally reached a state of inequality of birth rights.

  (d) Birth inequality, where only the rich can afford to choose the size of their family, has arrived.

4. What can be inferred from the Oxford University study?

  (a) If countries want to increase their birth rate, men have to do their share of chores and help the mother.

  (b) Despite progress in gender equality, men are increasingly taking less interest in helping the mother of their children.

  (c) Gender roles have changed a lot, but society is beginning to react and stopping further change.

  (d) Societies that do not need any more children are the ones having them at a regular rate.

Words & Phrases

insurance premium *n.* 보험료   classify *v.* 분류하다   income level 소득 분위   portion *n.* 일부, 부분
established *a.* 확립된   rebound *v.* 다시 튀어 오르다   demographer *n.* 인구 통계학자   fertility rate *n.* 출산율, 출생률
feel burdened *v.* 부담을 느끼다

문장분석

■ The age of birth inequality has come, as only the rich people get to have as many children as they want.   ➡ 주절은 The age of birth inequality has come, 첫 번째 as는 ~하면서의 의미의 부사절 접속사, 두 번째 as ~ as는 비교급 as 구문이다.

Unit 55 The right to be forgotten online
|잊혀질 권리|

• 인터넷 •

Just like a cavity or two, we all have a shameful part we want to hide. While it would have been nice to bury them in oblivion, it is no longer possible. The most shameful history can be exposed with a simple online search. That's what happened to Spanish attorney Mario Costeja González. In 1998, his foreclosed home was about to be auctioned, and unfortunately, the auction was published in a local newspaper. Soon, he paid his debt and saved his home, but the article on his foreclosure remained. When his name was searched online, the article on the auction and foreclosure came up. In May 2014, he sued Google and the local newspaper to remove the article, and the European Court of Justice ruled in favor of him. It was the first case in which "the right to be forgotten" was recognized.

After the ruling, Google received 210,000 requests for removals in 10 months. So many people wished some parts of their history forgotten. While the right to be forgotten was recognized recently, it is rapidly spreading in Europe, where the tradition of privacy is strong. On March 24, Google was fined 100,000 euros ($111,670) by the French authority as the right to be forgotten was not properly guaranteed. Recently, a software called Oblivion was developed to instantly remove all materials related to personal honor.

When it is overly protected, the public's right to know may be infringed. In 2014, a British plastic surgeon wanted links on his medical procedures to be removed, and the request was accepted. However, the public outrage ended up canceling the delinking as they dealt with information on the doctor's poor surgery skills. The removal of such information helps prevent informed decisions for medical services. In the same year, Croatian pianist Dejan Lazic attempted a similar removal but failed. He asked the Washington Post to remove a negative review on his performance because the review was "defamatory, mean-spirited, opinionated, one-sided, offensive and simply irrelevant for the arts." But his request was not accepted because he was only trying to remove a fair review by a critic.

1. What is the main idea of the passage?
   (a) The legal ramifications of removing everything related to a person from the internet.
   (b) The fight in Europe for the right to have parts of one's history removed from Google searches.
   (c) The arguments against removing information about people from the public domain.
   (d) The fight over the relevance of certain information and whether the public needs to know it.

2. Which sentence best completes the blank?
   (a) But the right to be forgotten is controversial.
   (b) It doesn't matter how you look at it.
   (c) Despite this, many have objections.
   (d) Having said this, not everybody wants the same thing.

3. What can be said about both the British plastic surgeon and Dejan Lazic?
   (a) They don't agree with what the other has done but they understand the other's situation.
   (b) Both had had their lives negatively affected by the influence of a dissatisfied customer.
   (c) Neither of them had actually done anything wrong, but the public thought that they had.
   (d) They both sought to hide information that people might need to know to make a right decision.

4. What does the underlined mean?
   (a) It's natural to have skeletons in your closet, but some have many more than others.
   (b) Keeping things in your life secret is extra difficult if you happen to be famous.
   (c) Nobody can truly understand what it is like to live in the public eye until you do.
   (d) Everyone has something about themselves that they don't want others to know.

Words & Phrases

cavity 충치   shameful 수치스러운   oblivion 망각   foreclose (문제 따위를) 처리하다, 끝맺다; 권리를 상실하게 하다
sue 고소하다, 소송을 제기하다   rule in favor of ~에 우호적으로 판결하다   infringe 위반하다   outrage 분노; 침범
opinionated 자기주장을 고집하는   one-sided 한쪽으로 치우친; 일방적인

문장분석

■ While the right to be forgotten was recognized recently, it is rapidly spreading in Europe, where the tradition of privacy is strong. ➜ to be forgotten은 명사 the right을 수식하는 형용사구, where the tradition of privacy is strong은 장소 관계부사의 계속적 용법으로 명사 Europe을 수식한다.

Unit 56 Game of risk |선택의 위험|

At the beginning of World War II, most of Japan's fighter pilots did not wear parachutes when they fought battles in the air. Parachutes were given to every pilot as a safety item. There were no shortages and pilots did not feel bad using them. They chose not to wear them. That was not a time, either, that Japanese pilots were carrying out kamikaze attacks, which did not require the use of parachutes. But still, they gave up their parachutes, the last resort for their life, during risky air battles. Why?

According to testimony by surviving pilots after the war, the reason the pilots did not wear parachutes was quite bizarre. The pilots said the links and cords of a parachute made it difficult for them to move their arms and legs quickly. The biggest risk in an air battle is to be shot by an enemy fighter. But if a pilot wears a parachute, it could slow his movement in the cockpit, increasing the risk of being shot. The reason for having a parachute is to protect the pilot's life, but the pilot has to risk losing his life in battle because he has the parachute. Between the risk of being shot and the risk of giving up the safety net, Japanese pilots chose the latter.

There are many similar cases in which reducing one risk increases another. The subway is regarded as a safe form of transportation, but large-scale accidents break out at times. If subways run more slowly and at longer intervals to make them safer, there will be a smaller number of passengers. The people who hurry to work then would have to choose another means of transportation than the subway. Still, other means of transportation have higher risks of accidents than the subway. The measure to reduce the risk of accidents on the subways will eventually increase the risk that former subway passengers will have accidents while traveling with the other forms of transportation. In such a situation, we need to choose which risk is more dangerous.

1. What is the main idea of the passage?

    (a) To explain why fighter pilots don't take safety equipment with them

    (b) That danger and safety must be weighed to determine what an acceptable risk is

    (c) That subways have a very low risk factor compared to fighter pilots

    (d) To explain why sometimes subway accidents do happen

2. What is the next paragraph most likely about?

    (a) How to make better parachutes

    (b) Other high risk situations and their safety issues

    (c) Alternative ways of doing things safer

    (d) How to measure risk against efficiency

3. Which of the following is true according to the passage?

    (a) Japanese pilots didn't need parachutes because they flew into enemy ships.

    (b) People will not use subways if they take too long, even if it is for safety.

    (c) Subways are becoming too dangerous for passengers to use.

    (d) Pilots enjoy the thrill of higher risk when flying in air battles.

Words & Phrases

parachute n. 낙하산   safety item 안전장비   shortage n. 부족   kamikaze attack 가미가제 공격
resort n. 의지, 수단, 방책   testimony n. 증언   bizarre a. 이상한, 기괴한, 좀 별난   cockpit n. 조종석   latter a. 후자의
break out 발생하다   means of transportation 운송수단

문장분석

■ According to testimony by surviving pilots after the war, the reason the pilots did not wear parachutes was quite bizarre. ➔ According to가 이끄는 전치사구가 문두에 나와 있다. by -ing는 '~함으로써'로 해석해주면 된다. reason은 관계부사인 why가 수식하거나 동격의 that이 수식할 수 있다. 이 문장에서는 동격의 that이 사용된 것이지만, 생략되어 있다. 주절의 동사는 was이다.

unit 56 선택의 위험

Unit 57 Formula two |신 엥겔계수|

• 문화현상 •

   Hermes is the fastest of all of the gods, serving as the messenger in Greek mythology. Basking in the warm glow of Zeus, king of the gods, he moved about energetically as the envoy in the sanctuary of Mount Olympus. By the 19th century, the social communications made by human beings had not advanced much past those figures in mythology, as seen in the messenger from Olympus. Until Morse Code started being used between Washington and Baltimore in 1844, communication had pretty much been monopolized by the relatively privileged few for millennia. The telecommunications services are regarded as requisites in our daily lives, going far beyond the level of just being popular.

   Many people admit they feel anxious whenever they are without their phone. In some ways, it is the inevitable result of the era of Internet communications. In this era, intangible goods are substituted gradually for tangible goods. Rather than ownership, the right of access has become the goal of promising businesses these days. That is the core element of mobile telecommunications. Exactly 150 years have passed since the German statistician Engels devised the Engel's coefficient. The long-ago discovery made clear the connection between the amount of money spent on food and quality of life. However, if communication costs get settled as a fixed cost in our daily lives, like a basic staple, the formula should be totally reworked, creating a new-style Engel's coefficient.

1. What can be inferred from this passage?

   (a) Telephone usage was no longer a luxury but part of our daily lives hundred years ago.

   (b) The advent of the telephone and other personal communications have changed our quality of life.

   (c) Like Morse code, the internet will change the way we communicate dramatically.

   (d) The first cell phone company in France was called Hermes.

2. What is the main topic of the passage?

   (a) The changes in communication that have changed our lives

   (b) The Greek god Hermes and his role as messenger to the Gods

   (c) How the Engel's coefficient can be reworked to support other staples of life

   (d) The advances in American telecommunications

3. Which of the following is untrue according to the passage?

   (a) The new Engel's coefficient shows the connection between communication and quality of life.

   (b) Hermes was the messenger of the Gods because of his quickness.

   (c) The U.S. was a communications leader in the 1840's.

   (d) Internet communications have changed the way we do business as well as communicate.

4. What is the most likely topic of the next paragraph?

   (a) The standardizing of communications costs

   (b) How to rework the Engel's coefficient

   (c) Other new staples of modern life

   (d) New business practices for the next century

Words & Phrases

serve as ~로 봉사하다, 일하다   mythology *n.* 신화   envoy *n.* 사절, 특사   sanctuary *n.* 신전, 성소, 교회
monopolize *v.* 독점하다   the privileged few 소수 특권층   requisite *n.* 필수(품)   inevitable *a.* 불가피한
intangible *a.* 만질 수 없는, 무형의   substitute *v.* 대체하다   core *a.* 핵심의   coefficient *n.* 계수   formula *n.* 공식

문장분석

■ By the 19th century, the social communications made by human beings had not advanced much past those figures in mythology, as seen in the messenger from Olympus. ➡ 주격 관계대명사를 이용한 구문이다. the social communications와 made by human beings 사이에는 which were 혹은 that were가 있었으나 생략되었다. as 뒤에는 원래 형태가 as being seen이었으나, being이 생략된 형태이다.

Unit 58 Second thoughts |2등 경쟁|

Sprinters run as hard as they can from the start to try to win the race. However, it is very rare for an athlete to lead a middle-to-long distance race at the beginning, and then ultimately finish first. If the athlete pours energy into the race at the beginning, he risks failing to be able to keep pace. Therefore, a variety of strategies are implemented in such races. Athletes are unwilling to move to the front early in the race or lag far behind. They know that if they fall behind the crowd, it will be difficult to catch up in the last stage. The ultimate goal of the race is to win first place, but it is hard to lead throughout the race. A person who is at the front and runs into a strong headwind can use up his strength. Running first also makes it harder to see how far back the other runners are. Therefore, during a distance race, there is fierce competition to be in second place at the beginning. At the last moment, it is good to occupy second place, with a view toward coming in first.

Winning the race is a good thing; but second or third place has its own significance, too. In marathons, even simply finishing the race is worthy of praise. Meanwhile, a person who gambles on speculation can have only one winner. Companies are in cutthroat competition with each other for patents. [1] They are devoted to conducting research and development to acquire patents for new technologies. [2] If a company runs one step ahead and wins the patent, it can corner the market. [3] In fact, the second place person loses more than everyone else in a winner-takes-all game. [4] The third place candidate might give up early in the race, but the second place candidate loses everything, despite great effort. A presidential election is also a winner-take-all game. The presidential hopeful who wins one more vote than his competitor will become president; the person who finishes second gets nothing.

1. What can be inferred from the passage?

    (a) Winning is the only thing that matters.

    (b) Second place is always the biggest loser.

    (c) Winning is difficult but the rewards are great.

    (d) Anyone who competes is a winner.

2. Which of the following is incorrect according to the passage?

    (a) To win a race a runner must use strategy.

    (b) Being first is not always where a runner wants to be before the finish.

    (c) Everyone's a winner when they try their hardest and complete something.

    (d) There is no consolation prize for the runner up in a presidential election.

3. What is the worst place to be in a competition to make a new microchip according to the passage?

    (a) In third place

    (b) In first place

    (c) In last place

    (d) In second place

4. Which is the best place for the following passage?

    > In this sort of competition, being in second is no good.

    (a) [1]   (b) [2]   (c) [3]   (d) [4]

Words & Phrases

sprinter *n.* 단거리 주자   keep pace 속도를 유지하다   a variety of 다양한   implement *v.* 실행하다
lag far behind 한참 뒤지다   throughout the race 경주 내내   headwind *n.* 맞바람   significance *n.* 중요성
cutthroat *a.* 아주 치열한   winner-takes-all *a.* 승자독식의   candidate *n.* 지원자

문장분석

■ They know that if they fall behind the crowd, it will be difficult to catch up in the last stage. ➔ 난이형용사(difficult, easy 등)를 이용한 문장이다. 가주어인 it이 나와있으며 진주어는 to catch up이다. 난이형용사 문장은 주의해야 할 점이 있는데 만약 주어가 가주어인 it이 나오질 않고 그 외 일반명사들이 나올 경우 to 부정사의 목적어로 해석을 해야 한다.

Unit 59: Banning booze to beat the flu
|술 말리는 사회|

• 사회문제 •

Drinking was a suggestion for health care in medieval Europe. It was necessary because many people contracted diseases or lost their lives after drinking water from contaminated springs or wells. Rather than bothering with boiling water to make it cleaner, people preferred drinking alcoholic beverages. In the middle of the 18th century, tea and coffee were suggested as alternatives to alcohol. However, people started worrying about drinking too much caffeine, and King Friedrich the Great of Prussia decried coffee and ordered people to drink wine, spirits and beer instead.

But similar concerns about health have always clouded attitudes to excessive drinking of alcohol. Governments in Scandinavia and the U.S. enacted prohibition laws in the earlier part of the 20th century, but they soon discovered that humans are more likely to desire something that has been banned. To slake their collective thirsts, drinkers went to church for a drop of red wine instead. The consumption of wine at Communion services increased from 2.14 million gallons in 1922 to near 3 million gallons in 1924. Even the amount of whiskey doctors prescribed ostensibly for medical purposes amounted to 1.8 million gallons per year. Besides such lawful trickery, it was obvious that various illegal means, including smuggling and moonlighting, were rampant.

The temperance measure promoted by Mikhail Gorbachev, former secretary general of the Soviet Union, on a large scale in 1985 ended in failure, too. Although the price of vodka was increased and the sales volume was drastically reduced, the number of alcoholics increased since heavy drinkers resorted to coarse substitutes. One old joke ran that the public was so angry with Gorbachev for initiating anti-drink laws that one man, fed up with waiting in line for a bottle of vodka the whole day, headed toward the Kremlin swearing he would shoot Gorbachev. He came back a little later, saying, "The queue there is longer than here!"

Banning booze is not only unpopular with the masses, it delivers a blow to the national coffers by reducing revenue from taxes on liquor. Nevertheless, governments cannot neglect the health of their people and are often compelled to declare war on alcohol. Russia, which tops the world drinking league with a hefty 18 liters of alcohol per head annually, is again promoting a similar temperance measure to that promoted by Gorbachev. The Russian government cannot remain a mere spectator to the reality of half a million people dying from drink every year.

1. What can be inferred from this passage?

    (a) The consumption of alcohol, while not necessary, is enjoyed by a large portion of the population.

    (b) Alcohol could be considered a safe alternative to the consumption of coffee as coffee contains large amounts of caffeine.

    (c) The King of Prussia was a tyrant who wanted to control every aspect of his subjects lives.

    (d) Vodka is one of the most dangerous substances known to mankind, killing millions of people every year.

2. What is a possible title for this passage?

    (a) The unsanitary conditions of medieval life which led to the heavy consumption of alcohol

    (b) The political climate of Russia during the cold war era of the 1980's

    (c) A brief history of alcohols interaction with society from its 15th century benefits to present day detriments

    (d) How alcohol replaced coffee and tea as the number one drink of choice in modern day Russia

3. Which of the following is not true?

    (a) Governments from different countries had similar views about the consumption of alcohol even though they took different steps to deal with the issue.

    (b) Rules against the consumption of alcohol led many in the U.S. to resort to alternate means of consuming it.

    (c) Many people disagreed with the Russian secretary generals ideas on alcohol consumption.

    (d) People could not boil water so they drank alcohol as a safer alternative.

Words & Phrases

suggestion n. 제안   medieval Europe 중세 유럽   contract v. (병에) 걸리다   contaminate v. 오염시키다
alcoholic beverage n. 술   alternative n. 대안   decry v. 비난하다   spirit n. 독한 술   cloud v. 가리다
excessive a. 과도한   ban v. 금하다   prescribe v. 처방하다   ostensibly ad. 외면상으로   amount to ~에 달하다
smuggling n. 밀수   moonlighting n. 이중 겸업, 야습   rampant a. 만연한, 창궐하는   promote v. 장려하다
initiate v. 시작하다   be fed up with ~에 신물이 나다   queue n. 줄   revenue n. 수입
declare war on ~에게 선전포고 하다   temperance n. 절제

문장분석

■ The temperance measure promoted by Mikhail Gorbachev, former secretary general of the Soviet Union, on a large scale in 1985 ended in failure, too.
→ 주격 관계대명사가 생략된 형태로 The temperance measure와 promoted by Mikhail Gorbachev 사이에 which was, 혹은 that was 가 생략되었다. 또한 Mikhail Gorbachev를 동격인 former secretary general of the Soviet Union이 꾸며주고 있다. 그리고 전치사구인 on a large scale in 1985가 삽입되어 있다. 동사는 ended이다.

Unit 60 Raise your glasses, toast the cults
|컬트|

• 국제/문화 •

Oktoberfest, held every year in Munich, Germany, is said to be the largest beer festival in the world. In fact, together with the Rio Carnival in Brazil and the Sapporo Snow Festival in Japan, Oktoberfest is reckoned to be one of the three largest festivals of the world. Considering that the first Oktoberfest, originally a horse race, was held on Oct. 17, 1810, this year could have been the 200th festival, if it had not skipped some years because of war and disease. This year, 5.7 million people visited Oktoberfest, the 176th festival. Although the number of visitors decreased by 300,000 compared to last year, the event was considered a success because it went ahead despite three bearish factors: the threats of terrorism, the new flu and the international financial crisis.

Oktoberfest became famous when American soldiers discovered it after the end of World War II. They were followed by American tourists, and then tourists from other European countries, Australia and Japan. What captivated the minds of visitors most was beer in tall, one-liter beer mugs and the noisy atmosphere in the festival tents and drinking spots. The whole city rings to the sound of clinking glasses and people announcing toasts. Although there are people who criticize it as "a huge intemperate hallucinatory drinking party," visitors admire it, saying it is almost as if they are witnessing a ritual.

Because of these factors, Oktoberfest is called the biggest cult in Germany. The dictionary definition of a cult refers to a great devotion to a person, idea, object, movement or work — such as films, TV series or various events. For example, it is possible to argue that a cult has built up around the Vienna Opera Ball, Elvis Presley, the Beatles, Harley-Davidson, Apple computers and Rolex watches. Something or someone becomes a cult if there are people who actively admire it — even if there are faults — consistently over some years.

1. What's the main topic of the passage?

    (a) The success and continuation of the biggest cult in Germany
    (b) How something comes to be classified as a cult
    (c) The biggest parties in the world
    (d) Celebrating the 200-year history of Oktoberfest

2. Choose the incorrect one from the following.

    (a) It is 200 years since the first Oktoberfest, but it is not the 200th time Oktoberfest has been held.
    (b) According to the dictionary definition of cult, Oktoberfest could well be considered a cult.
    (c) Some people criticize Oktoberfest as contributing to alcoholism and the degeneration of society.
    (d) Oktoberfest was brought to the attention of international tourists when American soldiers discovered it.

3. All of the following except one has contributed to the success of Oktoberfest. Which one?

    (a) The tall unique glasses from which the beer is drunk
    (b) The party mood that pervades all of the tents and drinking spots
    (c) The sounds of friendliness, such as people making toasts and drinking together
    (d) The singing and dancing that accompanies the excessive drinking

4. What is the criticism of Oktoberfest?

    (a) It's just an excuse for a big party that encourages extreme and irresponsible drinking.
    (b) It sets a bad image of Germany and the lifestyle of the German people.
    (c) Blatant underage drinking is ignored and sometimes encouraged.
    (d) It is a breeding ground for a whole variety of diseases such as the new flu.

Words & Phrases

be reckoned to be ~로 인식되다, 여겨지다   Considering that S V ~라는 점을 감안할 때   compared to ~와 비교했을 때
bearish a. (증권) 약세의, 비관적인   financial crisis n. 금융 위기   captivate v. 넋을 빼앗다, 현혹시키다
announce toasts 축배를 들다   intemperate a. 무절제의   hallucinatory a. 환각적인   ritual a. 의식의

문장분석

■ They were followed by American tourists, and then tourists from other European countries, Australia and Japan. ➡ be followed by는 해석상 주의를 해야 하는데 순서에 주의해서 살펴보면 된다. 계절을 예를 들면 '봄 is followed by 여름'이다. 즉 오히려 수동의 형태를 사용하여 차례대로 나타내며 오히려 능동의 형태 following으로 역순을 나타낸다.

Unit 61 Reinventing the circus |서커스|

• 예술/공연 •

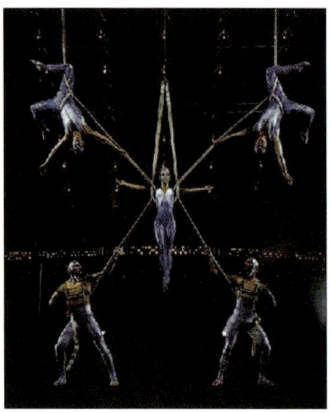
After entertaining humans for almost 2,000 years, circuses faced a crisis in the later part of the 20th century all over the world. With the growth of industrial society, live circuses had to compete with other entertainment such as television, films and professional sports competitions. Domestically, the Dongchun Circus, which boasts of 84 years of history, has declared that it is going to close in November due to financial difficulties.

However, Canada's Cirque du Soleil, established in 1984, has proved that circuses are far from an outdated form of entertainment. This troupe succeeds in attracting the attention of the audience by giving modern touches to the music, lighting, costumes and story of existing circuses. Since its establishment, the circus has toured around 200 cities and attracted 900 million audience members so far. Next year, it plans to stage 20 different performances all over the world.

Cirque du Soleil isn't the only success story. There is also the Shanghai Circus, which many visitors recall as that city's most impressive tourist attraction. It boasts a long tradition of ancient and honorable Chinese stunts, but was revitalized completely in 1994 after the acrobatic show "Golden South-western Wind" became a big success.

It also appeared that the sun was setting on musicals staged at London's West End theatres until composer Andrew Lloyd Webber and producer Cameron Mackintosh collaborated to revive that scene. These examples teach us that a certain genre of entertainment does not disappear only because it has been around for a long time. Rather, they show the wisdom of continuous evolution guided by careful observation of changes taking place in the market.

1. What's the passage about?

    (a) The ongoing competition between Cirque du Soleil and older, outdated circuses

    (b) The need for traditional forms of entertainment to change and adapt to modern society in order to compete with newer forms of entertainment

    (c) The effect of the economic crisis on traditional entertainment

    (d) The continuation of a 2000-year old event due to financial backing from rich sources

2. According to the passage, how has Cirque du Soleil managed to be successful while others have failed?

    (a) The circus used the wisdom of older performers with the energy of younger ones.

    (b) It attracted a young modern crowd with its flesh-revealing, sexy costumes.

    (c) It continues to attract new fans by touring globally rather than staying on one place.

    (d) The troupe mixed the awe-inspiring feats of the old circuses with contemporary technology.

3. What can be inferred from the passage?

    (a) Traditional circuses face a more positive and economically fruitful future.

    (b) In order to remain at the top of your game, you need to look inside yourself and decide your path.

    (c) The era of the traditional circus is almost or even completely gone.

    (d) It is impossible to completely wipe out the circus tradition because the fans adore it so much.

Words & Phrases

entertain v. 대접하다, 즐겁게 하다   face v. 직면하다   crisis n. 위기   compete with ~와 경쟁하다   boast of ~을 자랑하다
financial difficulty 재정위기   outdated a. 시대에 뒤떨어지는   attract v. (관심을) 끌다   existing a. 기존의
recall v. 회상하다   revitalize v. 생기를 회복시키다, 활기를 다시 불어넣다   acrobatic a. 곡예의   evolution n. 진화, 변화
take place 일어나다, 발생하다

문장분석

■ It also appeared that the sun was setting on musicals staged at London's West End theatres until composer Andrew Lloyd Webber and producer Cameron Mackintosh collaborated to revive that scene. ➡ 주어인 It은 가주어이며, that 절이 진주어이다. 이런 구문은 워낙 많이 쓰이는 구문이므로 하나의 표현으로 알아두는 것이 좋다. It appears that이라는 표현이 나오면 'that 절 이하처럼 보이다'라고 번역한다.

Unit 62 A race to the green finish line
| 포뮬러 원 |

• 스포츠 •

As the sun fell on the French city of Rouen on June 22, 1894, people from all over Europe stood with baited breath in the grandstands to see which car would take the checkered flag in the first-ever competitive car race organized by the Paris magazine Le Petit Journal. Speeding toward the finish line was the Marquis de Dion driven by Comte Albert de Dion. The steam-powered car cruised the 123-kilometer (76-mile) route from Paris to Rouen at an average speed of 18.7 kilometers per hour. However, the steam-powered car was disqualified for violating a couple of rules, meaning the champagne had to be put back on ice until the winner's trophy was awarded to the gasoline-powered Peugeot driven by Panhard et Levassor. Besides heralding in the era of car racing, this race marked a monumental engineering shift in the automobile industry from steam to petroleum power.

The disqualification of de Dion's venture was also an upset for his partner George Vuitton, an engineer who helped to develop steam-powered cars. The latter took up the family business after the death of his father Louis Vuitton, founder of the luxury travel bag company, but without relinquishing his passion for cars. The creator of the LV signature monogram also designed the first car trunk. He created the backseat picnic case, car tool box and other auto accessories. He designed sand- and dust-resistant duffel bags during a trip to Africa in 1924 and a car-bed trunk during a voyage to China in 1931.

Although racing may have had a mild impact on the luxury brand industry, it definitely shaped the automobile industry. As the highest class of car racing, Formula One — whose name refers to the rules cars and participants must comply by — has a 59-year-old history that has revolved around a rigorous tug-of-war between race rules and engine technology. Circuit promoters and race organizers present a set of regulations on vehicle weight and speed limits. Engineers challenge these rules with ingenuity. Promoters then toughen the rules, only to be toppled again by new engineering technology.

1. Which title fits the passage best?

    (a) The failure of de Dion

    (b) The undying passion of George Vuitton for racing

    (c) Engineering technology of the future

    (d) The origins of Formula One racing

2. What kind of cars took part in the first ever competitive car race?

    (a) Only steam-powered cars were allowed to enter due to the rules.

    (b) Both steam-powered and gasoline-powered cars raced alongside each other.

    (c) Any car approved by the race organizer, Le Petit Journal.

    (d) Privately-owned cars that could be considered luxury cars.

3. What is meant by the underlined phrase <u>the champagne had to be put back on ice</u>?

    (a) The celebration had to be postponed until a winner was announced.

    (b) The spectators had to put their drinks down in respect for the disappointment of de Dion.

    (c) It was an extremely hot day in the summer and the ice was melting under the force of the sun.

    (d) The champagne had to be drunk quickly because the ice was melting.

4. What can't you infer from the passage?

    (a) The first ever race was a popular event and attracted spectators from far and wide.

    (b) The rivalry between engineering technology and race rules will continue.

    (c) The Marquis de Dion was so humiliated by his disqualification that he never raced again.

    (d) Many of the most famous LV designs originated from the needs of George Vuitton during his travels around the world.

Words & Phrases

with baited breath 숨 죽이고   grandstand *n.* 정면 관람석   competitive *a.* 경쟁의, 경쟁에 의한   finish line *n.* 결승선
steam-powered *a.* 증기 동력의   gasoline-powered *a.* 가솔린 엔진의   herald *v.* 알리다, 포고하다, 예고하다
petroleum *n.* 석유   disqualification *n.* 자격 박탈   relinquish *v.* 포기하다, 양도하다   dust-resistant *a.* 먼지가 붙지 않는
have an impact on ~에 영향을 미치다   refer to ~을 지칭하다, 가리키다   rigorous *a.* 혹독한, 엄밀한
tug-of-war *n.* 줄다리기, 심한 다툼   ingenuity *n.* 발명의 재주

문장분석

■ As the sun fell on the French city of Rouen on June 22, 1894, people from all over Europe stood with baited breath in the grandstands to see which car would take the checkered flag in the first-ever competitive car race organized by the Paris magazine Le Petit Journal. ➡ 우선 기존에 우리가 알고 있던 관계대명사인 which가 기존의 용법이 아닌 관계형용사로 사용된 것으로 뒤에 나오는 car를 수식하고 있다. 또한 the first-ever competitive car race와 organized by 사이에 which was, 혹은 that was가 생략된 형태이다.

Unit 63 The tragedy of the blonde bombshells
|플래티넘 블론드|

The showbiz world was left spellbound when an 18-year-old Jean Harlow (1911-1937) first appeared on the silver screen. One film commentator went so far as to claim that she was "the most luminous creature" he had set eyes upon. Harlow burst into superstardom through "Platinum Blonde" — a film whose title was changed from its original to incorporate the actress' stunning blonde locks. As the original blonde bombshell, Harlow paved the way for Hollywood screen sirens for decades to follow. But in order to maintain this style, Harlow had to endure painful bleaching sessions weekly to maintain the perfect platinum blonde look with a toxic cocktail of  peroxide, ammonia and Clorox. Her personal life provided little comfort. She endured a fatherless childhood under an obsessive mother, followed by an adult life scarred by three disastrous marriages. Despite Harlow's desire for a simple, quiet life, her mother pushed her harder toward greater fame. Men were abusive and manipulative. Her health deteriorated quickly. And when she died of kidney complications at 26, she had but just a few golden locks left on her head. Her signature platinum blonde locks in her last film were courtesy of a wig.

Norma Jean Mortenson (1926-1962) spent her early years in foster homes. At the age of nine, she was molested by her guardian's husband and suffered more sexual assaults before finally hiding behind marriage. She then took her sexual appeal to Hollywood. She dyed her brunette hair blonde, shook her curvy body and changed her name to Marilyn Monroe. Despite her image as a so-called "dumb blonde," she was anything but. Monroe found men ridiculous and Hollywood shallow. "Hollywood is a place where they'll pay a thousand dollars for a kiss and 50 cents for your soul." Despite the dumb blonde persona, Monroe worked hard to broaden her range and critics began taking her seriously. She won a Golden Globe for her performance in 1959's "Some Like It Hot." But despite her on-screen success, wearing the crown of blonde goddess drove her to depression off-screen. Laden with chronic insomnia, she died of "accidental drug overdose" at 36. Yet it may well have been an overdose of self-hate more than alcohol and drugs that killed her.

1. What's the main topic of the passage?

 (a) The tragic curse of the blonde bombshell
 (b) Medical complications of being blonde
 (c) Hollywood's obsession with blonde hair
 (d) Why men prefer blonde hair to another color

2. According to the passage, all of the following are true except _____.

 (a) Marilyn Monroe and Jean Harlow are both not natural blondes.
 (b) Monroe took great efforts to improve her acting skills and to be considered more than just a pretty face.
 (c) Both women had difficult and tumultuous relationships with men.
 (d) Marilyn Monroe earned thousands of dollars more than Jean Harlow did.

3. What does the underlined phrase "Hollywood is a place where they'll pay a thousand dollars for a kiss and 50 cents for your soul." refer to?

 (a) You beauty is worth more than your mind.
 (b) Beauty is in the eye of the beholder.
 (c) Sell your soul to the devil; sell your face to an angel.
 (d) Everything has beauty, not everyone sees it.

4. Which of the following ailments did the two women probably not suffer from?

 (a) Renal complications
 (b) Loss of ability to sleep
 (c) Amnesia
 (d) Substance abuse

Words & Phrases

spellbound *a.* 주문에 걸린, 홀린   silver screen *n.* 은막, 영화(산업)   commentator *n.* 해설가, 주석가
luminous *a.* 빛을 내는, 명료한, 총명한   incorporate *v.* 합동시키다, 짜넣다   pave the way for ~을 위한 길을 닦다
endure *v.* 견디다   bleaching *a.* 표백하는   comfort *n.* 위로, 안락, 편안함   disastrous *a.* 비참한, 재난의
abusive *a.* 욕하는, 학대하는   manipulative *a.* 손으로 교묘히 다루는   appeal *n.* 호소, 매력   curvy *a.* 굴곡이 있는, 곡선미의
shallow *a.* 천박한   persona *n.* 페르소나, 외적 인격   depression *n.* 우울증   off-screen *a.* (영화를 찍지 않을 때) 화면 밖의
chronic *a.* 만성의   insomnia *n.* 불면증

문장분석

■ The showbiz world was left spellbound when an 18-year-old Jean Harlow (1911-1937) first appeared on the silver screen. ➔ 5형식 동사인 leave를 이용한 수동태 문장이다. The showbiz world는 원래 leave 동사의 목적어로, spellbound는 목적격 보어로 사용되었으나, 목적어인 The showbiz world가 주어로 사용되면서 leave는 수동태로 바뀌었고, 목적격 보어인 spellbound가 바로 뒤에 나온 것이다.

Mobile mobs and breaking news
| 똑똑한 군중 |

• 사회현상 •

Before the fall term began in 2000, the admissions office at the University of St. Andrews in Scotland was swamped by a cascade of applications from Europe as well from across the Atlantic. The 600-year-old school's sudden ascent to the limelight was thanks to Prince William, son of Prince Charles and the late Princess Diana, who was to attend the university the following year. Throughout his college days, flocks of female fans would follow the world's most famous bachelor wherever he went on the campus. On one occasion, he tried to sneak out for a quiet drink with his chums at a pub, but was soon joined by a hundred frenzied young women. A Scottish newspaper trailed these young women to find out how they always managed to swarm around the prince within seconds. The trick was through cell phone text messages. "Informing 100 girls of his movements takes just seconds," the paper observed.

Electronic networking, when met with a political cause, proved particularly powerful in 2001 when the single text, "Go2 EDSA, Wear Black," summoned hundreds of thousands of Filipino protesters to the EDSA Shrine to rally against disgraced President Joseph Estrada. In just four days, more than 1 million would congregate, provoking one political commentator to observe that it was as if a mob of protesters had been "delivered" like a pizza in 30 minutes. The outcome was that the "thumb tribe" had spoken: Estrada was ousted.

These "smart mobs," as coined by tech writer Howard Rheingold, are a self-organizing group of people brought together by electronic devices that enable them to "act together in new ways and in situations where collective action was not possible before." Ever-evolving technological progress has now equipped mobile phones with video cameras and Internet accessibility, emboldening and strengthening the smart mobs to make inroads into the realm of journalism.

Amid strong censorship, mainstream foreign media like CNN and the BBC have little choice but to rely on the work of protesters on the streets. They are no match for these mobile mobs in speed and accessibility. Although collaboration between professional and so-called "amateur journalists" appears inevitable, just how we should accommodate unfiltered sources of information and discern real news poses a new challenge for everyone.

1. Which of the following CANNOT be said of the "smart mobs"?
   (a) There is no outright leader, instead they organize themselves.
   (b) Once assembled, the smart mobs have no focus for their protest since they have no leader.
   (c) Ever-increasing advances in technology aid them in their missions.
   (d) In countries where censorship is imposed, smart mobs are utilized by established foreign media outlets.

2. Which of the following is true about Prince William's time at the University of St. Andrews?
   (a) It was due to his presence at St. Andrews that a new paparazzi law was enacted.
   (b) A large number of applicants applied to enter the university simply because of William's intention to study there.
   (c) His hard-working bodyguards ensured that he led a quiet, hassle-free existence at St. Andrews.
   (d) News of Prince William's movements and current whereabouts traveled by word-of-mouth.

3. Choose the best title for the passage.
   (a) Mob culture through Technology
   (b) The New Face of Politics
   (c) Mob Culture and its Effects
   (d) Amateur Journalists Show Their Aptitude for the Job

4. What can be inferred from the passage?
   (a) Smart mobs are going to form political parties to exact real change.
   (b) Technology, while aiding the smart mobs now, will turn the tables in the future and hinder their progress.
   (c) The governments of countries with censorship will crack down on and imprison the smart mobs.
   (d) The relationship between professional and amateur journalists needs to be considered more carefully.

Words & Phrases

swamp v. 물에 잠기게 하다, 밀물처럼 쇄도하다(with)   a cascade of 수많은   the Atlantic 대서양   ascent n. 상승
thanks to ~덕분에   flocks of ~무리의   bachelor n. 미혼 남자   sneak out 몰래 빠져나가다   frenzied a. 열광하는
trail v. 추적하다, 뒤를 밟다   within seconds 순식간에   political cause 정치적 의도, 목적   summon v. 소집하다
disgraced a. 불명예의   self-organizing a. 자체 조직의   bring together 모으다   ever-evolving a. 끊임없이 진화하는
accessibility n. 접근성   embolden v. 대담하게 하다   mainstream a. 주류의   have little choice but to ~할 수밖에 없다
rely on ~에 의존하다   unfiltered a. 걸러지지 않은

문장분석

■ The 600-year-old school's sudden ascent to the limelight was thanks to Prince William, son of Prince Charles and the late Princess Diana, who was to attend the university the following year. ➡ 주격 관계대명사

명사인 who가 선행사를 수식하고 있으며 동사의 형태로는 be to 용법이 나왔다. be동사 뒤에 바로 to 부정사가 보어로 나오는 형태로 여러 가지 해석이 있지만, 대개의 경우 '~하는 것이다'로 해석되며, 미래의 예정을 나타내어 '~할 것이다'로도 해석된다.

Unit 65 Transformer in disguise
|트랜스포머|

• 예술/영화 •

The story of "Transformers" goes way back to the year 1984. At a toy exhibition in Tokyo, U.S. toy maker Hasbro was transfixed by Takara Tomy's toy that transformed from car to robot. Changing it from a pilot-driven robot to a sentient being, Hasbro developed the concept further and in May 1984, released the first Transformer onto the U.S. market. Three months after its release, it was a major hit. That autumn, Marvel comics — of "Spider-Man" fame — enjoyed great success with a "Transformers" comic and a Korean-American named Nelson Shin developed a television cartoon series.

World-renowned director Steven Spielberg, who produced the original "Transformers" movie in 2007, said that he was an enthusiastic admirer of Shin's cartoon during the 1980s. When questioned about the popularity of Transformers, Spielberg responded, "Everybody likes an idea where the most commonly viewed thing — a car — is transformed into a robot." Of course, a fresh shock came when a yellow Chevrolet with black stripes that resembled a cute honeybee transformed into the huge robot "Bumblebee" in an instant.

Transformation stories have enjoyed popularity from the Bible's book of Genesis to the present day. Ovid, the Roman poet who lived in the era of Augustus, became one of the most popular writers of the time as soon as he released his work "Metamorphoses." The Metamorphoses, the source for Greek and Roman mythologies, is comprised of more than 12,000 poems, with subjects such as Narcissus, Daphne and Echo. Transformation stories of Ovid are familiar to modern readers as well.

1. What is the main point of the passage?

    (a) To show how Transformers have made such an impact on our lives

    (b) To look at transformation stories in the arts and literature

    (c) To examine the success of the first Transformers movie

    (d) To look at the relationship between American and Japanese toy makers

2. What does Steven Spielberg attribute the success of Transformers to?

    (a) The cuteness of some of the characters, especially Bumblebee

    (b) The age-old obsession with robots that can communicate with us and save us from aliens

    (c) The long-running success of any Marvel product, such as Spider-Man

    (d) The concept that an object we use every day can change into a gigantic robot

3. What can you infer from the passage?

    (a) The Metamorphoses of Ovid will probably influence further movie plotlines in the future since they are good stories and familiar to people.

    (b) Transformers was Nelson Shin's only success and, after the Transformers TV series ended, he faded into obscurity.

    (c) The Metamorphoses was a sensation when it was first published and Ovid had to go into hiding to escape his fans.

    (d) Hasbro and Tomy had a long-standing rivalry which culminated in the race to produce the first Transformers toy.

Words & Phrases

go[date] back to ~로 거슬러 올라가다   exhibition *n.* 전시회   transform from A to B A에서 B로 바꾸다   release *n.* 출시
hit *n.* 히트, 성공   enjoy *v.* 즐기다, 누리다   enthusiastic *a.* 열정적인   admirer *n.* 팬   in an instant 즉시
popularity *n.* 인기, 유행   Genesis *n.* 창세기   metamorphose *v.* 변형하다   be comprised of ~로 구성되다
be familiar to ~에게 익숙하다

문장분석

■ When questioned about the popularity of Transformers, Spielberg responded, "Everybody likes an idea where the most commonly viewed thing — a car — is transformed into a robot." ➡ 분사구문의 생략된 형태로서 원래 문장은 When Spielberg was questioned about the popularity of Transformers이다. 하지만 주어가 일치하므로 생략을 하였고, 동사인 was being으로 바꾼 후 생략이 된 것이다. 관계부사인 where가 나와서 idea를 수식하고 있는데 where는 꼭 선행사가 장소 개념만 나와야 하는 것은 아니다.

Unit 66 No such thing as a free bribe
|스폰서|

• 예술/음악 •

German composer Richard Wagner is now lauded as a musical genius who took opera to new dramatic heights. But to his contemporary foes, he was a scandalous scrounger. Plagued for most of his life by debt, Wagner would often write to acquaintances asking for money. He was an expert in the field of solicited generosity. His friend Franz Liszt was also his father-in-law, and Wagner cunningly used his wife to encourage sympathy. "I would commit theft if I could make my wife happy," he said.

His financial dire straits, however, owed more to his expensive and fashionable taste rather than outright poverty. While working on his masterpiece, "The Ring of the Nibelung," Wagner spent a fortune to provide himself the perfect environment for composing, with specially tailored curtains to absorb noise and daylight, the best carpeting and silk clothes. He believed art could not be crafted with cheap liquor and a hard bed. Paul Johnson, in his book "Creators," called Wagner a hedonistic sponge.

Although not as extreme as Wagner, artists generally cannot seek excellence purely on their talent alone. Many famous artists were therefore born of the rich patronage for the arts. Joseph Haydn, known as the "Father of the Symphony," was given limitless freedom to experiment under the wings of Hungary's aristocratic Esterhazy family. Few composers enjoyed such luxury and support, as Haydn was free to choose any musician and rehearse as much as he wanted without financial worry. But there is always a price to pay. To satisfy his principal patron Prince Nikolaus, Haydn wrote 126 trios for the baryton, the prince's favorite string instrument, now rarely played.

Patronage sometimes can eat away at artistic freedom, which has led some artists to draw strict lines against sponsorship. The famous artistic couple Christo and Jeanne-Claude rely on bank loans to finance their mammoth environmental works, covering monumental landscapes and buildings with cloth, while rejecting sponsorships. To them, the only person authorized to offer a freebie is Santa Claus.

1. What's the main topic of the passage?
   (a) A few famous European composers
   (b) Why artists need to love so extravagantly
   (c) The lifestyles and patronage of artists
   (d) The best way to obtain artistic excellence

2. All of the following are incorrect according to the passage except _____.
   (a) Haydn was born into a poor family and suffered extreme hardships until he met a member of a Hungarian aristocratic family.
   (b) Wagner enjoyed a lavish lifestyle which he believed would enable him to produce the best work that he could.
   (c) Christo and Jeanne-Claude produce their work with the help of sponsorship donations.
   (d) Prince Nikolaus demanded that in return for his patronage symphonies be composed in his honor.

3. "To them, the only person authorized to offer a freebie is Santa Claus." What does the underlined sentence refer to?
   (a) Gifts will come to people at Christmastime with Santa Claus.
   (b) If you believe in Santa Claus, you can enjoy the benefits that accompany this belief.
   (c) Endorsement of the arts is an unimaginable luxury that most artists cannot dream of.
   (d) Nobody should have the power to control artists with money in such a way as has been done in the past.

4. What can be inferred from the passage?
   (a) Wagner would often take advantage of his wife's familial connections to bring in more money.
   (b) Patronage is the worst thing that can ever happen to an artist.
   (c) An artist must experience hardships to produce important works of art.
   (d) Wagner was regarded as a child prodigy to his contemporaries.

Words & Phrases

composer n. 작곡가   be lauded as ~로 칭송받다   genius n. 천재   foe n. 적   scandalous a. 소문이 나쁜
scrounger n. 구걸꾼   plague v. 괴롭히다   generosity n. 관대, 아량   father-in-law n. 장인   commit v. 저지르다
dire a. 비참한   strait n. (복수로) 곤란, 궁핍   outright a. 완전한, 철저한   poverty n. 빈곤   masterpiece n. 걸작, 명작
tailored a. 재단을 뜬   liquor n. 술   hedonistic a. 쾌락주의적인   seek v. 추구하다   limitless a. 무한의
under the wings of ~의 보호(후원)아래   financial worry 경제적 걱정   mammoth a. 거대한   monumental a. 대단히 큰

문장분석

■ Joseph Haydn, known as the "Father of the Symphony," was given limitless freedom to experiment under the wings of Hungary's aristocratic Esterhazy family. ➡ 주격 관계대명사인 who가 생략된 형태로 원래의 형태는 who was known as the "Father of the Symphony"이다. known은 뒤에 나오는 전치사에 따라서 그 의미가 바뀌는데, as는 '~으로 알려지다'(주어와 동격), for는 '~때문에 알려지다', to는 '~에게 알려지다', 그리고 by는 '~에 의해 판단되다'이므로 주의해서 해석한다.

Unit 67 Age-old problem of old age
|에이지퀘이크(age-quake)|

• 사회현상 •

In the old days, there was no "country for the aged" on earth. The Caspians who dwelled at the coast of the Caspian Sea are thought to have starved to death anyone over 70 and later predict their fortunes by watching what kind of animal fed on the corpse. It was considered a good omen if a body was consumed by an eagle or a wild animal but bad luck if no animal approached.

In the case of Native Americans, there were tribes that drove the aged to death by forcing them to work until they collapsed from exhaustion. Some Eskimos in the Arctic Ocean strangled to death senior citizens who could no longer get food for themselves. They would abandon the helpless whenever they moved to another place. Asians have also been tough on the old. The Jurchens of Manchuria shot arrows at their elderly, whom they suspended in sacks from trees. If a son killed his father with a single shot, he was praised as a filial son. In ancient societies where food and fuel were scarce, supporting the lives of the aged was a luxury that was often too high a price to pay. They thought it better to use limited resources on the younger, more productive generation, which accounts for why elderly people were killed or abandoned.

These barbaric customs disappeared a long time ago, but it seems that how to treat older people is becoming an issue in the United States after the Obama administration, which is currently trying to promote health care reform, said the government would make the public Medicare system for the aged, which is mired in financial difficulties, more effective. The conservative opposition party immediately launched a fierce attack on the government claiming that the Obama administration is going to stop medical treatment for helpless old patients. Infuriated senior citizens sided with the opposition while the other side claim it is unfair to provide free medical care to people over 65 when the health of nearly 9 million children is at risk because they have no health insurance. Some even say the government should reduce the money spent on excessive life-extension so more money can be spent on vaccinations for young children.

1. Which of the following is incorrect?

    (a) Native Americans worked their elders to death in the fields.

    (b) Arctic Natives drowned their elders when they were too feeble to be a productive member of the society.

    (c) Manchurian men shot their fathers with arrows; killing them with one shot making them filial sons.

    (d) The Obama administration wants to help the elderly with Medicare and make the program more effective.

2. What is the main topic of this passage?

    (a) The elimination of the elderly is a beneficial alternative for all societies.

    (b) Various methods for increasing the available resources in a society

    (c) The issue of what to do with elderly people in society, then and now

    (d) What to do about the Medicare system in the United States

3. From the passage which could you infer as being the topic of the next paragraph?

    (a) The medical troubles facing children in America

    (b) The options available for killing the elderly in America

    (c) The problems with the Medicare system for the old

    (d) The next plan of action for the Obama administration

Words & Phrases

dwell v. 거주하다   be thought to be ~로 간주되다   starve to death 굶어 죽다   feed on ~을 먹고 살다   corpse n. 시체   omen n. 전조, 징조, 예감   consume v. 소비하다, 먹다   exhaustion n. 기진맥진, 극도의 피로   strangle v. 교살하다   abandon v. 버리다, 포기하다, 단념하다   tough a. 가혹한   filial a. 효성스러운   ancient a. 고대의   scarce a. 결핍한, 적은, 드문   barbaric a. 야만적인   administration n. 정권, 정부   Medicare system 노인 의료보장제도   fierce a. 흉포한   launch an attack 공격을 가하다   health insurance n. 건강 보험 (제도)

문장분석

■ They thought it better to use limited resources on the younger, more productive generation, which accounts for why elderly people were killed or abandoned. → it(진목적어)와 to 이하(가목적어)로 구성된 문장이다.

주격 관계대명사인 which가 나와서 계속적 용법으로 사용되고 있다. 수식 해주는 것은 앞에 나온 절의 내용이다. 또한 accounts for에 목적절로서 why 절이 사용되고 있다.

Unit 68 Facing up to masks |멀티 페르소나|

• 예술/영화 •

A "persona" can sometimes refer to an actor or actress who appears in several films produced by a specific director and is good at expressing the director's inner thoughts. Along the lines of such greats as director Tim Burton and actor Johnny Depp, Martin Scorsese and Robert De Niro, Wong Kar Wai and Tony Leung come the notable director/actor partnerships of Jang Jin and Jung Jae-young, and Lee Jun-ik and Jung Jin-young.

The term "persona" is derived from the Latin word for the mask worn by actors in classical times. However, as time passed, its primary meaning was broadened to accommodate "personality." The term "person" meaning an individual or a human, originated from the word persona.

Carl Gustav Jung, the father of analytical psychology, said that the domain of human awareness consists of ego as the basis of identity, and persona as the mask one portrays to the world. For example, the cruel gangster in the 2008 film "Kang Cheol-jung: Public Enemy 1-1" is a calm, homely person. The social psychologist and philosopher Erich Fromm pointed out in his book "To Have or to Be," that "the meeting of external personas is closer to 'to have,' rather than 'to be.'"

Persona has been transformed in a variety of forms in literature. In the novel "The Dream of a Mask" written by Lee Chung-joon, a young elite judge who graduated from a prestigious university has a peculiar habit of going out at night wearing a mask and a mustache. He relieves his fatigue and nerves strung out by pretentious relationships in society. He murmurs, "People are striving to make their own masks stronger."

1. What is the best title for the passage?

   (a) The many faces of persona

   (b) Actor/director partnerships

   (c) The philosophy of Jung

   (d) Persona in the arts

2. How do director/actor partnerships come to exist?

   (a) The actor and director get on really well both on and off-screen.

   (b) The actor can portray the director's vision accurately.

   (c) The actor and director write the movie together.

   (d) The actor is obedient to the director as other actors are not.

3. Which of the following is true about persona?

   (a) Directors prefer their actors to show many personas on-screen.

   (b) Persona is used to convey the meaning of the ego.

   (c) Persona means personality in Latin.

   (d) The origin of persona can be found in the Latin word for mask.

4. What can be inferred from the passage?

   (a) Studying the varied use of persona can be insightful to psychologists.

   (b) Studying persona is a recent development in psychology studies.

   (c) Directors can achieve more success by developing actor/director partnerships.

   (d) We continuously and unconsciously change our personas.

Words & Phrases

persona *n.* 페르소나, 외적 인격   inner *a.* 내면의   notable *a.* 유명한   classical times 고전시대
analytical psychology 분석 심리학   domain *n.* 영역   consist of ~로 구성되다   cruel *a.* 잔인한   a variety of 다양한
prestigious *a.* 유명한   fatigue *n.* 피곤

문장분석

■ In the novel "The Dream of a Mask" written by Lee Chung-joon, a young elite judge who graduated from a prestigious university has a peculiar habit of going out at night wearing a mask and a mustache.

➡ 주격 관계대명사가 생략된 형태로서 "The Dream of a Mask"와 written by Lee Chung-joon 사이에 which is 혹은 that is가 생략되었다. 또한 Lee Chung-joon을 동격인 a young elite judge가 꾸며주고 있으며 그러한 a young elite judge를 주격 관계대명사인 who가 수식하고 있다. 주절의 동사는 has이다.

Unit 69 Posthumous prize |사후 수상(死後 受賞)|

•예술/영화•

On March 8, 1993, "Savage Nights (Les Nuits Fauves)" directed by and starring Cyril Collard won a Cesar Award for best film at France's main film awards ceremony. But Collard never got to kiss the golden trophy at the ceremony because he died of AIDS three days before the event.

The late actor Heath Ledger won a Golden Globe award for best supporting actor on Sunday for his excellent performance as the Joker in the Batman film "The Dark Knight." But we were deprived of seeing the winner appear on stage to accept his accolade. On Jan. 22, 2008, Ledger was found dead in his apartment at the age of 29, six months before the film's official release. Ledger rose to prominence as an actor by building his credentials at a young age. His breakthrough was a nomination for an Academy Award for Best Supporting Actor in 2006 for his role in "Brokeback Mountain."

Winning a posthumous award is a truly impressive achievement. It is one of the greatest tributes that people can bestow upon artists who pour their soul into their work until the last moments of their lives. Of course, in war, it is usual to decorate soldiers who died bravely in battle. In contrast, though, the rules governing the Nobel Prize state that a dead person cannot receive an award. This proviso is meant to deter sentimentality from creeping into the judgement process.

1. What's the main topic of the passage?

   (a) Actors who die prematurely

   (b) The rules of giving awards

   (c) Being honored posthumously

   (d) Achievements of young actors

2. Why didn't the actors collect their awards?

   (a) They were too sick to leave hospital.

   (b) They passed away before the awards ceremony.

   (c) They were appearing on stage at the theater.

   (d) They had prior engagements.

3. Which of the following is correct?

   (a) Ledger's acting ability wasn't discovered until later on in life.

   (b) As a child, Ledger produced his most successful movies.

   (c) Ledger died shortly after the official release of "The Dark Knight".

   (d) Even when he was young, Ledger's talent was apparent.

4. What can be inferred from the passage?

   (a) Posthumous awards for acting are not given out very often.

   (b) Posthumous awards are considered to be only sentimental.

   (c) Any actor that dies young will receive a posthumous award.

   (d) Posthumous Nobel Prizes are rare.

Words & Phrases

star *v.* 주역으로 하다   film awards ceremony 영화시상식   supporting actor 조연 배우   be deprived of ~을 빼앗기다   accolade *n.* 칭찬, 영예, 표창, 상품   official release 공식 발표   rise to prominence 유명해지다   posthumous *a.* 사후의   creep into ~로 몰래 들어가다

문장분석

■ It is one of the greatest tributes that people can bestow upon artists who pour their soul into their work until the last moments of their lives. ➜ It ~ that

강조구문을 이용하였다. It과 that 사이에서 강조되는 one of the greatest tributes는 원래 위치가 can bestow와 upon artists 사이이다.

Unit 70 Coogan's law |아역 스타|

"Slumdog Millionaire," which won the Academy Award in 2009 for best picture, is about a young man called Jamal from Mumbai who competes for 20 million rupees on a TV quiz show. None of the actors in the film are famous, yet it was the most talked about film of the year, sweeping the Golden Globe Awards as well as the Academy Awards. Actors Azharuddin Mohammed Ismail, 10, and Rubiana Ali, 9, who are from the poverty-stricken area of Mumbai where the film is set, received a thunderous round of applause at the Oscars.

However, the attention of the world does not appear to have made the children happier. "I am too tired. I don't want to do an interview," Ismail grumbled when he got home, earning himself a stark retribution from his dad. The Indian government has given the children housing and set up a trust fund for when they grow up, but the parents are complaining, "Give us the money now."

The problem of young stars and their money-hungry parents first surfaced when star child actors first appeared in Hollywood. Jackie Coogan, who became a star at the age of 7 in the Charlie Chaplin film "The Kid" in 1921, sued his mother and stepfather when he turned 21 for frittering away the $4 million he had earned as a child actor. However, the court ruled that he only get back $120,000.

This started a debate on how to protect the vast sums child stars earned, and in the U.S. the state of California passed a law that at least 15 percent of the money earned by a child actor must be managed through a trust fund by a third party until the child becomes an adult. It is still called the "Jackie Coogan law." The law regulates not only money, but also the other rights of child actors, such as education and filming time. The actors who starred in the "Harry Potter" series could not stay on set for more than 9 hours and 30 minutes per day, and had to spend 3 hours out of the 9 hours and 30 minutes studying with a teacher hired by the film company. More teenage stars are coming into the spotlight so it would be timely for the entertainment industry to pay more attention to the Jackie Coogan law.

1. Choose the most appropriate title for the passage.

 (a) The runaway success of Slumdog Millionaire

 (b) Protecting child stars with the Jackie Coogan law

 (c) Educating child stars to high school level

 (d) How to divorce your parents

2. Which of the following can be substituted for the underlined frittering away?

 (a) giving away

 (b) stockpiling

 (c) hiding

 (d) squandering

3. According to the passage, which of the following best describes the Jackie Coogan law?

 (a) 15% of the money earned will be given to the parents; the rest to the child.

 (b) 15% of the money earned will be entrusted to an outsider of the family until the child is 18.

 (c) 85% of the money earned will be set up in a trust fund for the child to access after he/she reaches 18.

 (d) None of the above.

4. What does the writer of the passage suggest for the future?

 (a) The entertainment industry looks more closely at the details of the Jackie Coogan law.

 (b) The entertainment industry makes sure that all child stars receive an adequate education.

 (c) Children should be forbidden from working until they reach 18.

 (d) A parent must be present at all times on set while the child is working.

Words & Phrases

called a. ~라 불리는   compete for ~을 위해 경쟁하다   sweep v. 휩쓸다   poverty-stricken a. 빈곤에 찌든
applause n. 갈수 갈채   grumble v. 불평하다   retribution n. 보복, 징벌   trust fund n. 신탁 자금
money-hungry a. 돈에 굶주린   surface v. 표면에 드러나다   stepfather n. 계부   fritter away 돈을 낭비하다
rule v. 판결을 내리다   regulate v. 규제하다   on set 촬영장에서   come into the spotlight 세인의 주목을 모으다
runaway success 순식간의 대단한 성공   stockpile v. 비축하다

문장분석

■ This started a debate on how to protect the vast sums child stars earned, and in the U.S. the state of California passed a law that at least 15 percent of the money earned by a child actor must be managed through a trust fund by a third party until the child becomes an adult. ➞ how to R 형태도 how와 똑같이 명사절을 만들어 줄 수 있다. 해석은 '어떻게 to 부정사 하는지' 정도로 해주면 알맞다.

Unit 71 A different perspective on love
| 진정한 사랑에 대하여 |

• 사회현상 •

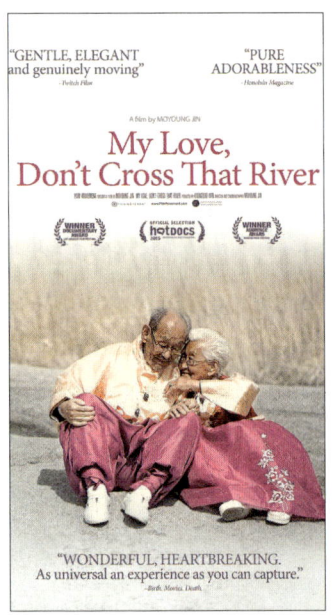

The documentary "My Love, Don't Cross That River" has now garnered more than one million viewers, an unusual success for an independent film. The movie is about the love between an old couple who has lived together for 76 years. The seniors dress in matching traditional outfits, tease each other and make jokes like a young couple. When they part, the audience can't help crying. The film has become a landmark in movie history as it thrived among commercial blockbusters. It is loved not only by older audiences but also young Koreans, and has expanded the boundaries of documentaries.

While some call it a senior version of a romantic fantasy about eternal love, this movie is not so simple. It is not about the greatness of love. It addresses the attitude of people in love. The 89-year-old wife constantly says, "Beautiful!" She is impressed by birds, wild plants and her 98-year-old husband wearing flowers behind his ear. She also likes to say, "Poor thing." She pities a stray dog and adopts him. When her husband passes away, she says with tears, "My poor love." She is not the kind of person to say cliched things like, "You left me all alone."

The documentary shows that the essence of love is not the object of affection, but the attitude of the person in love. We often say that we can't find someone to love, or that someone is not worth loving. But true love comes from the mind-set to care and love one another, or from the attitude of love itself. And love begins from having sympathy and feelings for all the things in the world. Director Jin Mo-young said, "The couple has been caring for each other as a habit for 76 years. Their actions evoked love and affection from each other." In the movie, the husband says, "I've never complained about her food in my life. If something tastes good, I'd eat more. If I don't like something, I'd just eat little." _____

1. Why does the audience have such feeling for the old couple in the movie?
   (a) They spend all their time together every day, so death ultimately tears them apart.
   (b) Their relationship and behavior mirrors that of a young couple despite their advanced age.
   (c) They have such affection for each other's faults that we cannot help but admire them.
   (d) The audience can be reminded of simpler times when relationships were less complicated.

2. According to the passage, why should modern people looking for love watch this film?
   (a) They might find someone who also enjoyed this film and have something in common.
   (b) They will appreciate more those old people who try to give them romantic advice.
   (c) They may think twice about falling for and marrying the first person they come across.
   (d) They can learn that love is all about attitude as opposed to finding the perfect person of their dreams.

3. Why is the success of the movie strange?
   (a) Nobody likes to see films about love stories anymore; they want blockbusters.
   (b) Documentaries only appeal to a small community of people.
   (c) Stories about old people have never been successful in Korea before.
   (d) Independent films are usually not as popular as this one.

4. Which sentence is the best to finish the passage?
   (a) This considerate gesture is the very qualification of love.
   (b) He really didn't like her food very much.
   (c) She knew how he was, and loved him even the more for it.
   (d) It is this kind of gesture that led to his death.

Words & Phrases

garner v. 모으다   independent film 독립영화   landmark n. 획기적인 사건
eternal a. 영원한   impressed a. 감명 받은, 감동 받은   thrive v. 번창하다, 번영하다
pity v. 불쌍히 여기다   cliched a. 상투적인   mind-set n. 사고방식   sympathy n. 동정, 연민
evoke v. 불러일으키다, 유발하다   affection n. 애정   complain v. 불평을 하다

문장분석

■ It is loved not only by older audiences but also young Koreans, and has expanded the boundaries of documentaries. ➝ 주어는 It(이 영화)이고 동사는 is loved와 has expanded 두 개로 하나는 수동으로, 다른 하나는 능동으로 쓰였다. 더불어 앞부분에 not only A but also B의 상관접속사로 쓰인 구조이며, 이런 경우 양자를 긍정하지만 초점은 뒷부분에 가 있는 경우가 많다.

Unit 72 Playing with blocks |테트리스|

In 1988 when the video game universe was divided between Bubbles and Super Mario, a completely new engaging game consisting merely of blocks made a bombshell debut. The beloved Tetris is a video game puzzle in which seven types of blocks can be manipulated. The multicolored blocks rain down the screen to form horizontal rows, disappearing when they are complete. The completion of one playing field is celebrated with a dance by a wooden soldier to "Kalinka," a lively Russian folk tune.

The Russian touch is a tribute to the game's creator, Alexey Pajitov, a mathematician with an ardent love of puzzles, who designed and programmed the game while working for the Soviet Academy of Science in 1985. His idea originated from the square-block pentomino puzzle that dates back to ancient Roman times. Pentominoes are rectangular tiled boxes with 12 differing shapes of five unit squares. The Russian mathematician simplified the game to allow four unit squares making up seven blocks and named the video game after the Greek prefix tetra, meaning four.

The game, created to pass idle hours caused a sensation outside the Soviet Union when bundled on an IBM PC. In less than two years the game became a software blockbuster not only in Europe, but also in the United States and Japan. But its creator, stuck in communist USSR, was unable to cash in on the tremendous success. Because the former Soviet Union did little to claim copyrights, the game was locked in legal battles up to 1993. Moscow finally stepped in, but all Pajitov got in return was an IBM desktop. One can understand if Pajitov still bears some sore feelings, considering the game sold more than 70 million copies through the Nintendo Gameboy console alone.

What's surprising is that the game continues to draw players through evolutionary variations. Tetris is still a sought-after function in today's electronic devices like PDAs and mobile phones. The online game has hooked more than 500,000 in Korea alone. Tetris has also spawned an army of knockoffs and lookalikes. The game's biggest appeal lies in its simplicity. Anybody can take to it. One computer game magazine called the game "deceptively simple and insidiously addictive." Studies showed that the game boosts brain activity, helping to prevent memory loss and ease the ill effects of stress.

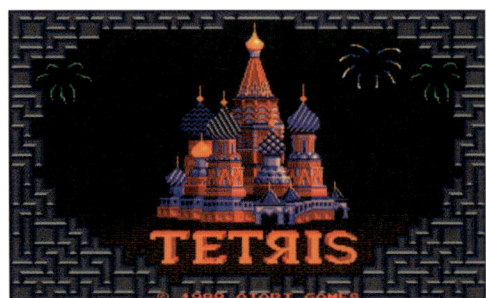

1. What's the main idea of the passage?

   (a) The career of Alexey Pajitov
   (b) The trial of Nintendo vs. Pajitov
   (c) Online game addiction started by Tetris
   (d) The history of Tetris

2. Tetris made "a bombshell debut." What does this mean?

   (a) Its success was quick and wide-reaching and this surprised people.
   (b) Players immediately became addicted to the block game.
   (c) Tetris attracted players from all over the world.
   (d) The debut was marred by the theft of Tetris from Pajitov by Nintendo.

3. What can you infer from the passage?

   (a) Pajitov still hasn't received the money or accolades that he rightly deserves.
   (b) Tetris had its day in the 1990s and these days it is considered more of a novelty.
   (c) Tetris is the only online block game of its kind in the world.
   (d) The Russian government profited from releasing Tetris to Nintendo.

4. All of the following are true, according to the passage, except ____.

   (a) Tetris became a hit in Europe, U.S.A., Asia and Africa.
   (b) When you complete a line, the line disappears.
   (c) The wooden soldier that dances is a tribute to the creator of Tetris.
   (d) The name 'Tetris' originated from a Greek word meaning four.

Words & Phrases

universe *n.* 세계, 시장, 분야   engaging *a.* 매력적인   bombshell *n.* (폭발적인) 센세이션을 일으키는 것   manipulate *v.* 조작하다
completion *n.* 완성   wooden *a.* 나무로 된   folk tune 민요곡   touch *n.* 노래   ardent *a.* 열렬한
square-block *a.* 네모난 블록의   date back to ~까지 거슬러 올라가다   ancient Roman times 고대 로마시대
rectangular *n.* 직각형   make up 구성하다   sensation *n.* 돌풍   tremendous *a.* 어마어마한
legal battle 법정 싸움   evolutionary *a.* 발달의, 발전의   variation *n.* 변화(물)   knockoff *n.* 복제품
lie in ~로 인한 것이다   deceptively *ad.* 믿지 못할 정도로   insidiously *ad.* 방심할 수 없게

문장분석

■ What's surprising is that the game continues to draw players through evolutionary variations. → What이 명사절을 이끌어 주고 있으며 이 명사절이 주절의 주어로 사용되고 있다. 또한 be동사 뒤에서 that 명사절이 나올시에는 '다음과 같다'로 해석하면 된다.

Unit 73 Closer connection through listening
|소통의 달인|

•예술/사진•

In a high-ceilinged, brick-walled room, a ray of sunlight peeping through the curtains of a small window is the only source of warmth and light until a cellist of advanced years starts playing one of Bach's somber cello sonatas. Photographer Yousuf Karsh (1908-2002) pauses to listen before taking a picture of the Spanish maestro Pablo Casals. Instead of the usual portrait, he snaps the back of his subject's head rather than the face in order to illuminate the emotion of the performance, full of loneliness and the unfathomable stillness of a musician exiled from his home country.

　　Karsh had an eye that pierced through the essence and truth of his subjects. In a span of some 60 years, Karsh was an ardent student of people. He read and listened to the works of the artists who sat for him and he studied his models' paintings and sculptures. Most of the pictures were taken where his models spent much of their time: Casals in a monastery in the south of France and Hemingway in a turtleneck sweater at a Havana beach in Cuba. He spent time with his models, watched their eyes, posture and body movements. He found that hands spoke more loudly and emotionally than lips. He finally picked up his camera once he believed he had gotten to know his subject. In front of the lens, his models were at ease in their favorite clothes and movement. The result was that in Karsh's world, they were exposed and bare, free of ①_____ and ②_____. The Canadian photographer knew how to connect. He went the extra mile to understand his subjects more profoundly. Sympathizing is the first step toward opening someone's mind, and Karsh was happy to share in the joy and sorrow of the people he worked with.

1. Which of the following is matched correctly?

    (a) Karsh – photographer; Casals – monastery; Hemingway – sweater
    (b) Hemingway – sweater; Karsh – Canadian; Casals – photographer
    (c) Casals – cello; Karsh – Canadian; Hemingway – photographer
    (d) Casals – France; Karsh – Cuba; Hemingway – cello

2. According to the passage, which of the following is true about Yousuf Karsh?

    (a) He remains distant from his models and his photographs are cold and remote.
    (b) He photographs continuously while he is with his subject to capture every moment.
    (c) Karsh wasn't recognized in his lifetime and it is only after he died that his talent was celebrated.
    (d) Karsh only photographed those people whom he admired.

3. Choose the best title for the passage.

    (a) The Karsh-Casal relationship
    (b) Steps to Being a Better Photographer
    (c) Examining a photography master
    (d) The Best Photographer in the World

4. Which of the following best fits into ① and ②

    (a) neutrality ... affection
    (b) understanding ... negotiation
    (c) commonality ... impartiality
    (d) artificiality ... affectation

Words & Phrases

high-ceilinged *a.* 천장이 높은   brick-walled *a.* 벽돌 벽의   a ray of 한 줄기의   peep through ~을 통해서 엿보다
warmth *n.* 따뜻함   somber *a.* 우울한, 음침한   maestro *n.* 대가, 거장   performance *n.* 연주, 공연
unfathomable *a.* 잴 수 없는, 깊이를 헤아릴 수 없는   stillness *n.* 고요   pierce through 꿰뚫다   essence *n.* 정수
span *n.* 기간   ardent *a.* 열렬한   sculpture *n.* 조각   monastery *n.* 수도원   posture *n.* 자세   subject *n.* 대상(물)
artificiality *n.* 인위성   affectation *n.* 젠체함, 거짓 꾸밈

문장분석

■ The result was that in Karsh's world, they were exposed and bare, free of artificiality and affectation.   → be동사 뒤에서 쓰이는 명사절 that은 '다음과 같다'로 해석해주면 되고, that 절에서는 전치사구인 in Karsh's world가 삽입되어 있다.

Unit 74 Fishing for Everyman's dream
|'그라민 뱅크'|

Despite what its name implies, in Queens, New York, today one-fifth of residents there lives in poverty, with a plethora of single mothers struggling to make ends meet. That is what prompted Muhammad Yunus, a Bangladeshi banker, to open a bank in Queens early last year. The bank has so far given loans totaling $1.5 million to some 600 women there, ranging from several hundred to several thousand dollars each. With the money, the women opened their own bakeries, clothing stores or started selling cosmetics. It is hard to believe that Grameen Bank, a microcredit lender that Yunus founded in 1983 in Bangladesh, one of the world's poorest countries, has even opened its doors in the United States. The bank has also opened business in places like Kosovo, Zambia and Guatemala before, but it is nonetheless amazing that it has reached America. But even in a wealthy nation, not everybody is rich. Scratch the surface and you can see that 28 million Americans are too poor to qualify for traditional bank loans. These people don't have the luxury to wonder why the help is coming from the world's poorest country.

Grameen Bank and its founder won the Nobel Peace Prize, but even then, on the face of it the bank's business model seems quite wild and careless. The bank gives loans to people who have no property or co-signers to guarantee their loans, particularly to women, with absolutely no conditions. Staggeringly, 98 percent of the loans are paid back. This shows that poor people can get on their feet given a small hand up. There's a saying that if you give a man a fish, you feed him for a day, but if you teach him to fish, you feed him for a lifetime. But Jacques Attali, the founder of PlaNet Finance, an international microfinance system, takes one step further. He says, "There are countless people who know how to fish but do not have fishing rods. Our job is to give them fishing rods."

1. What kind of people does Grameen Bank help?

   (a) Those whose businesses have failed and are trying to start again
   (b) Those who have to work 2 jobs to make ends meet
   (c) Those who have failed to pay back loans in the past
   (d) Those who cannot provide a guarantee to their loan

2. Which of the following can you infer from the passage?

   (a) We should trust and help others, regardless of whether that trust has a guarantee.
   (b) Poor people are not good at standing up for themselves.
   (c) Muhammad Yunus was helped once in the same way as he helps others now.
   (d) Though we think America is a rich country, its citizens are becoming poorer and poorer.

3. What is the irony about this situation?

   (a) Many people who know how to fish don't like to eat fish.
   (b) 98% percent of people helped by Yunus pay back their loans.
   (c) A member of one of the poorest countries in the world is loaning money to members of one of the richest countries in the world.
   (d) Grameen Bank has branches all over the world now.

Words & Phrases

imply v. 내포하다, 의미하다   poverty n. 빈곤   struggle v. 분투하다   make ends meet 겨우 먹고 살 만큼 벌다
loan n. 대부(금)   nonetheless ad. 그럼에도 불구하고, 그렇지만   guarantee v. 보장하다   get on one's feet 자립하다

문장분석

■ But even in a wealthy nation, not everybody is rich. Scratch the surface and you can see that 28 million Americans are too poor to qualify for traditional bank loans. ➡ too ~ to … 구문을 이용한 문장이다. '너무 ~해서 …하지 못하다'로 해석하면 된다. 부정어구가 없지만, 부정의 뜻을 내포하고 있으므로 주의해야 한다.

Unit 75 No business like show business
|성상납|

•영화/연예•

The film "Moulin Rouge," directed by Baz Luhrmann, is based on the world of show business in Paris, in a turbulent age at the end of the 19th century. The great club owner Harold Zidler is seeking an investor so he can produce a new show on a grand scale never before seen. He finds one in The Duke, who demands something in return: one night with Satine, the star of the club in the film's name.

People have long been attracted to the entertainment industry, rich as it is with the temptations of fame, power and money. The rise of capitalism has added the elements of collusion and other forms of corruption. The French novel "Nana" by Emile Zola depicts the degradation of an age where it was difficult to tell the difference between a prostitute and a high-class coquette.

The chain linking such secretive deals cannot easily be broken because it has been welded into place over time. The difference between deals that are voluntary and those that are forced is also as unclear as a line drawn on water.

Long-standing problems in the entertainment industry such as contracts with hidden clauses, closed auditions and the profit structures of small management companies cannot easily be resolved with minor adjustments, and even if they could, those in search of a dark deal would easily find some other way to do their business. As long as the desire for the privileges that come with power and money does not disappear, and as long as those in power continue to think they can make questionable propositions and get away with it, the system will continue to function as it is. In the words of Lao Tzu, "Those who know satisfaction are not disgraced, those who know when to stop face no peril." This is an aphorism that both the tempters and the tempted should take to heart.

1. What is an appropriate title for the passage?
   (a) One Night with Satine
   (b) Shortcomings of the entertainment industry
   (c) The allure of show business
   (d) Secret deals of the Duke

2. According to the passage, what gave the Duke the right to ask for a night with Satine?
   (a) He was the owner of a popular and profitable theater in Paris.
   (b) His title meant he could ask for who he wanted.
   (c) He was a celebrity and therefore expected people to want to be with him.
   (d) He was wealthy and wanted something in return for investing in Zidler's production.

3. What can be inferred about the passage?
   (a) There is no question that the entertainment industry has been and always will be corrupt.
   (b) The entertainment industry will remain corrupt as long as those with power and money can do what they want.
   (c) The illegal side of the entertainment industry has been much reduced these days.
   (d) The corruption in the entertainment industry is a fairly new thing.

Words & Phrases

be based on ~에 기초하다   turbulent *a.* 혼돈의   in return 보답으로, 대가로   be attracted to ~에 끌리다
fame *n.* 명성, 명예   rise *n.* 출현   collusion *n.* 공모   corruption *n.* 부패   depict *v.* 묘사하다
degradation *n.* 좌천, 강등, 퇴화, 타락   prostitute *n.* 매춘부   secretive *a.* 비밀스런   voluntary *a.* 자발적인
long-standing *a.* 오래 계속되는   hidden clause 숨겨진 조항   closed audition 비공개 오디션
questionable *a.* 의심스러운, 수상한   proposition *n.* 제안

문장분석

■ People have long been attracted to the entertainment industry, rich as it is with the temptations of fame, power and money.　➜ as가 유일하게 양보의 '~에도 불구하고'라는 뜻으로 쓰이는 형태로 원래 형태는 as it is rich이다. 하지만 이러한 형태로는 양보의 내용을 쓰지 못하고 뒤에 있는 형용사가 as 앞쪽으로 나갈 때에만 양보의 해석이 가능하다.

Unit 76 Reining in the purveyors of plastic
|카드 제국|

• 사회현상 •

Many credit card holders have experienced an embarrassing moment or two at checkout counters. Even presidents. During a spring holiday break in Utah in 1999, then-President Bill Clinton stopped by a bookstore. After selecting some reading material, he went to the counter and took out his credit card to pay, but the shopkeeper awkwardly declined his card, saying it had expired. Clinton had forgotten to bring his newly-issued card and the poor shopkeeper tried in vain to call the credit card company to get approval. Short of cash, President Clinton finally borrowed money from his secretary and sheepishly left the shop. Even the leader of a country as mighty as America can get tied down with credit card trouble.

Americans have been the longest and most loyal fans of paying on credit. As of 2000, credit cards issued topped 1.5 billion, meaning credit card holders in the country own an average of 10 cards. Most users pay the minimum due on their credit card balance. As a result, outstanding debt piled up to $8,400 on average per household. Benjamin Franklin would have lamented if he knew all his efforts to build the virtues of frugality and industry in America have fallen on deaf ears in the 21st century. Robert Manning, author of "Credit Card Nation: The Consequences of America's Dangerous Addiction to Credit" believes income growth in American families after the Second World War sowed Americans' love of spending.

Retailers raced to lure customers with card rewards, giving birth to Diners Card in 1949. Big lender Bank of America joined the credit frenzy in 1958, introducing the first card that allowed late payments. From the very beginning, the credit card industry fattened themselves by nickel and diming consumers. The Bank of America sent out credit cards to 100 million customers without their prior consent. Others followed suit until the government stipulated a law to prevent reckless and abusive card issuance. During the 1980s, lenders intentionally ignored the requirement for parental approval and swamped university campuses with credit cards.

The modern way of living on the credit chain — paying off your MasterCard debt with your Visa card — has finally backfired, choking American households already mired in mortgage and employment crises. Many of them, out of jobs, are struggling with mounting outstanding debt and interest rates. The Obama administration and the U.S. Congress have at last turned to aid consumers by tightening restrictions on credit card issuers. The measures may bring relief to many debt-stricken families and hopefully restore smart economic sense in American consumers.

1. What's the main topic of the passage?
   (a) The embarrassment caused when credit cards are rejected
   (b) The reckless overuse of credit cards by the American public
   (c) How the Obama administration is changing the way credit cards are used
   (d) The illegalities of sending out credit cards to minors

2. Which of the following is incorrect, according to the passage?
   (a) Sometimes people use one credit card to pay off the debt on another credit card.
   (b) On average each American owns 10 credit cards.
   (c) Bill Clinton had forgotten to bring his newly-issued card, so he could not buy the book on credit even though the store clerk knew who he was.
   (d) When credit cards were first introduced, lenders did not earn money from others' overspending.

3. Which of the following is an example of the underlined phrase nickel and diming consumers?
   (a) Being charged for a local telephone call from a hotel room.
   (b) Leaving a tip for the waiter who gave excellent service to you.
   (c) Going to a store to get change for something.
   (d) Helping a homeless person by giving them your small change, including nickels and dimes.

4. What can you infer from the passage?
   (a) Benjamin Franklin would have been proud of his nation for their economic sense.
   (b) The public will continue to rely on credit cards to pay for items.
   (c) The economic situation will get better as lenders learn the error of their ways.
   (d) Credit card restrictions will help consumers to quit their addiction to credit.

Words & Phrases

embarrassing a. 난처한   reading material 읽을거리   take out 꺼내다   newly-issued a. 새로 발행한
in vain 헛되이   pay on credit 외상으로 지불하다, 신용카드로 사다   issue v. 발행하다   top v. 능가하다   an average of 평균
balance n. 잔고   lure v. 유혹하다   consent n. 동의   stipulate v. 규정하다   reckless a. 무분별한
intentionally ad. 의도적으로   parental approval 부모의 동의   choke v. (목을) 조이다, 숨막히게 하다
employment crisis 고용 위기   mounting a. 증가하는   tighten restrictions on ~에 대한 규제를 강화하다

문장분석

■ Robert Manning, author of "Credit Card Nation: The Consequences of America's Dangerous Addiction to Credit" believes income growth in American families after the Second World War sowed Americans' love of spending. ➡ 주어인 Robert Manning을 동격인 author of "Credit Card Nation이 꾸며주고 있으며, 동사는 believes이다. believes 뒤에는 명사절을 이끄는 that이 나와야 하지만, 생략이 되었고, that 절의 주어는 income growth, 동사는 sowed이다.

unit 76 카드 제국

Unit 77 Only some lies can be tolerated
|마지막 잎새와 하얀 거짓말|

• 문화현상 •

In American writer O. Henry's short story "The Last Leaf," a young artist named Johnsy, who has pneumonia, believes she will die when the last leaf falls from outside her window. On a very stormy night, an old artist who lives in the same apartment building as her paints an ivy leaf on the wall. Johnsy, who is tricked into believing that the leaf has remained on the branch and receives a new lease of life as a result, survives.

"The Last Leaf" somewhat frees us from the concept that all lies and tricks are bad. You may feel it is more truthful to say "yes" rather than "no" when asked if you lie often. Last year, the Japanese Cabinet Office surveyed young Japanese and foreigners between the ages 13 and 29. When asked if they lie often, 28.9 percent of Japanese people, 27.6 percent of British people, 27.2 percent of Koreans and 23.3 percent of Americans responded yes. But it would be hasty to conclude that the Japanese are liars. Crimes like fraud, embezzlement and breach of duty are relatively low in Japan. But the survey revealed that the Japanese are comparatively tolerant of lies.

There is a saying in Japan, "A lie is a tactic too." Sometimes, white lies are better than honesty. They also say, "Some truth comes from lies." Meiji University's social psychology professor Kenji Suzuki says that the Japanese value harmony with others and tend to tell a lie in order to avoid conflict. They sometimes hide their true intentions and answer to please others.

1. What is the passage about?
   (a) The difference between truth and lies is slim.
   (b) Lies can sometimes be useful.
   (c) Some people lie with impunity.
   (d) The victimization of a woman with lies.

2. What effect does the painting of the leaf have on the young woman?
   (a) She begins to realize that there are bigger things in life than her illness.
   (b) She realizes that life is too short to worry and begins to look to the future.
   (c) She gets angry at the man who is trying to trick her, but appreciates his gesture.
   (d) She is mentally tricked into thinking that she will get better; therefore, she does.

3. Which of the following is true?
   (a) The leaf gives Johnsy the physical strength to beat her sickness.
   (b) Concealing one's true feelings and not being true to oneself is frowned upon in Japan.
   (c) Lying does not necessarily mean that one is more likely to commit other untruthful practices.
   (d) It seems that the more people admit that they lie often, the more false you are being.

4. Which of the following correctly paraphrases the underlined?
   (a) The conflict that comes with lying causes the harmonious society in Japan to break down.
   (b) In order to maintain harmony, it is common to lie in Japan and run away from arguments.
   (c) Getting along with others, sometimes by lying, is something the Japanese value highly.
   (d) Being in harmony with the world is important to the Japanese, so it's not good to die.

Words & Phrases

pneumonia *n.* 폐렴   tricked *a.* 속은   a lease of life 수명   hasty *a.* 성급한, 경솔한
fraud *n.* 사기   embezzlement *n.* 횡령   beach of duty 직무 태만, 의무 불이행
tolerant *a.* 관용하는, 관대한   tactic *n.* 전략   intention *n.* 의도, 목적

문장분석

■ On a very stormy night, an old artist who lives in the same apartment building as her paints an ivy leaf on the wall. → On a very stormy night는 부사구이고, an old artist [who lives in the same apartment building as her] paints an ivy leaf on the wall.가 된다. 즉 an old artist가 주어이고, paints가 동사이다.

Unit 78 A war over religious rights
|부르카 전쟁 인권과 종교의 자유|

• 사회현상 •

Muslim women wear burqas, niqabs, hijabs or chador according to Islamic law. Among them, the burqa is the enveloping outer garment that covers the entire body with a veil over the eyes. Europe is having a debate over the ban of burqas and other face-covering attire in public.

France was the first country to ban the religious dress. Since the French Revolution in 1789, France has adhered to the strict principle of Laicite, or the separation of religion and the state. It is unconstitutional to display religious symbols in public places in France. The Christian cross is not to be displayed at schools and in public places.

But when France banned the wearing of religious clothing such as hijabs and burqas, Muslims fiercely protested that it is tantamount to religious persecution. In 2009, then-president of France Sarkozy said on burqas, "In our country, we cannot accept that women be prisoners behind a screen, cut off from all social life, deprived of all identity." A ban on burqas was legislated and enforced on April 1, 2011. A woman who violates the law and wears the full-body covering is subject to a fine of 150 euros ($204), and the law also penalizes anyone who forces women to wear the covering with a fine of up to 30,000 euros ($40,800).

Some Muslims brought the case to the European Court, arguing that the ban was discriminatory, but the EU Court upheld the French law earlier in July on grounds that the covering violates the human rights of women. After the decision, EU members like Germany and Austria, as well as non-EU member Switzerland, are preparing similar bans.

These countries receive many wealthy Muslim visitors who spend a fortune on tourism and shopping. Therefore, opponents argue that the law, which affects some 100 Muslims wearing burqas in the country, could hurt tourism income. But supporters claim that the human rights and dignity of women must be protected. They say people should be able to talk face to face, not through a veil.

1. What is the passage mainly about?

    (a) The link between religious identity and persecution.

    (b) Muslim women's fight against French persecution.

    (c) The French oppression of Muslims at all costs.

    (d) The bans against Muslim face coverings in France.

2. Why did the European Court uphold the law in France?

    (a) They felt that the most important point was the protection of women.

    (b) They wanted to take a stand against Islam's practices.

    (c) They believed that women were being oppressed more and more.

    (d) They heard the calls of women to allow them freedom from the veil.

3. What can be inferred from the passage?

    (a) The fear of Islam as a result of this ban is rising in those countries that want to have the ban.

    (b) Members of the Muslim world are planning to boycott countries that implement the ban.

    (c) There is a growing backlash against the ban that will win out in the end.

    (d) The bans that have been applied in France will continue to be implemented throughout Europe.

4. Which of the following is an argument mentioned in the passage that opponents of the ban use?

    (a) This ban is discrimination against some religions and not others that should be targeted.

    (b) France needs to realize that for some religion and state do mix.

    (c) Muslim tourists bring in a lot of money, so the economy will be affected with the drop in visits.

    (d) Women like wearing the veil or other coverings as it gives them a sense of religious identity.

Words & Phrases

envelop v. 감싸다, 뒤덮다   garment n. 의복, 옷   debate n. 논쟁, 항의   ban n. 금지   attire n. 복장
adhere v. 따르다   unconstitutional a. 헌법에 위배되는   tantamount a. ~와 마찬가지의   persecution n. 박해, 학대
deprive v. 빼앗다, 박탈하다   legislate v. 법률을 제정하다   penalize v. 처벌하다   discriminatory a. 차별적인
dignity n. 존엄성   stoke v. 불을 때다, 더 부추기다   conservative a. 보수적인   swing n. 흔들기, 변화, 변동

문장분석

■ Some Muslims brought the case to the European Court, arguing that the ban was discriminatory, but the EU Court upheld the French law earlier in July on grounds that the covering violates the human rights of women. → arguing 이하는 분사구문으로 some muslims의 주장이다. but 이하에 문장이 이어지고 on grounds that은 조건을 나타내는 부사절이 뒤에 붙은 형태이다.

Unit 79 Charity is fine, but watch it
|자선 산업|

• 사회현상 •

In his book "Adventure Capitalist," Jim Rogers writes, "American churches and charity organizations send relief to poverty-stricken areas in Africa, but as soon as the supplies reach the airport, illegal brokers confiscate the goods and sell them on the market; they are destroying the business foundation of the local medical and textile businesses, exacerbating the poverty situation. Although importing African-made garments provides fundamental help, the United States does not want to decrease the number of its own textile workers."

The culture of philanthropy is explicitly linked to the idea of "sustainable business management." As such, "non-strategic philanthropy" can be counterproductive, as was the case with the African aid. Recently, in the United States, efforts have been made to cultivate "charitable industries" by reinforcing the effectiveness and profitability of "charity work." The British magazine the Economist points out two major trends. One is "billanthropy" or the atmosphere of good-natured competition between these groups. The other is the formation of foundations like the Bill and Melinda Gates Foundation, with an endowment larger than the yearly budget of most countries ($60 billion).

There are too many watchful eyes to manage funds in an ad hoc manner; the United States is the donation capital of the world, with endowments ($260 billion) reaching 2 percent of the GDP. Billionaire investor Warren Buffet donated 85 percent of his wealth, or approximately $37 billion, to Bill Gates' charitable foundation. Mr. Gates, creator of the Microsoft empire, announced that he will leave Microsoft to manage his charitable foundation.

1. What's the main idea of the passage?

   (a) Textile industries

   (b) Corrupt officials

   (c) People with too much money

   (d) Philanthropic actions

2. Which of the following is false?

   (a) The United States donates more money than any other country.

   (b) The Bill and Melinda Gates Foundation promises huge amounts of money, but rarely delivers.

   (c) Corrupt people in poverty-stricken countries take control of charitable donations.

   (d) The United States doesn't want to harm its own textile industry by importing too much from Africa.

3. What is "non-strategic philanthropy"?

   (a) When people go to the country to train the local people in business.

   (b) When somebody promises aid but doesn't come through on the promise.

   (c) Aid that is only meant for a small section of the population.

   (d) The situation where charitable aid doesn't reach the people it is meant for.

4. Which of the following best paraphrases the underlined phrase?

   (a) It is important to have a plan about managing the funds in order to satisfy observers.

   (b) When people are watching, it is easy to attempt to do things informally.

   (c) For too long, aid has been distributed incorrectly.

   (d) People just want to make sure their money is being used in the way it was intended.

Words & Phrases

charity organization 자선 단체   poverty-stricken a. 빈곤에 찌들린   textile business 직물 산업
fundamental a. 근본적인   philanthropy n. 박애, 자선 행위   counterproductive a. 역효과의, 비생산적인
cultivate v. 양육하다, 재배하다   reinforce v. 강화하다   effectiveness n. 효율성   profitability n. 이익률, 수익성
point out 지적하다   trend n. 경향, 추세   good-natured a. 선의의, 좋은 의도의   endowment n. 기증, 기부

문장분석

■ As such, "non-strategic philanthropy" can be counterproductive, as was the case with the African aid. → as에 관련된 구문을 이용한 문장이다. as such는 '그와 같이' 라고 해석하면 되고, as was the case with는 주로 as is often the case with로 쓰이면서, '~에게는 흔히 있는 일이지만'으로 해석된다.

Unit 80 Keeping warm through sharing
|복싱 데이|

• 국제/문화 •

It may sound like a silly question, but the end of December, according to the solar calendar, was the season for festivals in the provinces along the Mediterranean and Europe. James George Frazer, the author of "The Golden Bough," explained in his book on ancient cults, rites and myths including their parallels with early Christianity, that Christmas was the combination of winter solstice festivals that previously existed in Europe and Christendom.

Even in the same Christian culture, there is a slight difference in the way people spend Christmas holidays according to the region. In Britain, Australia and Canada, they call Dec. 26, the day after Christmas, Boxing Day. This is the day when employers do something kind for their employees, and people donate money to the needy or give tips to postmen or street cleaners. In North American countries, it is also when retailers give the biggest discounts on their merchandise in the year.

There are various theories on the origin of the tradition of giving. They vary from a claim that it was in memory of the philanthropic acts of St. Stephen, who was an early Christian, to the explanation that it originated from the box in which sailors kept part of the freight and money as "God's share" praying for the safe sail of the ship during the era of great voyages. The box that was kept on board was handed over to the church when the ship arrived safely at the port, and then the clergymen opened the seal of the box on Christmas and distributed the goods in it to poor people.

At any rate, as the first thing that comes to mind at the suggestion of Christmas is presents, it is fully understandable that the following day became Boxing Day — the day for sending love to the neighborhood. It must mean that we who are wealthy enough to buy and enjoy Christmas presents should have consideration for others who cannot afford presents.

1. What's the passage about?
    (a) The commerciality of Boxing Day
    (b) The cult of Christmas
    (c) The origin of Boxing Day
    (d) Who was St. Stephen?

2. What happens on Boxing Day?
    (a) Everyone takes part in a street clean-up.
    (b) Employees donate some money to their employer.
    (c) Everybody goes back to work.
    (d) Shops open with huge discounts on products.

3. Which of the following is a way of describing Boxing Day traditions?
    (a) Those who have nothing envy the wealth of the rich people.
    (b) Those who have, give; those who don't have, receive.
    (c) If you can afford to buy Christmas presents, you didn't need them in the first place.
    (d) It is a day to wish all those you love the best in life.

4. What can be inferred from the passage?
    (a) "God's share" was used by the church for immoral purposes.
    (b) St. Stephen was a clergyman.
    (c) Sailors believed that God protected and guided their ships.
    (d) It is best to celebrate Christmas in a North American household.

Words & Phrases

province *n.* 지역   cult *n.* 예배, 의식, 종파   rite *n.* 의례, 의식   solstice *n.* (하지·동지의) 지점   the needy 빈곤한 사람   merchandise *n.* 상품, 재고품   philanthropic *a.* 박애주의의, 인정 많은   freight *n.* 화물, 선하, 운송   voyage *n.* 항해   clergyman *n.* 성직자   distribute *v.* 분배하다   at any rate 어쨌든   come to mind 생각이 떠오르다

문장분석

■ At any rate, as the first thing that comes to mind at the suggestion of Christmas is presents, it is fully understandable that the following day became Boxing Day — the day for sending love to the neighborhood.

→ as는 해석이 여러 가지로 되기에 주의해서 살펴보아야 되는데 이 문장에서는 as를 '~이므로'로 해석하면 된다. 중간에 주격 관계대명사 that이 the first thing을 수식하고 있다. 또한 주절에서의 it은 가주어 it이며, 진주어는 that 절 이하이다.

홍준기

전) 시설관리공단 영어과 출제위원
전) KBS 굿모닝팝스 독해 연재
현) 중앙일보(Korea JoongAng Daily) 객원해설위원
현) 중앙일보(Korea JoongAng Daily) 독해 연재 (2013~)
현) 박문각편입학원 총괄 디럭터 겸 대표교수

저서
리딩스펙트럼 (Ⅰ~Ⅳ), 리딩스펙트럼 콤팩트
오바마영어 직독직해/영작연습, 동의어 엑스퍼트
패러프레이즈 버스터 〈이상 종합출판 EnG〉
박문각편입 영어시리즈 〈㈜박문각출판〉
스타 영문법 사전 〈챔프스터디〉
프리미어 시사독해 실렉션 〈종합출판 EnG〉

The Best 리딩 스펙트럼 ② 문화 · 예술편

발 행 일 2020년 6월 15일(초판 1쇄)
저　 자 홍준기
발 행 인 문정구
발 행 처 종합출판 ｜ EnG
출판등록 1988. 6. 17 제 9-175호
주　 소 04002 서울시 마포구 월드컵북로5길 65 주원빌딩(4층)
홈페이지 www.jonghapbooks.com
전자메일 jonghap@jonghapbooks.com
대표전화 02-365-1246
팩　 스 02-365-1248

ISBN　978-89-8099-720-6　14740
　　　　978-89-8099-716-9　(set)

※ 낙장 및 파본은 바꾸어 드립니다.

「이 도서의 국립중앙도서관 출판예정도서목록(CIP)은 서지정보유통지원시스템 홈페이지(http://seoji.nl.go.kr)와 국가자료종합목록 구축시스템(http://kolis-net.nl.go.kr)에서 이용하실 수 있습니다.(CIP제어번호: CIP2020022487)」

READING

코리아 중앙데일리

The Best 리딩스펙트럼

|해석 · 해설 · 정답|

인문, 사회과학, 과학·기술 및 문화·예술 전영역을 다룬 영어신문 원문독해 시리즈 ② **문화·예술편**

Jonghap Books

The Best
READING Spectrum

문화 · 예술편

Jonghap Books

Unit 1 | The text generation
텍스트 세대

"10년 된 영어교재인데 요즘 들어 좀 더 쉽게 만들어달라는 고교 영어교사들의 요청이 이어지고 있어. 학생들이 너무 어려워한대." 영어 독해 교재를 만드는 출판사에 다니는 A가 모임에서 이야기했다. 다들 그의 얘기에 귀를 기울였다. 고등학생 영어실력이 예전보다 좋아졌을 텐데, 왜 영어교재를 이해하는 데 어려움이 있지?

그가 의외의 답을 내놨다. "영어실력 문제가 아니었어. 긴 지문을 읽고 이해하는 능력이 떨어진 거야. 그게 영어이든, 한국어이든." 고교 국어교사 B가 전혀 놀랍지 않다는 표정으로 이렇게 말한다. "국어시험을 보면 지문을 이해하지 못하는 애들이 수두룩해. 심지어 지문이 아니라 문제를 이해 못해서 틀려. '가장 거리가 먼 것'을 고르라고 했는데, 도대체 가장 거리가 먼 것이 무슨 뜻인지를 모르겠다는 거야."

C가 고개를 갸웃거리며 묻는다. "요즘 애들이 그렇게 읽기를 못한다면, 도대체 왜 유튜브에는 온통 자막을 달아놓는 거지? 맞춤법 엉망인 자막, 읽기도 괴로워." 다시 B가 나서서 정리해준다. "어려서부터 카카오톡으로 소통해온 텍스트 세대니까." 긴 글은 읽을 수 없고 추상적 표현은 이해 못하는 새로운 텍스트 세대가 탄생한 것이다.

미국 인지신경학자 매리언 울프는 저서 『다시, 책으로』에서 놀라운 연구결과를 소개했다. "길고 난해한 문장을 받아들일 수 있는 '깊이 읽기 회로'는 지속되지 않는다. 상당한 지적 수준의 독자라고 해도 책에 몰입하는 경험을 잃으면 '초보자 수준의 읽는 뇌'로 회귀한다." 몰입하는 독서의 경험, 당신은 얼마나 하고 있는지?

문제해설

1. 학생들 사이에서 글을 읽고 이해하는 능력이 과거에 비해 떨어졌음을 얘기하는 글이다. 그 이유로는 카카오톡 등으로 소통하는 텍스트세대의 문제점을 들고 있다. 그러므로 읽기 능력의 하락을 얘기한 c)가 정답이다.

2. 책에 몰입하는 경험이 많으면 많을수록 글을 이해하는 능력이 발달하고, 그러한 경험을 잃으면 다시 초보자 수준으로 회귀한다 하였으므로, 글에 몰입할수록 글을 더 능숙하게 잘 읽어낼 수 있다는 d)가 정답이다.

3. 길고 복잡한 문장을 읽어낼 수 있는 능력이 예전에 비해 떨어지고 있다. 그것이 영어로 된 글이건 한국어로 된 글이건 마찬가지(The ability to read and understand long texts has diminished, whether it is English or Korean)라고 앞부분에도 언급하고 있다. 그러므로 정답은 b)이다. a)의 경우, 영어와 한국어의 이해능력을 비교한 것이 아니므로 틀린 진술이며, c)의 경우 자막은 10대들의 독서능력과 무관하므로 역시 틀리다.

4. 길고 복잡한 문장을 이해할 수 있는 상당한 지식수준의 독자도 결국 초보독자로 돌아갈 수도 있다고 하였는데, '깊이 읽기 회로'는 지속되지 않는다(it doesn't last long)를 근거로 한 번 독서를 해 놓으면 끝나는 것이 아니라는 것을 알 수 있다. 또 뒤의 문장에서 얼마나 몰입하고 있는지를 묻는 문장으로 연결되는 것을 보면, 몰입하는 것이 중요하고 몰입하지 못하면 읽기능력이 떨어진다는 것을 암시하는 것이다. 그러므로 빈칸에 들어갈 표현은 "독서에서 몰입하는 경험을 잃는다면"이 올바른 표현이다. 그러므로 정답은 a)이다.

정답 1(c) 2(d) 3(b) 4(a)

Unit 2 | When the internet splits
인터넷 분열화

지난달 말 러시아는 국제 인터넷망을 대체할 국내용 네트워크 테스트를 성공적으로 마쳤다고 발표했다. 러시아는 이에 앞서 작년 초에 자국만의 독자적인 인터넷망을 만드는 법안을 통과시킨 바 있다. 만약 계획대로 이행할 경우 러시아인들은 세계인이 사용하는 국제 인터넷망으로부터 완전히 단절되거나, 그렇지 않더라도 러시아 정부가 승인한 정보만을 접할 수 있게 된다. 즉, 국가의 정보통제가 용이해지는 것이다.

러시아뿐 아니다. 중국은 이미 오래전부터 유튜브, 구글 검색, 페이스북, 인스타그램, 넷플릭스 같은 서비스는 물론 해외의 유명 언론매체도 차단하는 소위 만리방화벽(Great Firewall) 정책을 취하고 있다. 이를 통해 자국의 인터넷 산업을 육성하는 한편, 정부가 원하지 않는 정보의 유통을 차단하고 있다. 이란과 북한 등의 국가에서도 비슷한 방법을 사용 중이다.

전문가들은 과거에는 전체주의 국가들에 국한되었던 이런 시도가 이제 '인터넷 분열화(internet disintegration)' 혹은 '스플린터넷(Splinternet=splint+internet)'이라는 하나의 세계적인 추세로 발전하고 있다고 우려한다. 중국, 러시아 외에도 심지어 서방세계 국가들 사이에서도 인터넷을 어떻게 관리하느냐를 두고 의견이 갈리면서 미국 버전의 인터넷과 유럽 버전의 인터넷이 탄생 중이다. 전자의 경우 국가안보와 범죄예방에 초점을 맞추고 있다면, 후자의 경우 프라이버시와 개인의 보호를 강조하는 새로운 규칙을 만들고 있다.

이렇게 국가와 지역별로 서로 다른 기준과 접근성을 가진 인터넷이 탄생하게 되면 국제적인 정보의 교환은 물론, 국제금융과 무역에도 영향을 줄 수밖에 없다. 과거 누구나 접근 가능한 '정보의 바다'로 비유되던 하나의 글로벌 인터넷이 서로 분리된 크고 작은 연못처럼 변할지도 모른다.

문제해설

1. 자유로운 정보의 장소이던 인터넷 공간이 이제 각국의 이해관계에 따라 분열되고 있다는 내용이 큰 축이다. 그러므로 정답은 a)이다.

2. 중국, 러시아, 북한, 이란 등은 자국의 인터넷 산업을 육성하는 한편, 자국이 승인한 정보만을 접할 수 있게 하여 정부가 원하지 않는 정보의 유통을 차단하고 있다. 그러므로 정답은 b)이다. c)처럼 서양에서 자국을 전체주의 국가로 볼 것이라는 내용이나, d)에 나온 국가 안보나 온라인 공격에 대한 대비는 전혀 본문에 없는 내용이다.

3. 러시아나 중국 같은 국가들은 표면적으로는 정보의 바다라는 인터넷 환경을 지지하는 것처럼 보이지만, 실상은 자국이 승인한 정보만을 접할 수 있게 하여 정부가 원하지 않는 정보의 유통을 차단하고자 한다. 결국 인터넷을 통한 정보의 통제를 하고자 하는 것이 목적이다. 정답은 c)이다.

4. '정보의 바다'로 비유되던 하나의 글로벌 인터넷이 각국이 추구하는 바에 따라 각각의 인터넷 버전이 발생할 조짐을 보이고 있다. 그러므로 분리되고 나눠진

다는 의미가 들어가야 한다. 정답은 d)가 된다.

정답 1(a)   2(b)   3(c)   4(d)

Unit 3 | Is a college degree necessary?
대학 졸업장이 꼭 필요한가?

"대학 졸업장은 있어야 밥 벌어 먹고산다." 예나 지금이나 한국 부모들이 하는 말이지만 나는 그게 사실인지 궁금하다. 대졸 20대 실업자 수는 매년 20만 명 정도이다. '대학 졸업장을 갖고도' 밥을 못 벌어먹는 청년이 절대 적지 않은 게 현실이다. '크리에이터' '아이돌 가수' 같은 직업이 롤 모델이 되면서 대학에 가지 않아도 되는 시절이 온 것처럼 느껴지기도 한다.

최근 월스트리트저널(WSJ) 보도를 보면 또 다른 생각이 든다. WSJ는 지난 9일 '미국 제조업은 블루칼라 일자리에 화이트칼라를 원한다'는 기사를 게재했다. 연방정부 데이터를 분석해봤더니 미국 제조업 공장에서 일하는 직원 가운데 대졸자 비율이 사상 최고를 기록했다는 것이다. 2000년 29%였던 대졸자 비율은 올해 40.9%까지 올라갔다. 같은 기간 고졸자 비율은 53.9%에서 43.1%로 낮아졌다. 이는 자동화 설비와 로봇의 도입 때문이다. 2012~2018년 전체 고용은 3% 줄었지만, 복잡한 기계를 다룰 수 있는 직원의 고용은 10% 늘었다. 단순직 노동자는 일자리를 잃은 반면, 첨단 기계 관련 교육을 받은 '대졸' 노동자는 증가했다.

한국 상황도 다르지 않다. 제조업체들은 자동화 설비와 로봇으로 사람의 자리를 대신한다. 제조업 일자리가 줄어드는 것 같지만, 첨단 기계를 다루는 일자리는 증가한다. 앞으로도 새로운 산업변화에 따라 '교육받은' 노동력의 수요는 계속 늘어날 게 틀림없다. 다시 '대학 졸업장이 있어야 밥 벌어먹는' 세상이 될까. 그건 아닐 것 같다. 산업의 변화에 맞는 전문교육을 받은 사람이 경쟁력을 갖게 될 것이다.

문제해설

1. 대학 학위가 직업을 구하는 데 필요한지에 대해 일부 부정적인 의견도 있지만, 향후 기술의 발전을 볼 때 전문교육을 받은 사람들만이 구직시장에서 살아남을 수 있다. 그러므로 대학교육은 필수적이라는 주제의 내용이고 정답은 c)이다.
2. 설비의 자동화와 로봇의 도입(the facility automation and introduction of robots)으로 인해, 이런 시설들을 운용할 수 있는 전문적인 교육을 통해 능력을 갖춘 대졸자들에 대한 수요가 증가하였다. 그러므로 정답은 a)이다.
3. 점점 더 자동화되어 가면서, 고졸자 (고용)비율은 53.9%에서 43.1%로 낮아졌다. 즉 고졸자들이 일자리를 잃어가고 있다는 d)가 정답이다. 참고로 b)의 경우는 이전의 최고치까지 올라갔는지는 본문에 전혀 언급이 없다.
4. 글의 마지막에 그렇다면 대학교육은 여전히 필요한지의 의문에 대해 그렇다는 응답이 나와야 하며, 이를 비유적으로 표현하여 기술의 발전으로 향후 일자리를 얻기 위하여 전문교육을 받아야 한다고 하였다. 그러므로 b)가 들어가는 것이 타당하다. d)는 마지막 문장과 전혀 관련 없는 일반적인 이야기일 뿐이다.

정답 1(c)   2(a)   3(d)   4(b)

Unit 4 | Cyberbullying is a crime
악플은 범죄다

뉴스 범람의 시대라 벌써 유명인들의 사망에 대한 울림이 사그라지고 있지만, 고(故) 최진리씨(설리)와 고(故) 구하라씨의 명복을 빈다. 얼마나 지났다고, 이들이 사망한 지 얼마 안 돼서, 이젠 심지어 펭귄 캐릭터 펭수까지 악플에 시달린다고 한다. 악플러 중 상당수가 별생각 없이 악플을 단다는 점이 어처구니없다. 최근 한 설문조사(인크루트·두잇서베이) 결과에 따르면 성인 3,162명 중 '악플을 단 경험이 있다'는 응답자가 전체의 5%였다. 악플을 단 이유는 분노(55%), 시기와 질투(16%), 스트레스 해소(15%), 단순 장난(9%)이었다. 악플러 다섯 중 한 명은 익명성 뒤에 숨어 스트레스를 풀거나 심심풀이를 했던 셈이다. 국가 운명에 대한 고매한 비전과 치밀한 분석, 노벨문학상급 표현을 악플에 기대하는 건 아니지만 좀 심하다.

악플은 국제사회에서도 골칫거리다. 버락 오바마 전 미국 대통령은 지난달 사이버 왕따 문화인 '캔슬 문화(cancel culture·비판 대상의 존재 자체를 '소멸'시킨다는 온라인 왕따)'에 대한 반대 목소리를 냈다. 영국 윌리엄 왕세손은 2017년부터 사이버 왕따(cyber bullying) 반대 캠페인을 이끌고 있다. 국경없는 기자회(RSF)도 지난해 악플의 폐해를 다룬 보고서를 펴냈는데, 스웨덴·핀란드에서도 약 3분의 1의 기자들이 악플에 시달리고 있다고 한다. 영국의 독립 언론인 존 론슨은 악플 등 인터넷 스캔들로 황폐해진 경우들을 추려서『공개 망신을 당했다고? (So You've Been Publicly Shamed)』라는 제목의 책을 냈다. 악플 피해자뿐 아니라 악플러를 직접 찾아가 속내를 인터뷰하였다. 대다수 악플러는 "이렇게까지 일이 커질 줄은 몰랐다"거나 "실제 아는 사람이었으면 그렇게까지 공격하진 못했을 것"이라며 미안해한다. 하지만 사람 목숨까지 앗아갈 수 있는 악플은 범죄다.

문제해설

1. 악플로 인하여 목숨을 끊는 사람이 있을 정도로 심각하지만, 악플을 다는 사람들은 단지 스트레스 해소나 재미를 위해서 하는 사람들이 있을 정도로 경각심이 없는 현실을 알리고 있다. 그러므로 사이버 폭력인 악플의 문제점과 부작용에 대하여 언급한 c)가 정답이다.
2. 영국의 독립 언론인 존 론슨은 자신의 저서『공개 망신을 당했다고? (So You've Been Publicly Shamed)』에서 악플러들을 상대로 인터뷰를 진행하였고, 그 결과 이들은 인터넷의 익명성을 이용하여 악플을 달고 있다는 것을 보여주었다. 그러므로 악플러는 키보드의 익명성 뒤에 숨고 있다는 b)가 정답이다.
3. 존 론슨이 사이버불링에 대하여 자신의 경험을 바탕으로 책을 냈다는 a)는 틀린 진술이다. 일부는 악플을 재미나 스트레스 해소로 달았다고 하였으므로 b)는 올바른 진술이고, d)처럼 유명인들의 잇따른 죽음으로 사람들이 점차 이러한 충격에 면역되어 간다는 것 역시 올바른 진술이다. 그러므로 정답은 a)이다.
4. 빈칸에는 고귀한 비전이나 노벨 문학상 수준의 표현에 상응하는 긍정적인 내용이어야 한다. 그래야만 그 정도로 대단한 것을 기대한 것은 아니지만, 너무 지나치다는 내용으로 이어질 수 있다. 그러므로 정답은 d)이다.

정답 1(c)   2(b)   3(a)   4(d)

Unit 5 | Mansplaining
잘난 척하는 남자들

　세계 여성의 날을 전후해 소셜네트워크서비스(SNS)상에서 '맨스플레인(mansplain)'이라는 단어가 화제에 올랐다. '남자(man)'와 '설명하다(explain)'를 결합한 것으로, 2014년 Macquarie 사전에 '올해의 단어'로 뽑혔다. 그런데 이게 무슨 뜻일까? 옥스포드 영어사전에 따르면 '맨스플레인(mansplain)'은 '(남자가) 대체적으로 여자에게 잘난 체하며 아랫사람 대하듯 설명하는 것'을 말한다. 보다 쉽게 풀어 쓰자면 "여자인 네가 알아봐야 얼마나 알겠니, 이 오빠가 설명해줄게" 정도이다.

　맨스플레인이라는 단어의 시작은 문화비평가 레베카 솔닛이 2008년 LA타임스의 블로그 포스트에 '남자들은 자꾸 날 가르치려 든다. 사실은 그들에게 문제가 되지 않았다.'라는 제목으로 게재한 글에서부터 비롯됐다. 솔닛은 몇 년 전 자신이 한 남성과 나눈 대화에 관한 이야기를 했다. 솔닛이 "(움직이는 말 사진으로 유명한) 에드워드 머이브릿지에 관한 책을 썼다"고 자신을 소개하자, 그 남자는 솔닛의 말을 뚝 끊고는 "올해 머이브릿지에 관한 중요한 책이 출간된 걸 아느냐"며 떠들었다. 솔닛 친구가 "바로 그 책을 얘(솔닛)가 썼다니까요."라고 서너 차례 말하고 나서야 그 남자는 비로소 상황을 파악했다. 알고 보니 그는 그 책은 읽지도 않고 두어 달 전 이 책에 관한 뉴욕타임스 서평을 읽은 게 전부였다.

　솔닛이 든 이 사례가 극적이기는 하지만 그다지 드문 일도 아니다. 정도의 차이만 있을 뿐 많은 여성이 일상생활 속에서 비슷한 상황과 맞닥뜨린다. 오죽하면 솔닛이 "일부 남성, 그리고 모든 여성은 내가 무슨 말을 하는지 알 것"이라고 했을까. 이건 단지 개인에게 일어난 해프닝으로 끝나는 게 아니라 여성인권 문제까지 이어진다. 어디에 서서 바라보느냐에 따라 보이는 세상은 달라진다. 성차별 같은 얘기까지 굳이 할 필요도 없다. 남성은 여성의 자리, 여성은 남성의 자리에서 세상을 바라보는 건 어떨까?

문제해설

1. '맨스플레인(mansplain)'이라는 단어가 뜻하는 것이 무엇인지를 유래에서부터 의미까지 자세히 살펴보고 있는 글이다. 그러므로 정답은 (c)이다.

2. 솔닛이 사례로 든 남성은 사실 머이브릿지에 관해 아는 것이 별로 없으며, 단지 두어 달 전 이 책에 관한 뉴욕타임스 서평을 읽은 게 전부였다. 그러므로 그가 머이브릿지의 전문가라는 (c)는 틀린 진술이다.

3. 솔닛이 접한 사례는 정도의 차이만 있을 뿐 많은 여성이 일상생활 속에서 이런 상황과 자주 맞닥뜨린다. 그러므로 거의 모든 여성들이 계속해서 맨스플레인을 접하고 있는 것을 추론해낼 수 있다. 참고로 (b)나 (c)처럼 여성들이 다른 여성들에게 그렇게 대한다거나, 모든 남성들이 다 그렇다는 것을 끌어낼 수 있는 근거는 없다.

4. 단지 가끔씩 남성은 여성의 자리, 여성은 남성의 자리에서 세상을 바라보는 건 어떨까? 라는 의미는 남녀 모두 반대의 입장에서 생각해 볼 필요가 있다는 것이다. 그러므로 정답은 (a)이다.

정답 1(c)　2(c)　3(d)　4(a)

Unit 6 | Our athletes' invincible spirit
인빅투스

　기적은 고통과 함께 온다. 영국 시인 윌리엄 어니스트 헨리(1849~1903)의 삶도 그랬다. 그는 12살 때 골결핵에 걸려, 몇 년 후 왼쪽 무릎 아래를 잘라내는 대수술을 받아야 했다. 하지만 시인은 항상 쾌활하고 열정적이었다. 소설가 로버트 루이스 스티븐슨은 떡 벌어진 덩치에 목발을 짚고 다니던 친구를 『보물섬』에 등장시켰다. 외다리의 해적인 Long John Silver라는 유명한 등장인물은 바로 스티븐슨의 실제 친구인 헨리에 영감을 받은 것이었다.

　'인빅투스'는 헨리가 1875년 쓴 시다. 인빅투스(invictus)라는 제목은 '굴하지 않는'이라는 뜻의 라틴어이다. 이 작품을 쓰기 몇 년 전 그의 오른쪽 다리에도 감염이 진행됐다. 의사들은 절단수술을 받아야 목숨을 건진다고 했지만 시인은 동의하지 않았다. 대신 3년에 걸쳐 집중 치료를 받았고, 이후 30년 더 살았다. 이 시에는 고통을 넘어선 자의 환희가 담겨 있다. "온 세상이 지옥처럼 캄캄하게/나를 엄습하는 밤 속에서/나는 어떤 신들에게든/내 굴하지 않는 영혼을 주심에 감사한다. (…) 천국 문이 아무리 좁아도/저승 명부가 형벌로 가득 차 있다 해도/나는 내 운명의 지배자요/내 영혼의 선장인 것을". 아마도 헨리가 고통 앞에서 움츠리지 않으려는 거절이 질병에도 굴하지 않고 힘 있게 견딜 수 있도록 도왔을지 모른다.

　'인빅투스'는 27년간 감옥살이를 했던 남아프리카 흑인 지도자 넬슨 만델라의 애송시이기도 했다. 클린트 이스트우드 감독의 2009년작 '우리가 꿈꾸는 기적: 인빅터스(invictus의 영어식 발음)'를 보면 남아프리카 공화국의 대통령이 된 만델라가 국가대표 럭비팀 주장을 불러 이 시를 읽어주는 장면이 나온다. 시인과 남아프리카 공화국의 지도자가 함께 공유했던 불굴의 정신은 당시 최약체로 평가받던 꼴찌 럭비팀을 일으켜 세운다. 1995년 월드컵 결승전에서 역대 최강팀 뉴질랜드를 꺾는 이변이 연출된 것이다.

문제해설

1. 헨리가 쓴 '인빅투스'를 중심으로 글이 전개되고 있다. 이 시를 통해서 글쓴이가 드러내고자 하는 궁극적인 내용을 이끌어내야 한다. 자신의 삶을 그대로 투영하고 있는 '인빅투스'라는 시에서도 알 수 있듯이 '굴하지 않는 정신'이 바로 글의 핵심이다. 본문 마지막 문단에서도 만델라를 통해 '불굴의 정신'을 전달하고 있다.

2. 헨리와 만델라는 같은 시대와 같은 장소에 살았던 사람이 아니다. 세 번째 문단에서 영화를 통해 등장하는 만델라는 헨리가 쓴 '인빅투스'를 주장에게 읽어줌으로 불굴의 정신을 심어주려 했을 뿐이다. 둘이 친구라는 이야기는 없다.

3. 세 번째 문단에서 보기 (a)에 대한 내용이 등장한다. 즉, '우리가 꿈꾸는 기적: 인빅터스'에서 만델라 대통령이 국가대표 럭비팀의 주장을 불러 읽어주는 내용이 등장한다고 명시되어 있다. (b)는 본문 마지막에 등장하는 내용이다.

4. 세 번째 문단에서 알 수 있듯이 약체팀으로 평가받는 남아프리카 공화국이 뉴질랜드를 이기게 되는 극적인 동기부여를 제공해 주고 있다.

정답 1(c)　2(b)　3(a)　4(c)

Unit 7 | Articles of suppression
부르카

　서구 여자들이 발이 보이는 옷을 입는 것이 허락된 건 100년도 채 안 된 일이다. 20세기 초만 해도 판탈레츠와 겹겹의 속치마를 두르고도 행여 다리가 보일까 치마 뒤끝을 질질 끌고 다녔다. 빅토리아 여왕이 다스리던 영국에선 책상 다리나 피아노 다리까지 천으로 감쌌다고 한다. 망측하단 이유로 닭고기 다리를 '검은 고기', 가슴살은 '흰 고기'라 에둘렀을 정도다. 하지만 가린다고 능사가 아니다. 영국의 미술 사학자인 제임스 레이버는 "옷으로 감출수록 오히려 남성들의 에로틱한 관심이 높아진다"고 말한다.

　그러나 이슬람교 쪽에선 수긍하지 않는다. 이들은 여성이 집 밖에서 자신의 신체를 덮지 않는 것은 코란에 반하는 것이라고 믿기 때문이다. 얼마 전 이란의 한 고위 성직자는 빈발하는 지진마저 '헐벗고' 다니는 여성을 탓이라고 비난했다. 여자들의 야한 옷차림 때문에 남자들이 유혹을 못 이겨 이슬람 사회의 도덕이 문란해지자 신이 징벌에 나섰단 거다. 원래 이란 여성들은 사람들이 있는 데서 얼굴과 손을 뺀 몸 전체를 덮는 차도르를 써야 한다. 코란의 가르침에 따르면, 여자들은 "질밥(이슬람권에서 여자들이 옷 위에 걸쳐 입는 천: 역자 주)으로 몸을 가려서 신자임을 나타내야 하며 그렇게 해야 해를 당하지 않을 것이며, 은밀한 부위를 가리고 (혈연관계가 아닌 남자들과 있을 때는) 키마르를 둘러 가슴을 가리도록 해야 한다"는 것이다.

　히잡·니캅·부르카 등 명칭은 달라도 여타 이슬람 국가들 역시 여성들이 노출을 막는 옷을 입도록 강요한다. 가장 극단적인 게 눈 부위조차 촘촘한 망사로 가리는 부르카다. 아프가니스탄 출신 작가 할레드 호세이니는 소설『천 개의 찬란한 태양』에서 아내에게 부르카를 입혀놓곤 금발 미인의 누드 일색인 도색잡지에 탐닉하는 카불 남자들의 이중성을 고발했다.

　최근 벨기에가 유럽 국가 중 처음으로 공공장소에서 부르카 착용을 금지하는 법안을 통과시켰다. 프랑스도 부르카가 "여성의 인격을 침해한다"며 조만간 금지법을 추진할 참이다. 그러나 반론도 만만치 않다. 부르카를 못 입게 하면 집에만 갇히게 된다는 주장이다. 무슬림이란 정체성을 표현하고자 자발적으로 입는 경우도 많기에 종교 차별이란 지적도 나온다. 몇몇 유럽 국가의 경우 부르카를 금지하는 이유로서 여권을 운운하지만, 이들은 또한 중동에서 들어오는 이민자의 유입을 견제하려는 금지령으로 사용한다는 비판을 받아왔다. 그러나 결국 여성의 옷을 규제하려는 시도는 동일한 결과 즉, 억압의 결과를 가져올지 모른다.

문제해설

1. 본문에서 궁극적으로 다루려는 내용이 시작하는 곳은 마지막 문단이다. 최근 유럽에서 공공장소에서 부르카 사용을 금지시키는 법령 통과에 대한 논란을 다루고 있다. 전체적으로 긴 지문이지만, 첫 번째 문단, 두 번째 문단은 여성의 신체를 가리는 행위를 언급하면서 자연스레 글의 중심 소재인 부르카를 이끌어내고 있다.

2. 본문에 언급된 구체적 근거를 찾아 답해야 한다. Khaled Hosseini가 등장하는 곳을 보고, 부르카에 대해 구체적으로 어떤 비판을 했는지 찾는다. 그가 비판한 내용은 이슬람 남성들은 자신의 부인이 얼굴을 남에게 드러내지 않도록 부르카를 쓰도록 하지만, 정작 자신은 외설적인 잡지에 탐닉하는 모습의 이중성을 드러내고 있다. 이런 이중성을 가장 잘 드러내는 보기는 (d)이다.

3. 부르카를 금지하는 법에 반대하는 사람은 바로 부르카를 입는 것을 주장하는 일반 이슬람인들의 주장이다. 보기 (b)와 같은 경우는 문제의 '부르카를 금지하는 법을 반대하는 사람'과 정 반대의 주장을 드러내고 있기에 적당하지 않다. 두 번째 문단의 첫 번째 문장에서 드러나는 이슬람교의 주장처럼 여성이 자신의 몸을 집 밖에서 드러내는 것은 코란에 어긋난다는 내용과 일치하는 주장인 보기 (a)가 가장 적절하다.

4. 지진이 일어난 것은 코란의 명과는 달리 여성이 제대로 옷을 입지 않았기에 신이 노하여 일어났다는 주장이다. 보기 항 (a)가 정답이다.

정답　1(d)　2(d)　3(a)　4(a)

Unit 8 | Suicide's long, dark shadows
떠난 자와 남은 자

　자살이 자살자의 가족과 공동체의 수치로 여겨지게 된 것은 역사적 뿌리가 깊다. 기원전 4세기에 그리스의 철학자 아리스토텔레스는 자살을 사회에 대한 책무를 비겁하게 회피하는 것으로 간주했다. 고대 아테네에서는 법적으로 가족들이 자살자의 장례를 치를 수 없고, 그 시신이 도시 변두리에 비석 없이 매장되어야 했다. 중세 유럽에선 자살을 '악마의 속삭임'에 넘어간 결과라고 봤다. 자살자의 가족은 공동체에서 추방되고, 재산과 집도 빼앗겼다. 유럽에서는 계몽주의 시대를 거쳐 19세기에 이르러 사람들이 자살을 다른 시각으로 보기 시작했다. 악마의 유혹이 아니라 우울증 같은 병이 자살의 원인이라고 인식하게 된 것이다. 그리하여, 자살자는 '처벌의 대상'에서 '치료의 대상'이 됐다. 그러나 의학계에서는 자살을 유전적 요인으로 보았던 탓에 자살자의 가족은 죄책감과 수치심이란 굴레에서 좀처럼 벗어나지 못했다. 한 사람의 자살이 유가족에게 치명적 상처를 남기는 건 동서고금(東西古今)이 다를 리 없다. 커다란 충격과 슬픔, 죄책감, 분노에 더해 자살자의 가족이라는 낙인(烙印)까지 감내해야 한다. 이는 우울증으로 이어져 유가족마저 자살을 생각하게 하는 비극을 낳기도 한다. 미국 존스홉킨스 아동센터의 최근 조사에 따르면 부모가 자살한 아이는 자살을 선택할 위험이 다른 아이들보다 세 배나 높다.

문제해설

1. 자살에 대한 다양한 반응을 살펴보고 있다. 자살이 주변의 사람들에게 어떤 반응을 일으키는지 시간의 흐름에 따라 전개되고 있다. 아리스토텔레스를 언급하면서 고대에는 자살이 사회적 책임감을 회피하는 것으로 보았다. 중세에는 '악마의 속삭임'으로 보아 종교적 관점에서 모욕과 비난을 받았다. 계몽시대를 거쳐 19세기로 넘어오면서 자살을 치료의 대상으로 파악하는 내용이 이어지고 있다.

2. 본문 마지막의 미국 존스홉킨스 아동센터의 최근 조사에 따르면 자살한 부모의 자식은 그렇지 않은 부모의 자녀보다 자살률이 3배가 높다는 점에서 보기 (c)를

이끌어 낼 수 있다.

3. 아리스토텔레스는 자살한 사람은 사회적 책임감을 회피하는 것으로 보았기에 'blameless'가 아니라 비판의 대상이 된다. (a)는 잘못된 표현이다. 본문에서 계몽시대를 지나면서 자살에 대한 견해가 '처벌의 대상'에서 '치료의 대상'으로 바뀌었다고 했으므로 보기 (d)는 옳다.

4. '커다란 충격과 슬픔, 죄책감, 분노에 더해 자살자의 가족이라는 낙인(烙印)까지 감내해야 한다.'에서 알 수 있듯이 보기 (d)는 옳지 못하다.

정답 1(a) 2(c) 3(a) 4(d)

Unit 9 | Battling it out on the football pitch
전쟁과 축구

'남미의 나폴레옹'을 자처하던 파라과이의 야심찬 독재자 프란시스코 솔라노 로페스로 인해 1864년에서 1870년 사이에 삼국동맹전쟁이 시작됐다. 브라질의 군대가 우루과이를 침공한 후, 로페스는 브라질과 아르헨티나 모두에 선전포고를 하기로 결심한다. 잘 준비돼 있었던 파라과이군은 개전 초 두 나라에 대항해 잘 싸웠지만, 로페스 정권의 외교 부재로 우루과이가 등을 돌리게 되었다. 두 나라와 싸우는 대신, 파라과이는 브라질, 아르헨티나 그리고 우루과이의 삼국동맹에 맞서야만 했다.

1869년 파라과이의 수도 아순시온이 동맹군에 의해 함락되고, 1870년 파라과이 북부 국경 지역에서 군대 잔당들과 함께 싸우던 로페스가 사살되면서 전쟁은 막을 내렸다. 무모한 전쟁의 결과는 참혹했다. 약 9만에서 10만의 군인과 시민이 동맹국 편에서 죽음을 당하고, 파라과이는 전쟁 전 52만 명이던 인구가 22만 명으로 감소했다. 대부분의 파라과이 남성 인구가 죽임을 당했다. 역사가들은 살아남은 남성 인구가 총 2만8,000여 명뿐이었다고 추정한다. 남미 지역 국가들이 월드컵에서 경기하는 것을 보면 그 삼국동맹 전쟁을 떠올리지 않을 수 없다. 경기 전반에 흐르는 공격적인 경쟁과 민족주의로 인해 나는 축구선수들이 경기장에서 역사적 투쟁을 다시 재현하는 듯 느껴졌다. 미국의 인류학자 리처드 사이프스는 1973년 "축구와 같은 스포츠는 갈등 주체 간의 공격적 긴장을 해소시켜 전쟁의 대안으로 기능한다"고 주장한 바 있다. 1970년대 미국과 중국은 이러한 생각에서 득을 얻었다. 미국 정부의 전략인 중국에서 경합을 벌이는 탁구 선수와 관련된 '핑퐁 외교정책'은 냉전시대에 미국과 중국의 차가운 관계를 녹이는 결과를 가져왔다. 우리는 또 다시 긴장감이 고조될 때, 말도 안 되는 투쟁으로 죽은 이들을 생각하고, 경기장에서 이것을 표출하는 이득을 고려해 볼 필요가 있다.

문제해설

1. 본문 마지막 문장에서 글쓴이의 주장이 드러난다. 글의 초반부에서 드러나는 독재자 프란시스코 솔라노 로페스로 인해 많은 이들이 죽게 되는 전쟁의 무용성을 주장하면서, 이러한 충돌을 경기장에서 푸는 지혜를 발휘할 필요가 있는 내용이 골자이다. 이러한 내용을 가장 잘 드러내는 보기는 (b)이다.

2. '핑퐁 외교전략'이 구체적으로 언급된 본문을 찾고, 그것의 의미와 역할을 먼저 파악해야 한다. 본문 마지막 문단에서 미국은 중국에서 자국의 탁구선수가 경합을 벌이게 하면서 자연스레 양국 간의 정치적 긴장감을 완화시키려 했다는 내용을 확인할 수 있다.

3. 두 번째 문단에서 구체적 수치를 들었듯이, 많은 군인과 민간인이 목숨을 잃었는데 파라과이의 경우 남자 인구의 대부분을 잃을 정도로 심각하다고 언급하고 있다.

4. 본문 초반에 (a)에 대한 내용이 언급되어 있고, 파라과이는 초기에 전쟁에서 상황이 좋았다('잘 준비돼 있었던 파라과이군은 개전 초 두 나라에 대항해 잘 싸웠지만'). '로페스 정권의 외교 부재로'라는 내용에서 보기 (c)는 옳지 못함을 알 수 있다.

정답 1(b) 2(a) 3(b) 4(c)

Unit 10 | What 'mancession?'
맨세션

대부분 산유국에서 석유는 '약'이 아니라 '독'이다. 오일 머니에 취해 다른 산업 분야의 경쟁력을 키우는 데 소홀해지기 때문이다. 이른바 '자원의 저주'다. 중동 여성의 지위가 유독 열악한 것도 이 저주 탓이 크다는 게 마이클 로스 미 UCLA 교수(정치학)의 주장이다. 석유 수출국들이 석유 판 돈으로 값싼 수입품을 사들이니 의류·신발 등 노동 집약적 제조업 분야가 타격을 입게 되는데, 전통적으로 이런 업종은 여성들이 종사한다. 집을 벗어나 바깥일을 해야 권익 향상도 외칠 텐데 중동 지역 여성들에게는 그럴 기회가 원천 봉쇄된다는 거다. 반면 오일 붐은 건설업 등 남자들 일자리를 대량으로 만들어내 남성 우위 체제를 공고화한다.

그런데 요즘 글로벌 금융위기는 정반대 현상을 낳고 있다. 남자들이 일자리를 더 많이 빼앗긴다. 미국만 봐도 2007년 이래 사라진 일자리 1,100만 개 중 3분의 2가 남자들 것이었다. 이러한 경제 불황이 여러 나라에서 왜 '맨세션'이 되었는지에 대한 이론은 여러 가지 있다. 그 중 하나는 금융과 건설 분야가 직접적으로 영향을 받은 반면, 전통적으로 여성을 더 많이 고용하는 건강과 교육 분야는 시장에 민감하지 않기 때문이다.

또 다른 이론은 남성의 평균 임금이 여성의 임금보다 더 높기에 임금이 높은 직원부터 항상 해고된다는 내용이다. 최근 경제협력개발기구(OECD) 보고서에 따르면 금융위기 이후 딱 한 나라를 빼곤 전 회원국에서 남성의 실업 증가율이 여성보다 높았다. 이런 추세가 상당한 사회적 변화를 불러오리란 예측이 많다. 남편 대신 가장 노릇을 하는 여성이 많아지면서 가사와 아이 양육이 동등하게 이뤄질 거란 예상도 그 중 하나다. 여성의 경제력이 증가하면서, 남녀 임금의 차도 줄어들 것이라고 예측하는 사람도 있다.

문제해설

1. 본문에서 반전이 일어나는 두 번째 문단부터 글쓴이가 궁극적으로 이야기하려는 내용이 등장한다. 즉, 경제 불황으로 인해 앞에서 언급한 남성우위 체제가 흔들린다는 내용이다. 즉, 불황이 남성에 어떤 영향을 미치고 있는지를 분석한 글

이다.
2. 중동은 석유로 판 돈으로 값싼 의류와 신발을 수입한다고 했기에 보기 (a)와 같이 의류산업이 번창한다는 말은 옳지 못하다. 오일 붐으로 남성 위주의 직업군이 형성되어 여성은 집 밖에 나갈 기회조차 봉쇄된다고 한 동시에, 이러한 것은 여성의 권익을 향상시키는 데 도움이 되지 않는다고 했다. 나머지 보기 항은 모두 옳다.
3. 본문에 언급된 '맨세션'에 대한 두 번째 이론인 '또 다른 이론은 남자의 평균 임금이 여성의 임금보다 더 높기에 임금이 높은 직원부터 항상 해고된다는 내용이다'에서 보기 (d)가 옳음을 알 수 있다.
4. 본문 마지막에서 사회적 변화가 일면서 남편 대신 여성이 가장의 노릇을 담당하고 가사와 아이 양육이 동등하게 이루어지고, 남녀 임금 차도 줄어들 것이 언급되어 있다. 가정 내 남녀의 역할 변화를 언급한 (a)는 옳다.

정답 1(b)   2(a)   3(d)   4(a)

Unit 11 | A worthy adversary
악역

　드라마에서 악당은 주인공을 빛나게 만드는 역할이다. 조커가 없는 배트맨은 어떨까? 그저 깡패나 상대하는 용감하고 생각이 깊은 시민에 지나지 않았을까? 생각해보면, 배트맨이 영웅처럼 보이는 이유는 바로 조커가 아주 악당이기 때문이다. 아카데미 사상 최다 남자 배우 후보로 지명된 잭 니컬슨과, 2008년에 비극적으로 타계한 청춘의 우상 히스 레저가 연기한 '악역(惡役)' 조커의 존재감이 오히려 주인공을 압도할 정도였다. '슈퍼맨' 최대의 적이자 악마적인 천재인 렉스 루터, '스파이더맨'의 고블린과 닥터 옥토퍼스도 동일하게 적용된다. 우리는 악당이 얼마나 악하냐에 따라 우리의 영웅에 더욱 열광하고 이러한 예는 수도 없이 많다. 007시리즈의 제임스 본드 역시 제1탄 '살인 면허'에서 악당으로 명명된 닥터 노, '카지노 로얄'의 르 쉬프르가 없다면 단지 매력적인 플레이보이에 불과했을 것이다. 비슷하게, 악역이 없으면 맥 빠지는 게 서부극이다. 리 밴 클리프는 무법자 역(役)으로 독보적이다. 데뷔작 '하이 눈'에서 그의 불량함은 째깍째깍 시계 소리와 더불어 극적 긴장도를 한껏 높인다. 결국 '각본대로' 주인공 게리 쿠퍼의 총에 쓰러지면서 영웅 탄생을 돕지만, '황야의 무법자'에서는 착한 역의 클린트 이스트우드가 악당 밴 클리프를 죽일 때 관중은 열광한다.

문제해설
1. 영화나 드라마에서 주로 영웅을 더욱 빛나게 만드는 악당에 대한 내용을 다양한 예를 통해서 전개하고 있다. 보기 (a)를 조심해야 한다. 본문은 진정한 영웅이 되기 위한 자질에 관한 내용은 아니다. 악당은 영웅을 더욱 돋보이게 하는 관계를 형성한다는 내용이다.
2. 말 그대로 악당이 악할수록 영웅은 더욱 빛이 난다는 뜻이다.
3. '우리는 악당이 얼마나 악하냐에 따라 우리의 영웅에 더욱 열광하고 이러한 예는 수도 없이 많다.'에서 알 수 있듯이 악당은 오히려 관중에게 영웅을 더욱 부각시켜주는 역할을 한다. 본문 마지막의 클린트 이스트우드의 예를 통해서도 잘 드러난다.
4. 악당이 주인공과의 관계에서 구체적으로 어떤 역할을 하는지 살펴보기 전에 전제로서 영화 내 다양한 역할을 먼저 살펴보는 내용이 전개되었을 것이다.

정답 1(c)   2(d)   3(a)   4(d)

Unit 12 | Mitchell, 'Moss' and management
캐스팅

　마거릿 미첼의 베스트셀러 『바람과 함께 사라지다』가 영화화된다는 소식이 알려지면서 세간의 관심은 누가 남녀 주인공을 연기할 것인가에 몰렸다. 레트 버틀러 역을 당대 최고의 인기스타 클라크 게이블이 한다는 데에는 아무도 이의를 제기하지 않았지만 여주인공 스칼릿 오하라 역은 달랐다. 캐서린 헵번, 메이 웨스트를 비롯한 30여 명의 톱스타와 그 몇 배나 되는 신인들이 물망에 올랐어도 전설적인 제작자 데이비드 셀즈닉은 계속 고개를 가로저었다. 셀즈닉은 '마법과도 같은 그 어떤 것'을 가진 여배우를 원했다.
　여주인공 없이 촬영이 진행된 지 4개월이 지나서야 셀즈닉은 영국 출신의 비비언 리를 낙점했다. 여론은 격렬하게 반발했다. 영국 배우가 '남부의 정신'을 대표하는 여주인공을 연기한다는 게 말이 되느냐는 이유였다. 하지만 셀즈닉은 꿈쩍도 하지 않았고, 결국 완성된 영화를 본 관객들은 극찬을 아끼지 않았다. 1939년작인 '바람과 함께 사라지다'는 지금도 감히 리메이크할 수 없는 대단한 작품으로 꼽힌다. 너무나 완벽한 캐스팅이라 흉내낼 수도 없다는 것이었다.
　리메이크 된 영화치고 관객의 머릿속에 있는 이미지와 감독이 고른 실제 배우의 일치 여부가 논란이 되지 않은 예는 사실상 없다고 해도 좋을 정도다. 최근에는 '싱크로 율(synchro率)'이라는 신조어까지 등장했다. 원래 배역을 맡은 배우와 다시 그 역할을 재현하는 배우 사이에 어느 정도의 공통점이 있는가를 가리키는 말이다. 싱크로 율이 높을수록 관객들의 지지가 높지만 원래 배역이 반드시 최상의 캐스팅인 것은 아니다.

문제해설
1. 원작을 영화화하는 데 있어 캐스팅에 관한 내용을 '바람과 함께 사라지다'라는 구체적 사례를 통해 설명한 후 마지막 문단에서 원작과 일치하는 배우 섭외의 '싱크로 율'을 설명하고 있다. 전반적으로 원작이 있는 영화의 '배우 캐스팅'에 관한 내용이다.
2. 구체적 내용 일치 문제는 문제 자체를 정확히 읽고, 본문에서 이에 대한 정확한 답을 이끌어내야 한다. 두 번째 문단에서 그 이유가 언급되어 있다. 무명의 영국 배우가 '(미국) 남부의 정신'을 대표하는 여주인공을 연기한다는 게 말이 안 되기에 반대했다.
3. 본문 마지막에서 알 수 있듯이, 반드시 그런 것은 아니지만 일반적으로 다시 그 역을 맡게 된 배우가 원작의 배우와 서로 일치하면 할수록 ('싱크로 율') 기존 관객의 지지율이 높다고 언급되어 있다.

4. 다음에 이어질 내용을 고른 문제는 일반적으로 본문 마지막 부분에서 힌트를 얻을 수 있다. 마지막 문장에서 알 수 있듯이, 싱크로율이 높다고 반드시 좋은 영화가 되지는 않는다는 구체적 예에 관한 내용이 전개될 것을 예측할 수 있다. 이러한 내용에 가장 적합한 주제는 보기 (d)이다.

정답 1(c) 2(d) 3(d) 4(d)

4. 본문에서 마릴린 먼로가 페라가모를 신음으로 디자이너 상표가 되었다고 언급되어 있기에, (a)는 틀린 진술이다. 맥아더가 배에 승선한 채 일본의 항복 문서에 서명했고, '7년 만의 외출'은 마릴린 먼로의 특정 장면으로 인해 유명세를 탔으며, 일본에서 버버리가 누구나 추구하는 명품으로 여겨진다고 본문에 모두 언급이 되어 있다.

정답 1(b) 2(a) 3(d) 4(a)

Unit 13 | An addiction we can't afford
'명품 프렌들리'

1945년 9월 2일 일본의 동경만에서 미국의 전함 미주리호에 탄 맥아더가 일본의 항복문서에 서명하는데, 이는 동맹국을 대표해 일본의 파견단에 의해 처음 동의된 것이다. 태평양 전쟁이 막을 내리는 역사적인 장면이었다. 그런데 사람들의 관심은 다른 데 쏠렸다. "저 만년필 어디 것이지?"라고 사람들은 물었다. 이에, 파커 펜 회사는 그가 사용한 도구(펜)가 자사의 것이라고 인정했다.

몇 년 후, 마릴린 먼로가 지하철 통풍구에 서서 자신의 무릎 위로 드레스가 날리자 자신의 드레스를 내리는 장면은 영화 '7년 만의 외출'을 그 이야기 자체보다 이런 상징적 이미지로 더 유명하게 만들었다. 그러나 영화가 나왔을 때, 여성 관중의 관심은 다른 곳에 쏠렸다. 이들 모두는 마릴린 먼로가 어떤 브랜드의 신발을 신고 있었는지 알고 싶어했다. 이것은 페라가모였는데, 먼로의 섹시한 자세는 이 회사가 바로 디자이너 상표가 되게 만들었다.

일본에선 버버리는 여전히 럭셔리 아이콘이다. 옷 장수가 만든 트렌치 코트는 세계 1차 대전 이후 민간인들 사이에서 인기를 끌었다. 한때 그 회사 공장 라인의 절반 이상이 일본에서 팔렸는데, 여기서 일본 주부들이 경제난에 허덕이던 버버리 회사를 살리는 데 도움을 줄 정도였다고 한다. 월스트리트 저널은 최근 한국이 '세계에서 가장 명품에 호의적(luxury friendly)'이라고 보도했다. 이 신문은 조사 응답자의 46%가 지난 1년간 전보다 명품 소비가 늘었다고 답했으며, 또한 응답자 중에 고가의 명품을 구입하고 죄의식을 느낀 적이 있다는 사람은 5%에 불과했다고 했다.

문제해설

1. 첫 번째 문단에선 맥아더 장군의 이야기를 통해 '파커'라는 명품이 탄생한 이야기, 두 번째 문단은 마릴린 먼로를 통해 명품의 자리에 오르게 된 페라가모 그리고 마지막 문단에선 일본과 한국의 명품 열기를 살펴보고 있다. 세 문단의 공통된 주제는 바로 명품이며 역사적 사건을 중심으로 기록하고 있다. 딱 떨어지는 답은 없지만, 단락마다 명품 종류들이 나왔으므로 (b)가 가장 근접한 답이 된다.

2. 세 번째 문단 초반부에서 답을 찾을 수 있다. '일본 주부들이 경제난에 허덕이던 버버리 회사를 살리는 데 도움을 줄 정도였다고 한다.'라는 진술에서 알 수 있듯이, 버버리 코트에 열광하는 일본 주부로 인해 회사가 경제난을 해결할 정도였다고 말하고 있다.

3. 본문 마지막 두 문장에 답이 명시되어 있다.

Unit 14 | Growing old peacefully
100세의 실종

파키스탄의 북쪽에 있는 '훈자' 계곡은 태곳적 신비의 아름다운 풍광으로 유명하다. 이 계곡은 샹그릴라를 그린 제임스 힐튼의 소설 『잃어버린 지평선』에 영감을 주었다. 또한 미야자키 하야오의 만화 시리즈이자 애니메이션인 '바람계곡의 나우시카'의 배경이 된 곳이기도 하다. 그러나 훈자가 유명한 것은 자연 풍광뿐 아니라 장수하는 주민 때문이기도 하다. 코카서스의 압하지아와 에콰도르의 빌카밤바와 더불어 세계 3대 장수마을이다. 공통점은 모두가 거대한 산맥에 자리 잡고 있고, 공기와 물이 맑다는 것이다.

일본의 오키나와는 섬인데도 장수촌이다. 인구 130만 명 가운데 100세 이상 노인이 700명이 넘는다. 여기선 '70세 어린이, 80세 젊은이'라고 한다. '나이 90에 조상들이 천국으로 부르거든 기다리시라. 100세가 되면 생각해 보겠노라'란 속담이 있을 정도다. 그러자 이들의 생활방식을 따라 하자는 '오키나와 프로그램'까지 나왔다. 오키나와 주민들은 18가지 음식을 먹는데, 이 중 78%가 채소류라고 한다. 주로 곡물과 채소류와 해조류를 먹는다. 고기도 굽지 않고 먹는다.

불로장생(不老長生)은 예부터 뭇 인간들의 희원이지만, 도끼 들고 막아서도 백발(白髮)이 제 먼저 알고 지름길로 온다. 결국, 우리가 할 수 있는 것이란 우아하게 늙는 것이 답이다. 우리는 장수촌 노인들에게서 힌트를 얻을 수 있다. 이들 모두 여유롭게 산다는 점이다. 세월에 저항하기보다 거기에 익숙해지라고 우리에게 충고한다. 그래서일까. 근래 들어 화장품도 안티 에이징(Anti aging)보다 웰 에이징(Well aging)을 내세운다.

문제해설

1. 문단이 나눠진 경우 각 문단에서 중점으로 다루는 공통분모를 찾으면 된다. 각 문단이 모두 '장수'와 '건강한 삶'에 관한 이야기를 다루고 있다.

2. 구체적 내용파악 문제이다. 훈자는 미야자키 하야오의 애니메이션 '바람계곡의 나우시카'의 배경이 된 곳이며, 장수하는 마을인 동시에 샹그릴라를 그린 제임스 힐튼의 소설 『잃어버린 지평선』에 영감을 준 곳이라 했다. (b)에 대한 언급은 없다.

3. 100세나 되어서야 하늘에 계신 조상들에게 돌아갈 생각을 한다는 것은 그 때까지 장수할 수 있다는 말이다.

4. 다음에 이어질 내용을 추론하는 문제는 일반적으로 본문 마지막에서 힌트를 얻

을 수 있다. '웰 에이징'에 관한 내용이 등장해야 한다.

정답 1(c) 2(b) 3(a) 4(b)

Unit 15 | Giving to narrow the income gap
불평등과 기부

1%의 부자가 전체 부(富)의 3분의 1을 가진 나라가 바로 미국이다. 하위 90%에 속한 사람들 부를 모두 합친 것보다 많다. 미국은 경제협력개발기구(OECD) 국가 중 소득 불평등이 제일 심하다. 고액 연봉과 스톡옵션이 앞다퉈 도입된 1990년대가 분수령이었다. 1980년에 미국 주요 기업의 최고경영자(CEO) 보수가 직원들의 평균 봉급보다 42배쯤 많았다. 2007년엔 344배로 격차가 확 벌어졌다. 평균 1,330만 달러(약 155억원)인 미국 CEO들의 연봉은 유럽·일본 CEO들과 비교해도 각각 두 배, 아홉 배나 된다.

금융위기로 빈부 격차가 더 커지자 이들의 어마어마한 몸값은 선망보단 분노의 대상이 돼버렸다. 타블로이드 신문 '뉴욕 포스트'조차 욕심 많은 CEO에게 스스로 절제할 것을 촉구했다. 오바마 정권이 이전 부시 정부 때 도입된 '부자 감세(減稅)'를 끝내고 '부자 증세(增稅)'를 하려는 데엔 이런 국민 분노가 작용하고 있다. 하지만 반대 목소리도 높다. 증세는 투자에 대한 의욕을 꺾어 결국 저소득층에 돌아갈 경제적 이익도 줄어들게 만든다는 것이다. 무거운 세금이 '내 돈 내 맘대로 쓸' 부자들의 권리를 침해한다는 지적도 있다.

최선의 해법은 정부가 강압적으로 부자들의 돈을 걷어가기보단 자발적으로 기부하는 것이다. 세금이 아닌 기부로 사회적 갈등을 풀어가야 한단 얘기다. 다행히 미국엔 그런 부자가 많다. 두 달 전 워런 버핏 버크셔해서웨이 회장과 빌 게이츠 마이크로소프트 전 회장이 시작한 '재산의 50% 이상 기부하기' 캠페인에 최근까지 38명의 억만장자가 동참키로 하고 '기부 선언'에 서명을 했다는 소식이다. 이들의 약정 금액만 최소한 1,250억 달러(약 175조원)에 달한다. 일찌감치 재산의 99%를 선뜻 내놓기로 한 버핏의 변이 정곡을 찌른다. "1%보다 많이 쓴다고 나와 가족들이 더 행복해지진 않는다. 그러나 나머지 99%가 다른 사람들의 복지엔 엄청난 영향을 미칠 것이다." 그는 '미국 시민인 점, 운 좋게 받은 유전자 그리고 다양한 관심' 덕분에 부를 얻게 됐다고 했다. 저 혼자 잘나서 번 돈이 아니니 사회에 돌려주는 게 지당하다는 소리다. 아낌없이 베푸는 부자들 덕에 세계 최악의 소득 격차 나라인 미국은 여전히 큰 탈 없이 굴러가고 있다.

문제해설

1. 세 단락 모두 미국의 분배의 차이를 중심으로 이야기가 전개되고 있다.
2. 'Giving Pledge'가 본문 어디에 등장하는지 찾아 구체적 내용을 파악해야 한다. 세 번째 문단에서 설명하는 바와 같이 '자신의 재산의 절반 이상을 가난한 사람에게 나눠주는 운동'이다.
3. 본문에서 CEO들의 봉급은 '금융위기로 가난한 사람과의 격차가 더욱 커지면서 선망의 대상이라기보단 분노의 대상이 되었다'고 언급되어 있다.
4. 'twists their arms'라는 관용 표현을 문맥에 맞게 해석할 수 있는지를 묻는 표현이다. '강압적인 조치를 취하다'의 뜻으로 본문에서 정부가 세금 등의 강압적인 조치로 돈을 걷어가기보단 스스로 가난한 사람들에게 돈을 기부하라는 의미로 활용되었다.

정답 1(c) 2(a) 3(d) 4(e)

Unit 16 | Cruelty in theatre from Titus to Todd
잔혹극

14번의 섬뜩한 살인, 성폭행, 신체 절단과 인육 먹기와 기타 엽기적인 잔혹 행위는 영국의 세계적인 작가인 윌리엄 셰익스피어가 1590년대 초반에 쓴 걸로 알려진 초기 비극『타이터스 앤드로니커스(Titus Andronicus)』의 장면들에 압도적으로 나타난다. 로마 장군 타이터스 앤드로니커스가 로마 왕좌의 지배를 둘러싸고 벌이는 핏빛 복수극 얘기다. 97줄에 한 번꼴로 잔인한 내용이 등장해 한 평론가는 '폭력의 카탈로그'라고 불렀다. 복수에 관한 부차적인 줄거리는 이후 더 유명한『오셀로』와『리어왕』에 재등장했다. 거친 잔혹 행위 표현에 대해 많은 문학 비평가들이 거부감을 드러내는 가운데 TS 엘리엇은 "지금까지 나온 희곡 중 가장 지루하고 재미없는 작품"이라고 평했다. 하지만 당대의 무대나 서가에서는 폭발적인 인기를 누렸다.

19세기 초 빅토리아 왕조 시대에도 잔혹극은 종종 무대에 나왔다. 브로드웨이에서 히트치고 영화 뮤지컬도 만들어진 '스위니 토드: 플릿 거리의 괴물 이발사'도 그중 하나다. 당시 런던 시민들이 즐겨 읽던 1펜스짜리 잡지에 소개됐다. 한 이발사가 자신의 아내에게 비밀스런 욕정을 품는 판사에 의해 억울한 형을 받지만, 나중에 이 이발사는 런던에 돌아와 위선적인 런던의 엘리트에 대해 복수를 하기 시작한다. 그는 자신이 신중하게 고른 손님의 목을 따고, 그가 특별히 고안한 이발사의 의자로 시체를 지하에 보내 시체를 갈아서 고기파이로 만든다. 이발사는 천천히 살인 행위를 음미하는 괴물이 된다.

폭력은 최근 영화나 연극·소설 마케팅에서도 즐겨 쓰이는 단어다. 코믹잔혹극·로맨틱 스릴러극·잔혹동화는 그야말로 잘 팔린다. '잔혹극'은 프랑스 극작가 앙토냉 아르토가 주장한 개념으로, 그는 "모든 스펙터클의 뿌리에 잔혹함의 요소가 없이 연극은 가능하지 않다"고 썼다. 그는 폭력적 잔혹을 의미하기보다, 관중에게서 진실, 정직 그리고 자기 탐구를 자극하는 가상의 현실을 의도했다. 그는 내실 없는 무대에 혁신을 불러일으켜, 인간의 근본적 본능과 에너지를 자유케 함으로 계몽을 다시 이끌어 내길 원했다.

문제해설

1. 첫 번째 문단에선 셰익스피어의 문학을 통한 잔인한 복수잔혹극, 두 번째 문단에선 할리우드 영화를 통해 드러나는 빅토리아 시대의 잔혹극, 마지막으로 영화

나 연극에서 등장하는 잔혹함을 통해 관객으로부터 '진실, 정직 그리고 자기 탐구를 자극하는 가상의 현실'을 이끌어 내는 내용을 담고 있다. 즉, 세 문단 모두 문학 또는 영화·연극에 있어 잔혹(cruelty)의 중요한 기능이 내포되어 있다.

2. 첫 번째 문단에서 알 수 있듯이, 거친 잔혹 행위 표현에 대해 많은 문학 비평가들이 거부감을 드러냈다는 내용으로 보아 보기 (a)가 가장 적절하다.

3. 앙토냉 아르토는 연극에서 잔혹의 중요성을 강조한 인물이며, 두 번째 문단 첫 번째 문장에서 알 수 있듯이 '스위니 토드'는 대히트를 했다고 언급되어 있다. T.S. 엘리엇은 타이터스 앤드로니커스의 내용이 너무 잔인해 최악으로 평했다. 타이터스 앤드로니커스는 셰익스피어의 초기 작품 중 하나로 비평가들의 비판을 받은 작품이다. 보기 (d)는 옳지 못하다.

4. 문맥상 의미가 가까운 것을 고르는 문제인데, 본문의 harbor는 '(생각을) 품다'라는 뜻이다. (b)의 경우 해석을 해보면, 그의 과거 행동에 대해 의구심을 품은 사람들이 있다. 그러므로 '(생각을) 품다'라는 뜻으로 쓰인 (b)가 정답이다. 참고로 '(a)는 '숨기다', (c)는 '소장하다, 지니다', (d)는 '안식처를 제공하다'라는 의미이다.

정답 1(b) 2(a) 3(d) 4(b)

Unit **17** | Politics imitates television
리얼리티쇼

리얼리티쇼는 연예인 아닌 일반인들이 사전 각본없는 생생한 모습을 보여주는 프로다. 생존게임·오디션·짝짓기 프로가 대표적이다. 때로는, 외모 변신 같은 사적인 문제에 카메라가 끼어들기도 한다. 몰래 카메라는 가장 오래된 포맷이다. 리얼리티 쇼 그 효시인 1949년 미국의 '캔디드 카메라(Candid Camera)'까지 거슬러 올라간다. 리얼리티 쇼는 미국과 유럽은 물론이고 아시아·남미에서도 열풍이 거세다. 미국에서는 1년에 30개 이상 리얼리티 쇼가 참가자를 모집하고 있다. 스티븐 스필버그, 오프라 윈프리, 배우 애쉬튼 커처, 수퍼모델 타이라 뱅크스 등 유명인들이 속속 제작자로 나설 정도다.

리얼리티 쇼가 본격화된 것은 1987년 미국에서 처음 방영된 '언솔브드 미스터리(Unsolved Mistery)'부터다. 시나리오 작가들이 파업에 들어가자 임시방편으로 각본없이 만든 프로가 히트한 것이다. 이후 제작자들은 직업 배우와 각본이 필요 없어 제작비가 싸고, 프로그램 포맷을 수출할 수 있는 경제적 이점에 주목했다. 2000년대 와서는 글로벌 장르로 확실히 뿌리내렸다. 무인도 생존 게임인 CBS '서바이버'는 전 지구적 TV 브랜드로 빅 히트했고, 28대의 카메라가 24시간 참가자들을 관찰하는 '빅 브라더'는 15개국에 팔려나갔다.

리얼리티 프로그램의 인기 못잖게 비판도 거세다. 사생활·인권침해, 관음주의, 내용의 저급화, 선정주의가 문제로 지적된다. 또 일각에서는 냉소주의를 부추기고 현실과 환상의 차이를 모호하게 한다는 비판도 있다. 리얼리티 쇼 전반에 깔려 있는 무한경쟁과 승자독식 구조도 문제다. 리얼리티 쇼의 주류는 생존과 제거이다. 매회 탈락자를 정하며, 오늘의 친구가 내일의 적이 되는 서바이벌 게임이다. 경쟁을 노골화하지 않더라도 깔려있는 전제는 같다. 경쟁은 지고의 선이며, 최고의 선은 승리라는 것이다. 언뜻 미국에서 태동한 신자유주의 무한경쟁의 패러다임을 닮았다. 하필 리얼리티 쇼가 글로벌 TV 장르로 우뚝 선 시점이 신자유주의 팽창기와 겹치는 것이 예사롭지 않다.

문제해설

1. 현재 유행하는 리얼리티 쇼에 관한 글로 유래와 리얼리티 쇼에 대한 비판적 견해도 함께 드러나 있다.

2. '직업 배우와 각본이 필요 없어 제작비가 싸고, 프로그램 포맷을 수출할 수 있는 경제적 이점'에서 알 수 있듯이 투자대비 상당한 이윤을 남길 수 있다. 보기 (b)는 본문과는 정반대의 특징이다.

3. 두 번째 문단 마지막에 보기 (a)에 대한 내용이 명시되어 있다. 보기 (b)의 경우 오프라 윈프리와 타이라 뱅크스의 경우 이미 유명세를 탄 사람으로 제작사로 나설 계획이라고 본문에 언급되어 있다. 보기 (c)의 경우 시나리오 작가들이 파업에 들어갔다는 점에서 틀린 진술이다. 리얼리티 쇼는 임시방편으로 특정한 계획 없이 진행된 것이다. 보기 (d)는 옳지 않다.

4. 경쟁은 인간이 추구해야 할 덕목으로 간주되고, 그 중 가장 높은 덕목은 바로 승리라고 말하고 있다.

정답 1(b) 2(c) 3(a) 4(c)

Unit **18** | Improving on reality
디지털 특수효과

'영화가 과학'이라는 말은 새로운 개념이 아니다. 빛을 이용해 2차원(스크린)에 3차원(영상)을 구현한 때부터 이러한 개념은 시작되었다. 현대 상업영화에서는 날로 과학기술이 차지하는 비중이 커진다. 블록버스터들은 한결같이 최첨단 디지털 테크놀로지를 통해 영화팬들에게 마술적 즐거움을 전한다. 기술은 '꿈의 공장'처럼 보이지만 사실은 '기술과 자본의 공장'인 할리우드의 본질이다.

1980, 90년대 조지 루카스의 SF '스타워즈'가 영화제작기술 발전에 신기원을 이뤘다면 2000년대 주인공은 피터 잭슨의 판타지 '반지의 제왕'이다. 영상화가 불가능하다고 여겨졌던 원작 소설 속 판타지 세계를 완벽하게 구현해 후보에 오른 '반지의 제왕'은 아카데미 11개 부문을 휩쓸었다. 이후 세계 영화계에는 판타지 붐이 한창이다. 가상의 공간, 가공의 상상력을 시각화하는 데 디지털 기술력이 필수라는 얘기다.

그런데 정말 흥미로운 것은 이들 대작 영화들에서 드러나는 영화와 관객의 관계다. 영화는 테크놀로지를 통해 시공간과 감각의 한계를 넘어선다.

관객들은 롤러코스터를 타는 듯 쾌감을 느끼고, 현실에선 불가능한 장관을 본다. 컴퓨터 그래픽으로 탄생한 수백만 디지털 캐릭터들이 인해전술을 펴듯 몰려오는 군중 장면은 물량주의적으로 전시된 테크놀로지의 전형이다. 카메라는 인간의 눈높이가 아니라 하늘을 나는 독수리의 시점으로 시야를 확대시킨다. 아이맥스 영화는 극단적으로 확장된 시각의 예다. 디지털 고화질 영상은 인간이 현실에서 경험하는 것보다 더 선명하고 강렬한 색감을 선사한다. 관객 역시 디지털 가공을 거친 화면이 미학적으로 더 낫다고 느끼고 실제 모습이 그에 비해 떨어지는 듯 느낀다.

이처럼 디지털 기술을 통한 시각 체험은 현실적 제약을 넘어서고 심지어 현실 체험보다 우월하다. 어느덧 테크놀로지와 이미지가 불완전한 실재를 보완해주고 있다고 할 수 있다. 현대 블록버스터 영화 속에서 테크놀로지와 이미지는 이미 실재보다 우위에 있는 것이다.

문제해설

1. 판타지 소설을 완벽하게 영화로 구현한 '반지의 제왕'으로 인해 판타지 영화에 붐이 일게 되었다고 두 번째 문단에 언급되어 있다.
2. '그래픽으로 탄생한 수백만 디지털 캐릭터들이 인해전술을 펴듯 몰려오는 군중 장면은 물량주의적으로 전시된 테크놀로지의 전형이다.'에서 (a)는 옳은 진술이다. 또한 '영화와 관객의 관계'를 설명하는 중반 이후에 (b)에 대한 내용이 잘 언급이 되어 있다. IMAX 영화는 '최신 디지털 기술을 통한 시각 체험은 현실적 제약을 넘어선다'고 했다. 고로 (d)에서 현실을 닮았다는 내용은 틀린 진술이 된다.
3. 최신 블록버스터는 화려한 디지털 기술을 앞세워 현실적 제약을 뛰어 넘은, 즉, 현실에서 불가능한 장관을 보여준다.
4. 영화에 사용된 디지털 과학기술의 진보를 다루고 있다.

정답 1(d) 2(d) 3(b) 4(a)

Unit 19 | Memories of Mozart
모차르트

필립 솔레르스는 『모차르트 평전』에서 "현대인은 누구나 모차르트 음악과 살고 있다"고 했다. 휴대전화에도, 엘리베이터에도, 쇼핑몰에도 모차르트의 음악이 있다. 극단적으로 표현하면 이 세상에 태어난 사람들은 어머니 뱃속에서 '마술피리'를 듣고 세상에 나와, '피가로의 결혼'을 테마곡으로 삼아 짝을 찾고 '레퀴엠'의 선율 아래 영면한다고 한다. 모차르트가 살아 있어서 저작료를 받는다면 오스트리아를 통째로 살 수 있을 것이란 말도 그리 과장이 아니다.

하지만 생전의 그는 늘 돈에 쪼들렸다. 1789년이 최악이었다. 그가 당시 프리메이슨 동료였던 푸흐베르크에 쓴 구걸조 편지엔 이런 궁색함이 절절히 담겨있다. "절친한 친구이자 형제인 당신이 나를 버린다면, 나와 불쌍하고 병든 아내, 그리고 아이들까지 어찌할 도리가 없는 처지가 됩니다. 슬프게도 운이 너무 나빠서 아무리 해도 돈이 벌리지 않습니다. 14일간 연주회 (예약)명부를 돌렸지만 이름을 올린 사람은 슈비텐 한 사람뿐입니다."(로빈스 랜던 『모차르트의 마지막 나날』)

살아선 궁핍했지만 오늘날 그는 고향 잘츠부르크시를 먹여 살린다. 이 도시엔 티셔츠와 연필, 재떨이와 라이터는 물론 맥주와 골프공까지 웬만하면 다 모차르트 표다. 포장지에 그의 얼굴을 인쇄한 유명 초콜릿 브랜드 모차르트 쿠겔은 지난해 1억 개, 약 580억 원어치가 수출됐다고 한다. 잘츠부르크시는 모차르트의 브랜드 가치를 54억 유로(약 6조 4,000억원)로 평가했다. 필립스(49억 유로)나 폴크스바겐(46억 유로)보다 높다.

모차르트의 이런 브랜드 파워는 '친숙함'에서 나온다. 베토벤의 엄격함이나 바흐의 경건함과는 다르다. 모차르트는 밝고 쉽고 재미있고 감미롭다. 현대인의 브랜드 코드와 그대로 들어맞는다. 떼려야 뗄 수 없는 친구 같은, 연인 같은 모차르트를 그래서 앨버트 아인슈타인은 이렇게 표현했다. "죽는다는 것은 더 이상 모차르트를 들을 수 없게 된다는 의미다."

문제해설

1. 독해에서 특정 문장의 의미를 물을 땐, 문장 자체의 의미만을 살피는 것이 아니라 제시된 문맥 속 의미를 파악해야 한다. 바로 뒤에 이어지는 내용인 '휴대전화에도, 엘리베이터에도, 쇼핑몰에도 모차르트의 음악이 있다.'에서 알 수 있듯이 오늘날 사회에 어디를 가도 그의 음악이 흔하게 깔려 있다는 의미이다.
2. 두 번째 문단에서 그는 생전에 경제적으로 힘겨운 생활을 했다는 절실한 내용이 등장한다. (d)와 같은 경우 '14일간 연주회 (예약)명부를 돌렸지만 이름을 올린 사람은 슈비텐 한 사람뿐입니다.'에서 알 수 있듯이 옳지 못한 진술이다.
3. 모차르트는 생애 동안 자신의 진정한 가치를 인정받지 못해 경제적으로 힘겨운 삶을 살았지만, 그의 음악은 후대의 삶에 많은 것을 남겼다. 그의 고향인 잘츠부르크시는 그의 이름을 딴 다양한 제품으로 엄청난 경제적 득을 누리고, 현대인들에게는 그가 남긴 음악을 즐기면서 '떼려야 뗄 수 없는' 그런 친구와 연인 같은 음악을 남겼다. 이러한 내용을 잘 반영한 보기는 (c)이다.
4. (a)는 두 번째 문단의 내용처럼 그의 구걸조의 편지에서 자세히 드러나 있다. 부유한 가정이 아닌 점과 그의 음악이 생후 진정한 평가를 받는 내용은 본문에서 이끌어 낼 수 있지만, (d)와 같이 그의 자손이 그의 음악으로부터 부자가 되었다는 내용은 없다. 그의 고향인 잘츠부르크의 사람들이 그의 이름을 건 상품을 통해 금전적 득을 얻는다는 내용만 등장할 뿐이다.

정답 1(d) 2(a) 3(c) 4(d)

Unit 20 | Cat-like cartoons
만평과 고양이

프랑스 일간지 르몽드는 1면 머리기사 자리에 만평을 싣는 것으로 유명하다. 그 자리에 20년 넘게 만평을 그려온 시사만화가 장 플랑튀는 거침없는 풍자와 날 선 유머로 또한 악명이 높다. 그는 한 TV 생방송에 출연해 자크 시라크 대통령이 프랑스를 상징하는 여인 마리안과 성관계를 갖는 그림을 그려 논란을 일으키기도 했다.

장 플랑튀의 신랄함은 19세기 프랑스 화가 오노레 도미에한테 물려받은 것이다. 도미에는 '만평의 아버지'라 불리는 인물이다. 그는 1830년 만화잡지 '라 카리카튀르'의 창간과 함께 정치 풍자를 담은 만화들을 선보인다. 국왕 루이 필립을 조롱하는 만평으로 6개월간 옥살이를 했지만 그것도 날카로운 그의 필봉을 꺾지 못했다. 문맹률이 높아 신문·잡지가 귀족들만의 오락물이던 시절, 도미에의 만평은 서민들을 울리고 웃기는 생활 비타민이었다.

만평은 인기가 있는 만큼 논란도 많이 겪는다. 마호메트를 풍자한 덴마크 신문 덕에 유럽 언론들이 난리굿을 벌이더니 4대 성인을 희화한 만평의 러시아 일간지는 다음날로 폐간돼버렸다. 딱한 일이다. 종교가 만평의 성역이라는 것은 말이 안 된다. 한쪽으로 치우침이 없으면 그만이다. 덴마크 신문의 잘못은 마호메트를 다뤄서가 아니라 그 전에 예수 풍자 만평은 게재를 거부했던 때문이다. 플랑튀의 만평이 사랑을 받는 것도 르몽드에조차 조롱의 비수를 던진 적이 있는 균형감각 때문이다.

> **문제해설**
>
> 1. (a)의 경우 세 번째 문단에서 알 수 있듯이, 종교 자체에 대한 만평은 성역을 침해하는 행위로 간주되는 경향이 있다고 했다. 두 번째 문단 마지막에서 알 수 있듯이, 서민들은 정치적 풍자를 통해 삶의 활력을 얻는다고 했다. 보기 (c)와 같이 극단적 표현이 쓰일 경우 오답일 가능성이 크다. 본문에서 모든 신문이 마호메트를 풍자할 수 있다는 내용은 없다. 글 전반에 걸쳐 정치를 풍자하는 장 플랑튀의 재능이 잘 드러나 있다.
> 2. 본문 마지막 내용에서 답을 확인할 수 있다. '플랑튀의 만평이 사랑을 받는 것도 르몽드에조차 조롱의 비수를 던진 적이 있는 균형감각 때문이다.'
> 3. 오늘날에도 만화를 통하여 비판을 하게 되면 법의 처벌을 받을 수 있다는 것은 본문의 내용에 일치하지 않는다. 반면 러시아에서 신문이 폐간되는 일을 겪은 것을 보면 종교의 비판에 대해 엄격하다고 할 수 있다. 도미에는 '만평의 아버지'라 불리는 인물이라 하였으므로 (d)도 본문 내용에 올바른 진술이다.
> 4. 앞의 빈칸에는 거침없는 풍자와 함께 쓸 수 있는 유머를 꾸미는 형용사가 나와야 한다. 풍자와 유머로 악명이 높다고 하였으므로, 부정적인 언급이 나와야 한다. 신랄한 풍자가 적절하다. 뒤의 빈칸에는 4대 성인을 희화화한 만평을 내보낸 이후 폐간되는 상황이므로 마음이 아프거나 안타깝다는 얘기로 이어져야 한다. 그러므로 정답은 (c)이다.
>
> **정답** 1(c)   2(d)   3(b)   4(c)

Unit 21 | Manners make the mayor
테니스 유래

지금은 위치가 바뀌었지만 원래 테니스는 골프보다 훨씬 귀족적인 스포츠였다. 스코틀랜드 목동들이 목초지에서 바람맞으며 하던 게 골프라면 테니스는 프랑스 귀족들이 실내에서 우아하게 즐기던 것이다. '주드폼(Jeu de Paume)'이란 경기가 그 원형이다. 프랑스 혁명을 촉발시킨 그 유명한 '테니스코트의 서약(1789)'도 사실은 국왕이 회의장을 폐쇄하자 베르사이유 궁전 내 주드폼 경기장에 삼부회 의원들이 모였던 것이다.

주드폼은 라켓 대신 손바닥(paume)으로 공을 쳤다. 귀족들의 놀이다 보니 일부 동작에 페널티가 있었다. 처음 공을 치면서 상대에게 "받으시오(Tenez)"라고 인사말을 건넸다. 그 말을 영어식으로 읽어 테니스(Tennis)란 이름이 붙게 됐다. 오늘날 시속 200km나 되는 공을 무지막지하게 날리면서 '서비스'한다고 말하는 모순도 여기서 나왔다.

프랑스 귀족들은 고상하게도 점수를 세는 데 시계를 이용할 줄 알았다. 시계를 4분의1로 나눠 한 점 얻을 때마다 15분씩 바늘을 옮겼다. 15, 30, 40으로 계산하는 방식이 그래서 생겼다. 그런데 왜 45가 아니라 40이냐고. 45로 하다 보니 듀스가 될 때 놓을 자리가 없었다. 바늘을 앞으로 한 칸 당기니 자연스레 문제가 해결됐다. 점잖은 귀족들이 '15대 빵'이라는 표현을 쓸 수가 없었다. '0'이 계란을 닮았다 해서 '뢰프(l'oeuf)'라 불렀다. 이것이 영국으로 건너가 '러브'가 됐다.

> **문제해설**
>
> 1. 주로 테니스와 테니스에서 사용되는 용어에 대한 기원을 다루고 있다.
> 2. 두 번째 문단 중반부에 테니스라는 이름의 기원이 설명되어 있다. '처음 공을 치면서 상대에게 "받으시오(Tenez)"라고 인사말을 건넸다. 그 말을 영어식으로 읽어 테니스(Tennis)란 이름이 붙게 됐다.'
> 3. 쥬드폼이 현재의 테니스보다 훨씬 더 긴 게임이었다는 (a)의 내용은 본문에 언급이 없다. 보기 (b)는 전혀 관련이 없으며, (c)의 경우 본문에 등장하는 특정 단어(마지막 문단의 'egg')를 이용하여 오류 문장을 만들었을 뿐이다. 세 번째 문단에서 보기 (d)에 대한 내용은 상세히 설명이 되고 있다.
> 4. 고상한 귀족이 즐긴 테니스라는 쥬드폼과 현대의 테니스는 상당히 다르다는 것을 두 번째 문단의 내용을 통해 파악할 수 있다.
>
> **정답** 1(d)   2(b)   3(d)   4(a)

Unit 22 | A dilemma worth having
영국 근위기병대

터키 이스탄불의 돌마바체 궁전 입구에선 전통 군악 연주가 매일 이뤄진다. 연주자 20여 명의 주위에 갑옷 차림에 칼과 도끼를 든 호위병 10여 명이 늘어선다. 과거 오스만 투르크 제국 시절 군주의 친위대였던 예니체리가 하던 행사를 바로 그 궁전 앞에서 재현하는 관광 상품이다. 서울 남대문과 덕수궁 앞에서 조선시대 군졸 차림으로 경비를 서거나 임무 교대식을 연출하는 것과 마찬가지다. 이들은 차림만 병사일 뿐 실제로는 연기자나 다름없다.

이런 장면은 영국에도 있다. 런던 버킹검궁 앞에서 평일 오전 11시에 근위기병대(Household Cavalry) 사열이 열린다. 우아한 전통 군복에 깃털 달린 투구를 쓰고 가슴엔 번쩍이는 금속 흉갑을 착용한 기병들이 행진하는 모습은 장관이다. 이들은 영국의 다른 궁들과 정부 청사 앞에서 경비도 선다.

영국인들은 이들을 '사납고 무서운 전사들'이라고 부른다. 그도 그럴 것이 기마 의전과 기갑 수색의 두 가지 임무를 모두 맡은 정예 부대의 현역 장병이기 때문이다. 기갑 수색부대는 장갑차나 경전차를 타고 적 후방 깊숙이 들어가 교란 작전을 펴거나 지뢰를 제거하며 아군의 진격로를 뚫는 것이 임무니까 넓은 의미에선 특공대다.

이 부대에 대위로 근무한 영국 인기가수 제임스 블런트는 1990년대 말에는 분쟁지역인 보스니아·헤르체고비나에 파병돼 기갑 수색 임무에 투입됐으며, 2002년 4월 여왕 모후의 장례식 때는 의전을 맡았다. 근위기병대는 이런 식으로 왕실 가족을 곁에서 보좌하는 영예와 최전방에서의 위험 임무를 교대로 맡는 게 전통이다. 부대 임무 배치에도 노블레스 오블리주(신분에 따른 의무)를 적용하는 셈이다.

문제해설

1. 첫 번째 문단에서 소개되는 터키 이스탄불, 오스만 투르크 제국, 그리고 한국의 근위대, 졸병은 바로 이어지는 문단에서 제시되는 글의 주된 대상인 영국의 근위기병대를 자연스럽게 이끌어 내는 비교의 대상일 뿐이다. 영국의 근위기병대에 관한 글이라는 점을 포착한다면, 보기 (c)가 답이 될 가능성이 가장 크다는 것을 예측할 수 있다. 이후, 이들의 주된 임무에 대한 기술이 이어지고 있다.
2. British Household Cavalry가 왜 특수 공격부대로 불리는지에 관한 구체적 내용을 묻고 있다. 세 번째 문단의 'to disturb the enemies or clear mines to open a route for friendly forces to advance'에서 답을 이끌어 낼 수 있다. 즉, 아군이 뒤따라 적진에 들어갈 수 있도록 가장 먼저 침투하여 적을 교란시키거나 지뢰를 제거하는 작업을 한다.
3. 사실 보기 (c)를 제외한 나머지 사항은 본문에 전혀 언급이 되어 있지 않다. 이들이 맡는 임무에서 알 수 있듯이 '아주 위험한 일'을 한다는 점은 충분히 유추해 낼 수 있다.
4. 보기 (c)를 조심해야 한다. '이 부대에 대위로 근무한 영국 인기가수 제임스 블런트'에서 알 수 있듯이 군대에서 음악가로 활동한 것이 아니라는 점을 알 수 있다. 보기 (b)만이 본문에 언급된 내용('궁전과 정부 청사 앞에서 경비를 선다.')이다.

정답 1(c) 2(b) 3(c) 4(b)

Unit 23 | Genuine impostors
짝퉁

'짝퉁'은 진짜의 천적이다. 그 중 고약한 게 인간 짝퉁이다. 은근슬쩍 나타나 진짜의 모든 것을 빼앗으려 든다. 인간 짝퉁의 원조는 프랑스의 소작농 마르탱 게르다. 16세기 프랑스의 한 농촌 마을에서 그의 사기극이 펼쳐진다. 8년간 소식이 끊겼던, 자신이 마르탱 게르라고 주장하는 사람이 가족에게 돌아온다. 그는 처음에 게르의 아내를 포함해 거의 모든 사람이 자신을 믿게 만든다. 나중에, 재판관이 막 짝퉁을 진짜로 인정하기 직전, 진짜 마르탱 게르가 돌아온다. 해피엔딩으로, 짝퉁은 교수형에 처해진다. (나탈리 제먼 데이비스『마르탱 게르의 귀향』)

미술 짝퉁은 15세기 르네상스 때 극성을 부렸다. 그 시절 모방은 '창조의 아버지'였다. 너나없이 고대 그리스 명품을 베꼈다. 거장 미켈란젤로조차 최고수급 짝퉁 제작자였다. "미켈란젤로는 진짜와 똑같은 가짜 그림들을 그렸다. 그림에 연기를 쐐 오래된 것처럼 만들기도 했다. 때론 빌려온 원본 그림을 갖고 대신 자신이 그린 가짜를 돌려주기도 했다" (조르조 바사리『예술가열전』) 그러나 짝퉁이 산업화하면서 더 이상 해피엔딩은 없다. 세계관세기구는 짝퉁 산업을 한 해 약 500조 원으로 추산했다. 해마다 아프리카 어린이 5,000명이 가짜 백신으로 숨진다. 유럽에선 매년 20만 명이 짝퉁 때문에 일자리를 잃는다.

문제해설

1. 가짜를 만들어서 파는 사람들이 모두 자기가 사기꾼이라는 점에 대해 죄책감을 느낀다는 내용은 없다. 오히려, 사람을 죽일 정도의 짝퉁을 만들어 배급하는 사람들이 이런 죄책감을 느낄 것이라 생각하는 것은 무리다. 보기 (b)의 'all'과 같이 전체를 나타내는 표현은 보기에서 사용될 때 언제나 주의해야 한다.
2. 특정 표현을 묻는 문제는 반드시 본문의 문맥 안에서 어떤 의미로 활용되고 있는지를 보아야 한다. 표현 자체만을 보고 답할 경우 오답이 된다. '미켈란젤로는 진짜와 똑같은 가짜 그림들을 그렸다. 그림에 연기를 쐐 오래된 것처럼 만들기도 했다.'에서 알 수 있듯이 가짜를 진짜와 똑같이 만들기 위해서 새로운 방법을 도입했음을 알 수 있다.
3. 본문 첫 번째 문장에 대한 내용을 바탕으로 '짝퉁'이 어떤 면에서 진짜의 천적인지 묻고 있다. 바로 뒤에 이어지는 '은근슬쩍 나타나 진짜의 모든 것을 빼앗으려 든다.'의 내용과 이어지는 마르탱 게르의 이야기에서 알 수 있듯이, 짝퉁은 '진짜인 척한다'는 것을 이끌어 낼 수 있다.
4. 본문 마지막에서 보기 (a)의 내용은 확인할 수 있다. 보기 (a)와 (b)는 정반대의 내용이므로 틀린 진술이다.

정답 1(b) 2(d) 3(c) 4(a)

Unit 24 | Punched in the gut
정글

미국 소설가 업턴 싱클레어는 (좌파 주간지에서 일할 때) 시카고 도살장을 취재한 후, 『정글』을 출간한다. 1906년에 출간된 이 책은 육가공 공장에서 일하는 이민 노동자들의 열악한 상황을 고발하는 소설이다. 자본주의 체제를 비판하고 사회주의에서 대안을 찾는 것이 이를 쓴 의도였다. 하지만 대중의 눈길은 노동자의 열악한 처지가 아니라 그들이 만드는 식품으로 향했다. 얼마나 지저분하게 만들어지는지를 소설이 생생히 폭로하면서 육류와 육가공품 소비가 땅에 떨어진 것이다. 이를 두고 싱클레어는 "내가 겨냥한 건 대중의 가슴이었는데 뜻밖에도 위장을 강타하고 말았다"며 씁쓸해 했다고 한다. 미국인의 위장을 강타한 이 사건은 미국 사회에 가히 혁명적 변화를 몰고 왔다. 1906년 6월 30일 육류검사법과 식품의약품관리법이 의회를 통과, 정부가 식품 위생을 본격적으로 관리하게 됐다. 식품·의약품 제조 허가와 검사, 관리를 맡는 정부기관인 식품의약청(FDA)의 설립과 소비자 운동의 촉발로도 이어졌다.

『정글』에 의해 촉발된 건강에 대한 자각은 100년 전의 일이지만, 최근에 영국의 유명한 요리사 제이미 올리브는 영국의 위장을 강타했다. TV 쇼로 유명해진 그는 좋은 재료와 건강 식단, 요리법으로 학교 급식의 질을 높이자는 캠페인을 벌였다. 시범 사업으로

'정크 푸드' 위주의 식단을 건강식으로 확 바꾸는 실험을 했다. 그는 신선한 재료로 주방에서 정성껏 직접 만든 건강식을 다양하게 선보였다. 하지만 학생들은 변화를 달가워하지 않았다. 학생들은 정크 푸드의 맛을 잊지 못했으며, 학교 측은 늘어나는 비용을 걱정했고, 주방 직원들은 일이 많아진다고 불평했다. 일부 학생들이 식사를 집단 거부하기도 했다. 올리브가 허탈감에 빠진 모습으로 TV에 나왔을 때, 우울한 얼굴의 주방장은 영국 시청자들의 위장을 강타했다. 국민은 정크 푸드에 중독된 아이들을 구하기 위한 올리브의 큰 뜻을 지지했으며, 교육부는 학교 급식의 질을 높이려는 프로그램을 내놓기로 결정했다.

문제해설

1. 두 번째 문단의 문제점으로 지적된 사항은 바로 학교 아이들이 '정크 푸드'에 중독이 되어 있다는 사실이다. 보기 (d)를 유추할 수 있다. 나머지 내용은 본문에 언급이 없는 동시에 유추할 수 없다.
2. 첫 번째 문단에서 싱클레어가 육가공 공장을 나타내는 표현으로 '정글'이라고 표현한 것은 '육가공 공장에서 일하는 이민 노동자들의 열악한 상황을 고발'하려는 의도에서 '위험한 정글'로 묘사한 것이다.
3. 맨 마지막 문장에서 정답을 이끌어 낼 수 있다. '국민이 정크 푸드에 중독된 아이들을 구하기 위한 올리브의 큰 뜻을 지지'했기에 정부는 이에 대한 대안을 내놓기로 결정한다.

정답 1(d) 2(b) 3(c)

Unit 25 | The lure of the green
골프

골프는 중독성이 강한 운동이다. 다른 스포츠에 비해 유난히 말도 많고 탈도 많은 것이 다 그 중독성 탓이다. 골프에 대한 최초의 기록이 '골프 금지령'이었는데 이는 골프가 치는 사람에게 끼치는 영향이 어느 정도인지를 증명한다. 1457년 스코틀랜드 왕 제임스 2세는 골프 금지 포고령을 내렸다. 잉글랜드의 침략 위협을 받고 있는 상황에서 남자들이 무술 연마 대신 골프에 빠져있기 때문이다. 하지만 지엄한 왕명도 골프 열기를 잠재우지는 못한 모양이다. 그의 아들과 손자인 제임스 3세, 제임스 4세 때 또 한번씩 금지령이 다시 내려진다. 골프를 힘도 숙련도 필요없는 "바보 운동"이라 비웃던 제임스 4세의 금지령은 가장 강력했다. 골프를 친 당사자는 물론 토지를 제공한 사람까지 금고형이나 벌금형에 처했다. 그러나 효과는 마찬가지였다. 오히려 제임스 4세가 골프 무용론을 증명하려다 골프광이 돼버리는 코미디만 빚어졌다.

골프를 허용한 제임스 5세의 딸 매리 여왕은 사상 최초의 여성 골퍼다. 골프 사랑 때문에 가장 무거운 벌타를 받은 골퍼이기도 하다. 그녀는 부군인 단리 경이 암살된 지 사흘 만에 젊은 귀족과 골프를 즐겼다. 교회와 의회가 경박한 행동을 규탄했고 여왕이 정부와 짜고 남편을 죽였다는 소문까지 나돌았다. 그것이 화근이 돼 그녀는 끝내 형장의 이슬로 사라져야 했다.

이러한 골프의 중독성을 빗댄 유머가 있다. 어느 화창한 일요일, 골프광인 목사가 병을 핑계 대고 교회 대신 골프장으로 직행을 했다. 골프장에 있는 목사를 본 천사가 하느님한테 일렀다. 목사가 티샷을 하자 제대로 맞은 공이 350m나 날아가 그린 위에 떨어진 뒤 떼구르르 굴러 홀컵 안으로 빨려들어가는 게 아닌가. 천사가 따졌다. "아니, 하느님. 벌을 주셔야죠". 하느님 왈, "저걸 자랑할 수 없는 고뇌를 생각해 보아라."

문제해설

1. '잉글랜드의 침략 위협을 받고 있는 상황에서 남자들이 무술 연마 대신 골프에 빠져있었기 때문'에 금지령을 내렸다고 본문에 드러나 있다.
2. 첫 번째 문단 마지막에 (a)의 내용이 잘 드러나 있다. (b) 또한 두 번째 문단에 잘 드러나 있다. '골프를 친 당사자는 물론 토지를 제공한 사람까지 금고형이나 벌금형에 처했다. 그러나 효과는 마찬가지였다.'에서 알 수 있듯이, 골프에 대한 중한 벌을 내렸음에도 불구하고, 효과가 없었다고 했으므로 보기 (c)도 옳은 내용이다. '여왕이 정부와 짜고 남편을 죽였다는 소문까지 나돌았다.'에서 알 수 있듯이 보기 (d)는 옳은 진술이 아니다.
3. "저걸 자랑할 수 없는 고뇌를 생각해 보아라." 부분에서 멋지게 공을 쳤을 경우 자랑하고 싶어하는 사람의 심리를 이끌어 낼 수 있다.
4. 각 문단의 내용에서 공통적으로 다루는 주제는 바로 '골프의 중독성'이다.

정답 1(a) 2(d) 3(b) 4(c)

Unit 26 | The power of friendship
친구

할리우드 배우 로빈 윌리엄스는 '천 가지 목소리'를 지녔다는 평을 듣는다. 영화 '후크'에선 피터 팬 역을 맡아 남자 아이 목소리를 냈고, 애니메이션 '알라딘'에선 젊은 여성 목소리로 램프 요정 지니의 대사를 더빙했다. '미세스 다웃파이어'에선 영국 할머니들의 간드러진 말투를 기막히게 재현했다. 심지어 '바이센테니얼 맨'에서는 로봇 목소리마저 선보였다. 다양한 목소리와 표정을 흉내 내는 그의 솜씨는 성(性)의 차이도, 나이의 구별도 잊게 만든다.

윌리엄스가 이렇게 다양한 목소리 연기를 잘하게 된 데에는 아픈 사연이 있다. 그는 어려서 아주 뚱뚱했다. 또래들은 그를 놀리기만 했을 뿐, 아무도 함께 놀아주지 않았다. 게다가 외아들이라 집에서조차 외로웠다. 그래서 상상 속의 친구들을 만들고 혼자서 여러 목소리를 내며 놀았다. 그게 나중에 목소리 연기의 기초가 됐다. 상상속의 친구만으로는 외로웠을까. 진짜 친구가 그리웠을까. 20대 초, 뉴욕의 줄리어드 연극학교에 다니던 그는 룸메이트로 크리스토퍼 리브를 만났다. 둘은 오랜 우정을 나눴다. '영혼의 친구'라고 불릴 정도의 진한 우정이었다.

'슈퍼맨' 역으로 이름을 날린 리브는 43살이던 1995년 말에서 떨어지는 사고를 당해 목 아래 전신이 마비됐다. 엄청난 비극 앞에 웃음을 잃은 그 앞에 병원으로 한 남자가 찾아왔다. 수술 모자와 마스크를 쓰고, 우스꽝스러운 노란 가운을 입곤 병실에 들어와 이상한 러시아 억양으로 횡설수설했다. 그 모습과 말이 하도 우스워 리브는 사고 이후 처음으로 웃음을 터뜨렸다. 그 순간, 그 남자는 마스크를 벗고 얼굴을 내보였다. 윌리엄스였다. 어려움을 당한 친구에게 웃음을 선사하려고 밤새 연습한 뒤, 단 한 사람만을 위해 공연을 했다. 리브는 이때를 떠올리며 "나를 웃기려고 애쓴 친구를 보니 앞으로 내 인생이 잘 풀릴 것 같다는 생각이 들었다"라고 말했다.

그러나, 리브는 2004년 10월 세상을 떠났다. 부인인 다나도 폐암에 걸려 올해 3월 6일 남편 곁으로 떠났다. 13살짜리 아들 윌은 졸지에 고아가 됐다. 이 윌을 윌리엄스가 맡았다. 두 번 결혼한 윌리엄스에게는 전처에게서 난 20세가 된 아들과, 지금 부인이 낳은 17세 딸과 14세 아들이 있다. 재력은 풍부하겠지만 다른 사람의 자식을 데려와 키우기로 결정은 누구에겐들 쉬웠겠는가. 하지만 우정의 힘은 강했다. '친구란 내 슬픔을 등에 지고 가는 사람'. 아메리칸 인디언의 격언이다.

문제해설

1. 본문은 로빈 윌리엄스가 천의 목소리를 가졌다는 내용의 그 배경에 대한 설명을 시작으로 그의 친구 리브와의 우정에 관한 내용으로, 친구에게 일어난 비극적인 사건과 둘 간의 끈끈한 우정을 이야기하고 있다.

2. 두 번째 문단에서 알 수 있듯이, 친구가 별로 없어 홀로 있는 시간이 오히려 그가 나중에 연기를 하면서 인정받게 되는 천의 목소리를 갖게 되는 좋은 결과를 가져온다.

3. 보기 (e)를 제외하고 나머지 보기의 내용은 본문에 전혀 언급이 없다. (e)는 세 번째 문단에서 잘 드러나 있다.

4. 밑줄 친 문장에 대한 의미를 물어보는 문제는 언제나 본문의 맥락에서 함께 해석해야 한다. 로빈 윌리엄스는 친구의 비극적 슬픔을 외면하지 않고, 함께 했다. 즉, 진정한 우정이란 기쁠 때 뿐 아니라 슬플 때도 함께 그것을 나누는 따뜻함을 뜻한다.

정답 1(b) 2(b) 3(e) 4(c)

Unit 27 | Leaping tall buildings
수퍼맨

수퍼맨의 탄생은 1934년 미국 만화였다. 경제 공황기 미국인에게 희망과 용기를 준 이 불멸의 영웅은 이후 라디오 드라마와 소설·애니메이션·두 개의 TV 시리즈·뮤지컬로 옮겨졌다. 우리가 흔히 기억하는 크리스토퍼 리브 주연의 영화는 1978년부터 1987년까지 총 네 편이 나왔다. 나중에 수퍼맨에 대한 어린 시절과 로맨스에 초점을 둔 두 번째 TV 시리즈가 방영되었다. 수퍼맨은 '배트맨', '스파이더맨' 등 슈퍼 히어로 캐릭터의 원조가 됐다. 움베르토 에코는 수퍼맨을 "산업사회 개인들이 가진 권력에 대한 꿈을 한 몸에 체현하면서, 관객이 쉽게 동일시할 수 있는 영웅"이라고 풀었다. 특히 영화 속에서 수퍼맨은 미국인이 주도한 세계 평화를 이끄는, 아메리칸 영웅의 대표 아이콘이 됐다. 그만큼 인종주의와 미국 중심주의를 비판하는 사람도 많았다. 수퍼맨, 초영웅 자체는 새로운 것이 아니다. 수퍼맨의 여정은 조셉 캠벨이 숱한 신화와 종교, 전설 속에서 분석한 영웅담과 똑같다. "비정상적인 탄생, 어린시절의 고난, 조력자와의 만남, 기적적인 권능의 획득, 귀환"의 여정이다.

그렇다면 미국인들은 왜 그토록 수퍼맨에 열광할까. 최근의 분석에 따르면 미국은 200년 남짓으로 역사가 짧고 건국 신화가 없기에 미국인들에게는 수퍼맨이 자국 신화 속 영웅이 되어주기 때문이라고 한다. 수퍼맨은 크립톤 행성의 지도자인 아버지에 의해 지구에 보내지고 지구를 구한다. 외계에서 온 이방인이 불세출의 영웅이 되는 구도다. 세계 평화의 수호자를 자임하게 된 미국 사회의 이미지가 겹쳐진다. 새 영화 '수퍼맨 리턴즈'가 나왔다. 새 영화는 수퍼맨의 메시아적 성격을 더욱 강조했으며, 심지어 '구세주(saviour)'라는 호칭을 사용하고 있다. 악당이 미 대륙을 물에 잠기게 하려 할 때 수퍼맨의 힘에 저지당한다. 수퍼맨은 전 지구가 아닌 미국을 구한다. 이 '돌아온 수퍼맨'은 미국인들이 여전히 슈퍼 파워를 갈망하지만 그것은 정당하고, 심지어 성스러운 것이여야 함을 잘 보여준다. 그런 점에서 '슈퍼맨 리턴즈'는 9·11 이후 그에 대한 반응에도 불구하고 도덕적 정당성을 찾고 싶어하는 미국인의 자기인식을 보여준다. 브라이언 싱어 감독도 슈퍼맨을 "9·11 이후 혼란한 세상에 위로와 안식을 주는 존재"라고 말했다. 한 마디로 선하고 희생적인 강한 권력에 대한 소망이다.

문제해설

1. '수퍼맨은 미국적 이미지와 유사한데, 본문의 표현을 빌자면 "최근의 분석에 따르면 미국은 200년 남짓으로 역사가 짧고 건국 신화가 없기에 미국인들에게는 수퍼맨이 자국 신화 속 영웅이 되어주기 때문"이라고 한다. 이런 연유로 수퍼맨에 대해서 과도하게 열광하는 것으로 볼 수 있으므로 정답은 (a)이다. 반면 수퍼맨이 평화의 상징이라든지 창조된 인물 중 최고라는 등의 본문에 언급되지 않은 극단적 표현은 일반적으로 정답이 아니다.

2. 주제가 선명하게 드러나는 문제는 아니지만, 보기 중에서 하나를 고르는 것이 객관식의 룰이기 때문에, 이에 근거해 보면 미국인들은 '선하고 희생적인 강한 권력에 대한 소망'이 있고, 이것이 수퍼맨을 통하여 반영이 되었다는 것이다. 그러므로 미국사회의 영웅주의의 시각을 말하는 (d)가 정답이 된다.

3. '수퍼맨의 여정은 조셉 캠벨이 숱한 신화와 종교, 전설 속에서 분석한 영웅담과 똑같다.'에서 (b)가 옳음을 알 수 있다. 수퍼맨은 실존하는 인물이 아니다. (a)는 전혀 말이 되지 않는 내용이다. 더불어 (c)의 경우에도 본문에는 수퍼맨을 섬기는 다양한 종교가 있다는 언급은 없다.

4. 이어지는 문단에 관한 내용을 추론하는 문제. 일반적으로 마지막에 전개된 내용에서 힌트를 얻을 수 있다. 본문 마지막에 언급된 '선하고 희생적인 강한 권력에 대한 소망'에 대한 구체적 이유를 언급하는 (a)가 가장 적절하다.

정답 1(a) 2(d) 3(b) 4(a)

Unit 28 | Epicurean bean paste
칙릿

'칙릿(chick-lit)'은 20-30대 여성독자들을 겨냥한 영미 대중소설의 한 장르이다. 90년대 중반 영국에서 등장한 후 미국과 아시아, 동유럽으로 급속하게 퍼졌다. 주인공은 보통 미디어나 패션업계에 종사하는 젊은 도시 여성들로서, 성과 사랑, 일을 수다 떨듯 가볍게 풀어간다. 칙릿은 전 세계 베스트셀러 상위 목록에 주요 장르로 자리를 굳혔다. 책을 바탕으로 하거나 영향을 받은 영화와 TV 시리즈도 빅히트했다. 『브리짓 존스의 일기』, 『섹스 앤 더 시티』, 『쇼퍼홀릭』이 대표적이다. 칙릿은 단순한 하위 문학 장르가 아니라 금세기초 주요한 문화 현상이 되고 있다. 소설 『악마는 프라다를 입는다』와 미혼여성 처세서들이 인기다. 할리우드는 남성이 아닌 여성이 주연인 칙릿의 영화 버전인 '베이브버스터(babebuster·babe는 아가씨라는 뜻)'에 주목하고 있다.

칙릿은 뭔가 대단한 철학이 담기지 않은 가벼운 읽을거리로 여겨지지만, 페미니스트들은 인정하는 듯하다. 전통적인 여성적 주제들을 새로운 방식으로 다뤄 '포스트 페미니즘'의 가능성이 있다는 것이다. 한마디로 칙릿은 성과 소비, 욕망, 육체성 등에서 과거와는 전혀 다른 가치를 지닌 '요즘 여자들'을 전제로 한다는 것이다. 『칙릿-새로운 여성소설』의 말로리 영은 "페미니즘이 완전히 뿌리내리지 못한 사회에서 칙릿은 페미니즘적 자유와 포스트 페미니즘의 소비주의를 동시에 만족시킨다"고 썼다. 칙릿에 맞서는, '요즘 남자들'을 대상으로 한 소설들은 '래드릿(lad-lit)'이라고 불린다. 영화 『어바웃 어 보이』, 『사랑도 리콜이 되나요』의 원작자로 잘 알려진 닉 혼비가 대표주자다. 칙릿의 여자들이 세속적 욕망추구에 거침없다면, 래드릿의 남자들은 시류에 둔감하고 타인과 관계맺기에 서툰 일종의 사회부적응자로 그려진다.

문제해설
1. 첫 번째 문장에서 '칙릿'의 대표적 여성상이 잘 드러나 있다. '미디어나 패션업계에 종사하는 젊은 도시 여성들로서 성과 사랑, 일을 수다 떨듯 가볍게 풀어간다'
2. 두 번째 문단에서 '래드릿'은 '칙릿'에 맞서는, '요즘 남자들'을 대상으로 한 소설이며, 현대 사회에서 남성들이 가지는 문제점에 초점을 맞추고 있다고 드러나 있다.
3. '칙릿'에 등장하는 여성 주인공들은 성과 사랑 그리고 직업 모두에 관심을 보인다고 했기에 (a)는 틀린 표현이며, 현재 '칙릿'은 전 세계적으로 붐을 일으키고 있다는 점에서 (b) 또한 틀린 진술이다. (c)에서 '칙릿'이 페미니즘과 대치된다고 했지만, '페미니스트들은 인정하는 듯하다. 전통적인 여성적 주제들을 새로운 방식으로 다뤄 포스트 페미니즘의 가능성이 있다는 것이다.' 부분과 말로리 영의 언급('페미니즘의 자유와 포스트 페미니즘의 소비주의를 만족시킨다')으로 보아 틀린 진술임을 알 수 있다. (e)는 첫 번째 문단 마지막에 등장한다.
4. '칙릿'의 가벼운 내용에도 불구하고, 페미니스트들은 이 장르를 인정한다는 내용이다. 그 이유는 바로 뒤에 제시되고 있다.

정답 1(b) 2(c) 3(e) 4(r)

Unit 29 | Safety first
복싱의 위험

지난해 11월 미국의 '스포츠 저널'에 실린 기사에 따르면 1890년 이후 전 세계에서 권투 경기로 죽은 사람은 1,355명이나 된다. 보호 조처가 부족했던 예전뿐 아니라 1990년대에 78명, 2000년 이후에도 68명 이상이 숨졌다. 이중엔 2명의 여성복서도 포함돼 있다. 사망이 모두 패전의 결과였던 것도 아니었다. 사망한 복서의 5%는 경기에서 이기거나 비겼다. 체급 또한 관련 없이 발생했다. 전체 복싱 사망자중 라이트급 선수의 비율은 헤비급 선수보다 두 배 이상 높았다. 사망 원인은 80%의 경우 머리·목·뇌의 손상이었다. 다음은 12%에 해당하는 심장사였다.

복싱은 잦은 머리와 얼굴의 타격이 요구된다. 그렇기 때문에 뇌의 외부보호막인 경질막(dura)이 손상당하기 쉽다. 1995년 일본 지케이 의대 신경외과 사와우치 교수팀은 복서가 당하는 뇌손상의 75%가 뇌 경막하 출혈이라고 밝혔다. 전문의들은 복싱으로 인한 사망을 예방하려면 라운드 수를 줄여야 한다고 말한다. 경기 전은 물론 경기 후에도 선수의 상태를 면밀히 살펴야 한다.

프로 복서도 헤드기어를 착용해야 한다고 말하는 사람도 있다. (하지만) 이러한 보호장비는 뇌진탕에서 착용자를 보호할 수 없다고 말하는데, 이는 머리 한 쪽을 맞으면 뇌가 출렁거리면서 뇌 전체가 흔들리기 때문이다. 이것이 반대쪽 뇌에도 손상을 주게 된다. 라운드 수를 줄이기도 쉽지 않다. 3라운드도 안 뛰는 아마추어 경기에서도 비극은 있기 때문이다.

문제해설
1. 복싱으로 인해 발생하는 신체적 위험을 주로 다루고 있다.
2. 보기 (a)와 같이 상대방에게 뇌손상을 입히기 위해 의도적으로 시합을 하는 것은 아니다. 보기 (b)는 '체급 또한 관련 없이 발생했다.'에서 알 수 있듯이 옳은 표현이다. 바로 뒤에 이어지는 '전체 복싱 사망자 중 라이트급 선수의 비율은 헤비급 선수보다 두 배 이상 높다'는 말에서 라이트보다 헤비급이 사망자가 적다고 해서 라이트급만 뇌손상을 입는다고 오인해선 안 된다. 둘 다 뇌손상을 입을 수 있다. '경기 전은 물론 경기 후에도 선수의 상태를 면밀히 살펴야 한다.'와 '복싱은 잦은 머리와 얼굴의 타격이 요구된다.'에서 (c)와 (d)는 모두 옳다.
3. 두 번째 문단과 세 번째 문단에서 모두 현재 복싱으로 인한 뇌손상을 줄이기 위한 해결책이 쉽지 않음을 잘 드러내고 있다.
4. 본문에서 사망 원인의 80%는 '머리, 목, 뇌 충격'이라고 밝히고 있다.

정답 1(b) 2(a) 3(d) 4(b)

Unit 30 | Power of rumor
괴소문

마이클 셔머는 비이성적이거나 실증되지 않은 믿음이 왜 만연하는지를 설명하려고 시도한 여러 책의 저자이다. 1997년 그는 '사람들은 왜 이상한 것을 믿는 것인가'라는 책을 쓰면서, 다양한 '이상한' 믿음과 단체를 탐구한다. 그는 아직도 비과학적이고 마술적 사고가

횡행하는 이유를 설명하며 '믿음 엔진(Belief Engine)'이라는 용어를 썼다. '믿음 엔진'이란 우연하고 불확실한 것으로 가득 찬 세상에서 패턴을 추적하고 인과를 찾아내려는 두뇌의 메커니즘이다. 가령 밭에 우연히 소의 배설물을 뿌렸더니 기대했던 것보다 수확이 늘었다. 여기서 우리는 '믿음 엔진'이 두뇌에서 어떻게 작용하는지 알게 된다. 셔머의 주장은 '믿음 엔진' 덕분에 인류는 수렵·채집 시대에 진화에 성공할 수 있었다는 것이다. 물론 기우제와 같은 '믿음 엔진'에 오작동도 있다. 셔머는 아직도 사람들이 UFO나 외계인·귀신 같은 비과학적인 것에 매몰되는 것을 '믿음 엔진'의 부작용으로 설명한다.

게다가, 사람들은 여전히 미신, 억측, 악성 루머 그리고 음모에 매달린다. 정보가 제한적이거나, 일관된 논리가 없거나, 정보와 현실 사이에 괴리가 클 때, 그 틈을 메우며 루머가 등장한다. 정치적 억압과 정보 독점이 심하고 커뮤니케이션 구조가 왜곡될수록 많이 발생한다. 이런 상황에서는 대중의 편견과 공격성도 발생한다. 황색 저널리즘은 이를 적극 활용한다. 『소문, 나를 파괴하는 정체불명의 괴물』의 미하엘 셸레는 "공식적인 정정은 소문을 완전히 소멸시키지 못한다. 그것이 바로 거짓 소문, 비방과 험담의 무섭고도 놀라운 힘"이라고 썼다. 사실 소문의 더 큰 힘은, 비록 내가 믿지 않아도 소문을 소문이라 전하는 순간 소문은 더욱 강력하고 그럴 듯해진다는 속성 자체에 있을 것이다.

▶ 문제해설
1. 본문은 비이성적이고, 실증되지 않은 것에 대한 믿음을 왜 믿게 되는지를 주로 다루고 있다. 보기 (d)를 주제로 설정했을 때, 본문은 전 세계에 존재하는 다양한 미신이 소개되는 나열의 글이 될 가능성이 크다.
2. 루머란 '정보가 제한적이거나, 일관된 논리가 없거나, 정보와 현실 사이에 괴리가 클 때' 생기는 것이지 (a)와 같이 부유한 사람보다 가난한 사람들이 미신을 믿는 경향을 보인다는 이야기는 없다. '믿음 엔진'이란 말을 만들어 낸 사람은 마이클 셔머이다. 첫 번째 문단 마지막 부분에서 인류는 A라는 행위가 B라는 결과를 가져올 것이라는 우연한 믿음을 언급하면서 '믿음 엔진'을 설명하고 있다. 이로서 인간은 자연 속에서 일정한 패턴이 있을 것이란 믿음을 가지고 있음을 알 수 있다. 보기 (d)는 틀린 진술이다.
3. "공식적인 정정은 소문을 완전히 소멸시키지 못한다. 그것이 바로 거짓 소문, 비방과 험담의 무섭고도 놀라운 힘"에서 보기 (c)를 이끌어 낼 수 있다.
4. 루머가 발생하는 원인에 대해 두 번째 문단의 초반부에 잘 설명이 되어 있다. '정보가 제한적이거나, 일관된 논리가 없거나, 정보와 현실 사이에 괴리가 클 때, 그 틈을 메우며 루머가 등장한다. 정치적 억압과 정보 독점이 심하고 커뮤니케이션 구조가 왜곡될수록 많이 발생한다.'

▶ 정답 1(c) 2(b) 3(c) 4(c)

Unit 31 | Modern gangsters
야쿠자

일본 조직폭력단을 뜻하는 '야쿠자'란 말은 도박 세계에서 비롯됐다는 게 통설이다. 2장 혹은 3장의 패를 뽑아 합한 수치의 1의 자릿수, 즉 끗수가 높은 사람이 이기는 카드 게임에서 나온 용어이다. 서양의 트럼프게임 '블랙잭'과 비슷하다. 8, 9를 차례로 뽑을 경우 합은 17로 끗수는 7이 된다. 웬만한 사람이면 여기서 추가로 한 장을 더 뽑지 않는다. 그러나 이성적 판단보단 도박성이 앞서 한 장 더 뽑았을 때 3이 나오게 되면 끗수는 0이 돼 최악의 결과가 된다. 이 같은 몰상식한 사고와 행동이 야쿠자가 사는 모습을 상징적으로 보여 준다 해서 8, 9, 3의 일본어 연어 발음이 '야쿠자'가 된 것이다. 한마디로 '쓸모없는 자'란 뜻이다.

야쿠자가 가장 싫어하는 것은 자존심과 체면이 구겨지는 것이다. 그래서 조직 내 규율과 제재도 엄격하기로 유명하다. 가볍게는 근신·삭발이 있고 제명·파문·절연·단지(斷指)처럼 무거운 처벌도 있다. 최근 야쿠자 간에 생존을 건 치열한 경쟁이 벌어지고 있다. 사회 시스템의 투명화로 검은 돈을 챙길 기회가 줄어들었기 때문이다. 그래서 예전에는 상상도 못하던 야쿠자 조직 간 인수합병(M&A)이 속속 이뤄지고 있다. 합리적 조직 운영과 정보기술(IT) 마인드 도입에도 열심이다. 게다가, 조직 내부에서도 야쿠자 두목이 되기 위한 으뜸 조건은 싸움 실력이 아니라 경영 능력이나, 의사결정의 신속성, 글로벌 사업 능력 등으로 바뀌고 있다(야마다이라 시게키, 『야쿠자에 배우는 조직론』).

▶ 문제해설
1. '야쿠자 두목이 되기 위한 으뜸 조건은 싸움 실력이 아니라 경영 능력이나 의사결정의 신속성, 글로벌 사업 능력 등'에서 (c)가 정답임을 알 수 있다.
2. 두 번째 본문에서 언급되었듯이, 사회가 투명화되면서 이전의 'black money'를 챙길 기회가 적어짐에 따라, 현대 사회에서 생존하기 위한 다양한 변화를 추구하는 내용이 등장한다.
3. 궁극적으로 현대사회의 극심한 변화에 대응하는 야쿠자를 설명하고 있다.

▶ 정답 1(c) 2(b) 3(b)

Unit 32 | Code of life
코드

코드란 커뮤니케이션·정보 기술 분야에서 핵심적 용어다. 이것은 기호의 계열을 다른 기호 계열로 바꿀 때의 약속을 뜻한다. 예를 들어, 모스 부호는 전신 정보를 전송하는 한 방법으로, 문자를 전기신호로 바꾸어 보내는 것인데, 그때 문자와 전기신호의 대응을 코드라고 하는 것이다.

코드는 컴퓨터 기술용어에서도 많이 쓰인다. 데이터를 신호로 바꾸는 과정을 코드화(인코딩)라고 한다. 암호나 약호, 특정 사회나 집단 내 규약과 관례라는 뜻도 있다. (사물을 수치화하는) '바코드'가 있고, '드레스코드'란 말도 있다. (대통령 전세기를) '코드 원'이라고 부르는 것처럼 각종 군사첩보 작전명에도 등장한다. 또 서로 통하면 '코드가 맞다'고 하고, 무의식적이고 문화적인 공유를 코드라 칭하기도 한다. 『컬처코드』에서 문화 인류학자 클로테르 라파이유는 "컬처코드란 자신이 속한 문화를 통해 일정한 대상에 부여하는 무의식적인 의미"라고 썼다. 한마디로 코드란 정보를 표현하고 전달하기 위해 고안된 기호 체계, 커뮤니케이션과 정보 미디어의 근간이다.

매체철학자 빌렘 플루서는 미디어 테크놀로지 발전에 따른 인식과 문화의 변화를 연구하면서 코드를 주요 개념으로 썼다. 이때 코드는 상징을 모작하고 조절하는 체계라는 뜻이다. 그는 인류문화사적 관점에서 세 가지 코드를 제시했다. 선사시대의 그림, 역사시대의 텍스트(문자코드), 그리고 1900년대 이후 탈역사시대 영상(초언어 코드)이다. 선사시대 평면 그림은 인간에게 상징과 상상 능력을 주었다. 이어 문자코드는 근대화를 이끌었다. 사진·영화·TV·비디오·컴퓨터 애니메이션에 이르는 탈역사 영상코드는 인간을 텍스트에서 해방시켰다.

문제해설

1. 「컬처코드」에서 클로테르 라파이유가 말한 부분을 놓쳐선 안 된다. 인용된 그의 말을 보면, "컬처코드란 자신이 속한 문화를 통해 일정한 대상에 부여하는 무의식적인 의미"라고 말하고 있다. 즉, 한 문화 속에서 특정 대상에게 의미를 부여함을 알 수 있다.
2. 커뮤니케이션·정보 기술 분야의 핵심 용어인 코드에 대한 간략한 정의 이후, 다양한 생활분야에서 활용되는 점을 주로 다루고 있다.
3. 「컬처코드」에서 클로테르 라파이유는 "컬처코드란 자신이 속한 문화를 통해 일정한 대상에 부여하는 무의식적인 의미"라고 한 것에서 코드란 정보를 표현하고 전달하기 위해 고안된 기호 체계, 커뮤니케이션과 정보 미디어의 근간이라 할 수 있으므로 보기 (b)가 옳다. 보기 (d)의 경우 선사시대 이후 다양한 형태로 코드가 발달했음을 마지막 문단에서 확인할 수 있다.
4. 본문에서 언급된 '코드가 맞다'는 표현에 가장 적절한 내용을 고르는 문제다. 보기 (b), (c), (d)는 모두 'not on the same wavelength'에 해당하는 '불일치'를 드러낸다.

정답 1(d) 2(a) 3(b) 4(a)

Unit 33 | Feeling lucky
불길한 숫자

서양인들이 7을 행운의 숫자로 여기는 것은 구약 성경과 관련이 있다. 조물주가 엿새 만에 천지를 창조하고 7일째 안식을 취했다는 기록에서부터 7이 완성과 축복의 의미를 갖게 됐다는 것이다. '럭키 세븐'이란 표현은 1885년 메이저 리그 야구 경기에서 처음 나왔는데, 시카고 화이트 스타킹즈의 7회 공격 때 외야 플라이 성 타구가 때마침 불어온 강풍을 타고 홈런이 된 것을 계기로 널리 퍼졌다.

13을 불길한 숫자로 믿는 것도 성경에서 유래를 찾곤 한다. 나중에 예수를 배반하는 유다가 최후의 만찬 때 13번째 자리에 앉았다는 것이다. 프랭클린 루스벨트 전 미 대통령은 회의 출석자가 자신을 포함해 13명이 될 경우엔 (참석 자격이 없는) 비서까

지 회의장으로 불러들이곤 했다. 1970년 4월 11일 13시 13분에 발사된 아폴로 13호가 기계 고장으로 달 착륙 임무에 실패했을 때 사람들은 숫자 13의 저주를 떠올렸다. 다행히도, 인명 손실 없이 승무원들은 무사히 지구 귀환에 성공했다.

서양의 엘리베이터에 13층이 없는 것처럼 동양에는 4층이 없는 경우가 많다. 한국과 중국, 일본에서 숫자 4(四)는 사, 쓰, 시로 제각각 달리 읽히지만 '죽을 사'(死)의 음과 일치하는 건 공통적이다. 그래서 이들 나라에선 입원 병실에 4호실이 없다.

문제해설

1. '13을 불길한 숫자로 믿는 것도 성경에서 유래를 찾곤 한다.'에서 알 수 있듯이 13이 불길한 수로 여겨지는 배경이 7과 같이 바로 성경에서 유래했다는 것을 알 수 있다. (a)와 같이 아폴로 13호의 실패로 인해 생긴 것은 아니다. 고로, 보기 (b)도 옳지 않다. 동양의 4가 부정적으로 인식된 것이 종교적 배경이란 말은 없다.
2. "죽을 사'(死)의 음과 일치'에서 알 수 있듯이 죽음의 단어와 그 발음이 유사하다는 점에서 쓰기를 꺼린다.
3. 문제를 혼동해선 안 된다. 옳은 진술을 고르는 문제이다. (a)의 경우 시카고 화이트 스타킹즈의 7회 홈런으로 인해 경기에서 승리했다는 내용은 없다. '프랭클린 루스벨트 전 미 대통령은 회의 출석자가 자신을 포함해 13명이 될 경우엔 참석 자격이 없는 비서까지 회의장으로 불러들이곤 했다.'에서 알 수 있듯이 루스벨트는 13의 미신을 염두에 두었다는 점을 알 수 있다. 보기 (c)는 "럭키 세븐"이란 표현은 1885년 메이저 리그에서 시카고 화이트 스타킹즈의 7회 공격 때 외야 플라이 성 타구가 때마침 불어온 강풍을 타고 홈런이 된 것을 계기로 널리 퍼졌다.'에서 잘 드러나 있다.

정답 1(d) 2(d) 3(c)

Unit 34 | Dousing the sacred flame
성화

고대 그리스인들은 신의 전유물이던 불을 프로메테우스가 훔쳐 인류에게 전해 주었다고 믿었다. 그리스 신화대로라면 인류 문명의 출발점은 절도 행위에 있는 셈이다. 고대부터 올림픽 출전선수들은 제우스와 헤라(제우스의 아내)의 신전에 불을 피워 올리는 것으로 프로메테우스의 '위대한' 절도 행위를 기렸다. 그 불에 성화(聖火, sacred fire)란 이름을 붙인 것은 적절했다. 근대 올림픽에 성화가 처음 등장한 것은 1928년 암스테르담 올림픽 때였다. 하지만 그것은 대회기간 동안 경기장의 탑에 그냥 불을 피운 것에 불과했다. 고대 올림픽의 발상지인 올림피아에서 채화해 대회장까지 봉송한 것은 1936년 베를린 올림픽이 처음이었다.

올림픽을 나치즘의 정치 선전 무대로 활용하려던 것은 나치 독일이 착안해 낸 것이다. 그 해 8월 1일 베를린의 제국 경기장에 10만 관중이 운집한 가운데 아돌프 히틀러의 개회 선언이 끝나고, 그리스에서 유럽대륙을 거슬러 온 성화가 경기장에 도착하면

서 개막식은 절정을 이루었다. 이어 칠순의 리하르트 시트라우스가 지휘봉을 잡고 직접 작곡한 '올림픽 찬가'를 초연했다. 신을 경배하고 인류 문명의 태동을 찬양하던 성화는 어느새 나치의 체제 선전 무대를 밝히는 도구로 사용되었다.

오늘날, 성화의 도착은 모든 올림픽 개막식의 하이라이트로 자리를 잡았다. 미셸 플라티니와 무하마드 알리와 같은 유명한 운동선수들이 올림픽 성화 릴레이에 특색으로 다뤄졌다. 올림픽 성화에 불을 붙이는 이전 보다 더욱더 극적인 기술 또한 도입되었다. 올림픽 장소로 성화를 가져가는 이벤트의 크기도 매번 더 커졌다. 2004년 아테네 올림픽을 시작으로 성화는 아프리카 대륙을 포함해 전 세계를 누볐다. 올림픽 성화가 강한 바람으로 인해 꺼지는 사례도 있었지만, 올림픽 경기장까지 성화 봉송은 순조로웠다. 인류평화의 축전을 밝히는 횃불에 감히 누가 찬물을 끼얹겠는가.

문제해설

1. 한때 성화가 '나치의 체제 선전 무대를 밝히는 도구'로 활용되기도 했지만, 현재에 와 올림픽 성화는 세계 평화의 축전을 알리는 중요한 행사로 자리 잡았다. 아직 일어나지 않은 불확실한 상황에 대한 예측인 (a)는 알 수 없다. (b)의 경우 1928년은 올림픽에 성화가 처음 등장한 시기이지, 올림픽이 처음 생긴 시기를 나타내는 것은 아니다.
2. 프로메테우스는 신에게 불을 훔쳐 인간에게 가져다준다. 성화는 때로 나치의 선전물로 활용된 적이 있다는 점에서 보기 (b)는 옳은 진술이다.
3. 올림픽 성화의 기원과 함께 언제부터 올림픽과 연관이 되고, 어떤 경로를 통해서 현대까지 이르게 되었는지에 대한 간략한 역사를 살피고 있다.
4. 현대 올림픽 성화의 기원을 설명하는 글이다.

정답 1(d) 2(b) 3(c) 4(b)

Unit 35 | Lefties' rights
왼손잡이

문화적 편견 때문에 왼손잡이를 억지로 오른손잡이로 바꾸려 한 사회도 많았다. 손을 바꾸는 것도 아홉살 이전에는 70% 정도의 성공률을 보이지만 아홉살 이후에는 20%로 뚝 떨어진다. 왼손잡이에 관한 비밀은 현대과학으로도 완전히 풀리지 않았다. 잘 쓰는 손은 유전이 되긴 하지만 멘델의 유전법칙을 따르지 않기도 한다. 부모 모두 왼손잡이인 경우에도 자식이 왼손잡이인 비율이 많아야 50%다. 하지만, 아버지와 어머니 모두 오른손잡이인 경우에는 자식이 왼손잡이가 될 확률은 고작 2~10%다.

왼손잡이가 오른손잡이보다 더 똑똑한지도 풀리지 않는 의문이다. 어떤 이는 왼손의 움직임은 오른쪽 뇌가 좌우하고, 따라서 왼손잡이는 오른쪽 뇌가 담당하는 시공간적 기능이 발달됐다는 주장도 있다. 이들은 또한 레오나르도 다빈치와 미켈란젤로처럼 위대한 예술가 가운데 왼손잡이 비율이 상대적으로 높은 것도 이 때문이라고 주장한다. 반면 오른손잡이는 왼쪽 뇌가 발달돼 언어

능력이 뛰어나다고 한다. 오바마를 포함한 역대 미국 대통령 가운데 16%가 왼손잡이라고 알려졌다. 전문가들은 소수인 왼손잡이가 겪을 수밖에 없는 어려움을 극복해온 것이 높은 성취도를 가지게 된 원인이라고 말한다. 최근에는 컴퓨터 게임이나 전투기 조종과 같이 빠른 정보 처리가 필요한 작업에는 왼손잡이가 낫다는 연구 결과도 있다. 왼손잡이 뇌의 오른쪽 면과 왼쪽의 연결이 빠르기 때문이라는 것이다. 이런 점을 보면 21세기에는 굳이 왼손잡이를 오른손잡이로 바꿀 필요는 없을 것 같다.

문제해설

1. 글쓴이가 궁극적으로 전달하려는 내용을 담아낸 문장이어야 한다. 왼손잡이는 시공간적 기능이 뛰어나 역사적으로 위대한 예술가를 낳았을 뿐 아니라 뛰어난 언변으로 대통령 중 16%에 해당하며, 최근 연구를 통해 빠른 정보 처리 능력도 갖추고 있다고 말하고 있다. 즉, 왼손잡이도 오른손잡이와 마찬가지로 뛰어난 능력을 소유하고 있기에 굳이 왼손잡이를 오른손잡이로 바꿀 이유가 없다는 것이 주된 내용이다. 보기 (b)가 이러한 점을 가장 잘 드러내고 있다. 보기 (b)와 같이 본문에서 글쓴이의 견해에 대한 구체적 근거로 작용하는 하나의 예를 글의 요지로 잡아선 안 된다.
2. 멘델의 유전법칙을 통해 왼손잡이의 자식을 가질 확률이 나오는 첫 번째 문단의 내용과 '소수인 왼손잡이가 겪을 수밖에 없는 어려움을 극복해온 것이 높은 성취도를 가지게 된 원인'의 문장에서도 왼손잡이는 사회의 소수임을 알 수 있다.
3. '최근에는 컴퓨터 게임이나 전투기 조종과 같이 빠른 정보 처리가 필요한 작업에는 왼손잡이가 낫다는 연구 결과도 있다.'의 문장으로 볼 때, 반드시 왼손잡이 조종사가 오른손잡이 조종사를 이길 것이라는 내용은 이끌어 낼 수 없다. 개연성을 바탕으로 일반화를 이끌어낸 오류문이다.
4. 오른손잡이이건 왼손잡이이건 사회에 기여하는 바에는 차이가 없으며, 둘 다 사회에서는 다 나름의 역할을 한다는 (d)가 올바른 제목이다.

정답 1(b) 2(c) 3(a) 4(d)

Unit 36 | Ugly Chinese?
어글리 차이니스

2014년 말 대만에서는 한 40대 중국 본토 관광객 때문에 난리가 났다. 그가 대만 최대통신사인 중화뎬신(中華電信)의 출입금지 지역에 들어가 온갖 기계를 찍은 뒤 사진을 SNS에 올린 탓이었다. 그는 "정보기관에서 촬영한 비밀장비"라고 허풍을 떨었다. 조사 결과 그는 중국 본토에서 만난 이 회사 직원의 안내로 잠입했다고 한다. 노출된 기계들은 비밀장비는 아니었지만 본토 관광객들의 무례함은 대만인을 분노케 했다.

본토인들의 대만 관광이 본격화된 것은 2008년이다. 본토 관광객들은 폭발적으로 늘었지만 이에 비례해 대만인들의 대중(對中) 혐오는 깊어만 갔다. 아무 데나 쓰레기를 버리고 침을 뱉는 것은 물론 대만인의 성지인 장개석(蔣介石) 기념관에서도 방뇨하기 일쑤였던 까닭이다. 홍콩도 이에 못지않았다. 본토인의 분유·기저귀 싹

쓸이로 홍콩인들도 진절머리를 냈다. 식민지 시대 때 자신들을 탄압했던 일본인보다 본토인을 더 증오한다는 여론조사까지 나올 정도다.

대만의 관광 개방은 반중(反中) 감정을 부채질해 중국으로부터의 독립을 주장하는 차이잉원 정권의 집권을 가져왔다. 이후 중국 정부의 입김이 작용했는지 올 들어 본토 관광객은 전년보다 30%나 줄었다고 한다. 본토에 관광 개방을 한 것이 실제로는 본토와의 교류 감소를 초래한 꼴이 된 것이다.

국제정치학의 핵심이론인 자유주의는 "국가 간 교류 확대가 평화를 가져온다"고 설파한다. 상대 관습을 알면 문화 차이로 인한 오해도 풀리면서 사이가 좋아진다는 논리다. 하지만 이 이론은 빵점 매너가 국민감정까지 영향을 줄 거라곤 예상하지 못한 듯하다. 물론 중국인이 영원히 무례할 걸로 여기면 큰 오산이다. 중국인들이 삶에 윤기가 돌고 외국물도 먹으면 머잖아 세련된 매너를 자랑할 것이다. 얼마 전까지만 해도 '어글리 코리언'으로 통하던 게 한국인이 아니던가? 이젠 '어글리 차이니스'가 문제지만 원조는 '어글리 아메리칸'이다. 1950년대 유럽과 남미에서는 미국 관광객이라고 하면 시끄럽고 무례하기 짝이 없는 비(非)문명인의 대명사였다. 심지어 '어글리 아메리칸'이란 제목의 책과 영화까지 나왔었다.

문제해설

1. 이 글의 핵심은 중국과 태국 간의 혐오가 아니라 여행객들의 무례한 행동이 국민감정에 어떠한 영향을 주었는지를 다루고 있다. 아무리 국가 간에 교류가 확대되고 서로의 관습과 문화의 차이를 알아간다고 해도 매너가 좋지 않다면 사이가 좋아질 수 없다.

2. (a) 홍콩 시민들은 본토인들의 분뇨와 기저귀 쌕쓸이에 진절머리를 내고 있으며 심지어 식민지 시대 때 자신들에게 탄압을 가했던 일본인보다 본토인들을 더 증오한다는 여론조사까지 나왔다. 이는 여행객들의 무례한 행동이 얼마나 큰 혐오감을 불러일으킬 수 있는지를 보여준다. (c) 여행객들의 무례한 행동은 대만뿐 아니라 홍콩에서도 질타를 받았다. (d) 마지막 단락에서 본토인들은 영원히 '어글리 차이니스'로 남지 않을 것이며 여행을 하며 외국에서의 경험을 통해 세련된 매너를 갖게 될 것이라 한다. (b) 역사적으로 중요한 장소에 방뇨를 하는 등 일부 중국 본토 관광객들의 무례한 행동으로 인해 대만인들은 분노했지만 이러한 행동이 대만인들을 모욕하기 위해 의도적으로 행해진 것인지는 알 수 없다.

3. 국가 간 교류 확대가 평화를 가져온다는 자유주의는 빵점 매너가 국민감정까지 영향을 줄 것이라는 것을 아예 예상치 못했다. (c)와 같이 여행객들이 언제나 예상한 것처럼 행동하지는 않는다는 것은 그들의 행동을 아예 고려하지도 않았다는 본문과는 다르기 때문에 (a)가 정답이다.

4. 밑줄 친 문장으로 알 수 있는 사실은 본래 관광 개방이 본토와의 교류를 향상시키는 목적이었다는 점이다. 결과적으로는 감소하는 꼴이 되었으나 본래의 목적은 이와 반대라는 것을 유추할 수 있다.

정답 1(c) 2(b) 3(a) 4(c)

Unit 37 | Classical economics
오보에

세계에서 가장 뛰어난 음악 그룹 중 하나로 국제적으로 인정된 오르페우스 체임버 오케스트라는 지휘자가 없다는 것이 독특하다. 매번 단원들은 수석 악사와 주요 연주자를 뽑는다. 협력적 지도스타일로 화려한 기량의 연주자들이 지휘자 없이 깊은 음색의 화음을 만들어낸다. 시장에 기반을 둔 미국식 자본주의 또한 비슷한 통제에 초점을 둔 것으로 잘 알려져 있다. 이 오케스트라가 지키는 중요한 핵심 작업은 불협화음을 내지 않기 위해 자신의 악기를 튜닝하는 것이다. 이러한 의미에서 오보에는 다양한 소리를 조화시키는 핵심적인 역할을 한다.

오보에는 한때 중세 교회에서 추방당했다. "영혼을 앗아간다"는 혐의를 받았다. 너무 아름답고 애절한 음색이 신성함과 부딪힌 것이다. 오보에는 또 인내가 필요한 악기다. 감미롭고 슬픈 선율을 내려면 숨을 오래 참아야 한다. 하지만 오보에는 안정된 음을 내는 것으로 인해 살아남았다. 교향악단은 연주에 앞서 오보에에 맞춰 튜닝을 한다. 바이올린이나 첼로는 오보에에 맞춰 현을 조이거나 푼다. 오케스트라는 오보에의 독특한 소리에 주의해야 한다. 약간의 실수도 불협화음을 만들어 낸다. 그러기에 오보에는 전체 오케스트라의 조화의 역할을 하지만 어떠한 실수도 허용하지 않는 가장 무서운 악기로 간주된다.

문제해설

1. 본문은 지휘자가 없는 오케스트라에서 튜닝을 통해 각 악기의 조화를 이끄는 오보에에 관한 글이다. 보기 (b)와 (d) 중 보기 (d)가 좀 더 본문의 요지를 잘 전달하고 있다.

2. '오보에는 또 인내가 필요한 악기다. 감미롭고 슬픈 선율을 내려면 숨을 오래 참아야 한다'에서 알 수 있듯이 보기 (a)는 옳은 진술이다. '오보에는 한때 중세 교회에서 추방당했다. "영혼을 앗아간다"는 혐의를 받았다. 너무 아름답고 애절한 음색이 신성함과 부딪힌 것이다.'에서 알 수 있듯이, 영적인 측면에서 이야기한 것이지 실질적으로 사람의 목숨을 앗아간다는 의미는 아니므로 보기 (b)는 옳지 않다. 보기 (c)와 (d)의 내용도 본문과 일치하지 않는다.

3. 본문에서 오보에는 오케스트라 전체의 조화를 이끌어내는 핵심적인 악기라고 말하고 있다. 고로, 오보에가 없을 경우, 조화로운 연주가 가능하지 않게 됨을 알 수 있다.

정답 1(d) 2(a) 3(c)

Unit 38 | Multiple choice
폴리아모리

'폴리아모리(polyamory)'란 독점하지 않는 다자 간 사랑, 비독점 다자 연애를 뜻한다. 두 사람 이상을 사랑하지만 파트너에 대한 인식과 동의를 바탕으로 한다는 점에서 단순한 '바람피우기'와는 다르다. 폴리아모리는 '모노가미(monogamy)', 즉 일부일처제ㆍ단혼의 반대말이다. 이혼 후 재혼하면 '시리얼 모노가미(serial monogamy)'다. '폴리가미(polygamy)'는 한 번에 다양한 사람과 결혼을 하는 것이다. 양방, 혹은 한 쪽이 복수의 상대와 결혼하는 것이다. 일부다처(polygyny)는 여러 부인을 가지는 행위를 가리키고, 일처다부(polyandry)는 한 여성이 여러 남편을 거느리는 것을 가리킨다. 폴리아모리를 주장하는 사람은 폴리아모리와 폴리가미의 차이점을 강조한다.

폴리가미가 종교적이거나 지역적인 전통에 의해 규범화된 결혼제도라면, 폴리아모리는 문화적인 결과물이라는 것이다. 파트너들이 스스로 집단혼 형태를 결정하거나 파트너의 외도를 인정하는 '개방결혼'이라는 점이 핵심이다. 인류는 일부일처제를 이상화했지만 이는 인간 본성에 맞지 않을 뿐 아니라 특히 여성에게 억압적이라고 본다. 가장 평등해 보여도 그 이면에서 오랫동안 남성의 외도와 여성의 상품화를 제도화해왔다는 것이다. 폴리아모리하면 성적 개방성이 가장 먼저 눈에 띄지만, 이는 헌신과 친밀감 및 지적 유대도 강조한다.

문제해설
1. 본문은 폴리아모리와 비슷한 다른 형태의 관계를 기술한 후, 특히 폴리가미와 다른 차이점을 다루고 있다. 보기 (b)의 경우 'similarities'가 아니라 'differences'가 되어야 옳다.
2. '인류는 일부일처제를 이상화했지만 이는 인간 본성에 맞지 않을 뿐 아니라 특히 여성에게 억압적이라고 본다'의 본문의 내용에서 알 수 있듯이 폴리아모리를 주장하는 사람은 일부일처제가 인간 본성을 거스르는 행위이며, 여성을 성적으로 억압하는 도구로 사용되었다고 했으므로 보기 (b)는 옳은 진술이다. 폴리아모리와 일부다처 그리고 일처다부는 서로 다른 관계를 드러내는 표현이다. 고로 (c)는 틀린 진술이며, '두 사람 이상을 사랑하지만 파트너에 대한 인식과 동의를 바탕으로 한다는 점'에서 보기 (d)도 틀린 진술이다.
3. 폴리아모리를 주장하는 사람들은 일부일처제는 인간의 본성을 거스르고, 여성을 억압한다고 인식하면서 자신들은 이러한 억압에서 성적 개방을 추구할 뿐 아니라 헌신과 친밀감 및 지적 유대도 강조한다고 했다. 고로 보기 (a)와 같이 일부일처보다 좀 더 우월한 인간관계의 형태로 파악한다고 볼 수 있다.

정답 1.(c)   2.(b)   3.(a)

Unit 39 | Real-life piracy
해적

"이것은 돈 많은 신사들에 관한 이야기다. 그들은 거칠게 살고 교수형을 감수하지만 사치스럽게 먹고 마신다. 순항이 끝나면 그들의 호주머니는 푼돈 대신에 수백 파운드의 돈으로 두둑해진다. 그 돈의 대부분이 럼주를 마시고 즐기는 데 뿌려진다. 그리고는 셔츠를 걸치고 다시 바다로 나간다." 한 쪽 어깨는 늘 앵무새가 차지했던 선장 존 실버가 묘사한 해적들의 생활방식이다. 세계아동문학전집의 단골 메뉴인 소설 『보물섬』(로버트 스티븐슨)에 나오는 이야기다. (서양) 소설이나 영화에서 해적은 미화되는 경우가 많다. 낡은 지도를 따라 보물 상자가 묻혀진 미지의 섬을 찾아 항해한다는 생각은 낭만적이기까지 하다.

하지만 진짜 해적들의 삶은 이와는 정반대로 비열하고 잔인하며, 배신이 횡행하고 질병과 폭력으로 단명하는 절망적 삶이다. 『해적의 역사』를 쓴 앵거스 컨스텀은 법을 지키며 살아가는 현대 도시인들과 반대되는 자유로운 행동을 대표하는 정서적 이미지를 해적에 덧씌웠을 뿐이라고 결론지었다.

해적은 매춘에 버금가는 오래된 직업이다. 매춘이 그렇듯, 인간의 항해술이 바다를 넘어 우주공간으로 향하는 이 시대에도 해적은 근절되지 않고 있다. 수에즈 운하와 이어지는 소말리아 인근 해역에서는 많은 해적 사건들이 매년 일어난다. 달라진 게 있다면 화물을 약탈하던 옛날 해적들과는 달리 선원을 인질로 잡아 몸값을 챙기는 게 주업이란 점이다. 며칠 전 로스앤젤레스 타임스는 소말리아 해적의 한 해 수입이 5,000만 달러에 육박할 것이라고 추정했다. 20년 가까운 내전으로 피폐한 소말리아에선 몇 안 되는 호황 업종이라 할 만하다. 그러다 보니 호화 별장에 고급 외제차를 굴리는 해적이 젊은 여성들이 첫 손에 꼽는 신랑감이 된 것도 놀라운 일이 아니다.

문제해설
1. '달라진 게 있다면 화물을 약탈하던 옛날 해적들과는 달리 선원을 인질로 잡아 몸값을 챙기는 게 주업이란 점이다.'의 내용에서 보기 (a)는 본문에 드러난다. 첫 번째 문단과 두 번째 문단을 통해서 일반인이 인식하는 로맨틱한 해적의 삶은 잘못된 것임이 잘 드러나 있다. '진짜 해적들의 삶은 이와는 정반대로 비열하고 잔인하며, 배신이 횡행하고 질병과 폭력으로 단명한 절망적 삶이다.' 부분에서 알 수 있듯이, 질병과 폭력 그리고 배신으로 인해 단명한다는 점에서 보기 (d)도 다뤄지고 있다.
2. 첫 번째 문단에 선장 존 실버의 생활방식에 대해서 잘 드러나 있다. 항해에서 돌아올 때 두둑한 돈을 가지고 온다고 말했으므로 보기 (b)는 옳은 진술이다. (a)의 앞부분은 옳은 진술이나 뒤에 이어지는 부분에서 돈을 저축하고, 큰 집을 장만한다는 내용은 없다. 오히려 가져온 목돈을 흥청망청 다 쓴다고 나와 있다.
3. 본문 마지막에 잘 드러나듯이 부를 축적한 해적의 경우 남편감으로 여성의 선망의 대상이 되고 있다. (b)의 경우 부분적인 내용만 옳다.
4. 매춘만큼 오래되었으며, 시대가 변해도 여전히 존재하는 직업이기에 비교한다는 것을 마지막 문단에서 확인할 수 있다.

정답 1.(b)   2.(b)   3.(a)   4.(c)

Unit 40 | Femme fatales
팜므 파탈

20세기 초반의 가장 비극적인 예술 작품 중 하나는 알마 말러라는 한 여인을 모티브로 삼았다. 그녀의 첫 남편 구스타프 말러는 후기낭만파의 거장이다. 그의 6번 교향곡 A단조는 '비극적'이라 불리는 것과 달리 부드럽고 장엄하다. 이 천상의 소리는 19살 아래의 아리따운 아내를 위한 것이었다. 그는 관능적이고 지적인 알마에게 무섭게 집착했다. 그녀를 독점하려 집에 감금하는 광기를 부렸다.

말러의 교향곡은 두 사람의 비극적 결말을 예고한다.

오스카 코코슈카는 표현주의 주도적 인물로 유럽 예술의 핵심 인물이다. 그가 그린 '바람의 신부'는 구스타프 말러의 죽음 후 과부가 된 알마 말러에 대한 짝사랑을 표현하는 자화상이다. 폭풍우가 몰아치는 밤에 둘은 열정적인 사랑을 나눈다. 코코슈카는 그녀에게 집착하며 수백 통의 편지를 썼지만, 결국 알마에게 거절당하고, 알마는 좀 더 안정된 삶을 찾아 헤맨다. 코코슈카가 66년 동안이나 정신분열증에 시달리는 동안, 알마는 두고두고 욕을 먹었다.

요즘 영화나 TV드라마에는 매혹적인 팜므 파탈이 넘쳐난다. 그들의 거부할 수 없는 매력과 아름다움에 빠진 남자들은 누구든 나락에 빠뜨리는 역할이다. 스트립바를 전전하다 성인잡지 모델이 되면서 유명세를 얻은 안나 니콜 스미스는 63살이나 많은 석유재벌 하워드 마셜과 결혼했다. 남편이 결혼 1년 만에 숨지자 4억 7,000만 달러의 재산을 상속받았다. 하지만 많은 사람들이 가정하는 것처럼 그녀는 과연 행복했을까?

여성의 눈으로 보면 그런 여성들이 달리 보인다. 알마는 원래 예술적 재능이 빼어났다. 그녀는 말러와 코코슈카의 숨겨진 재능을 발견하고 사랑했을 뿐이다. 두 번째 남편인 발터 그로피우스는 최고의 건축가였고, 마지막 남편인 프란츠 베르펠도 세계적인 작가였다. 알마는 그들 모두 천재적인 자질이 있었고 아름다운 사람들이었다고 회고했다. 자신의 남편이 죽은 후, 스미스도 남편의 재산을 둘러싼 끊임없는 법정 분쟁을 하게 되고, 자신의 20살 자식이 죽은 후, 약물 과다 복용으로 인해 지난 해 한 호텔 방에서 외로운 삶을 마감한다. 진실이 모두 드러날 때까지 팜므 파탈로 함부로 비난할 일은 아니다. 현대판 주홍글씨가 따로 없다.

문제해설

1. 팜므 파탈에 해당하는 두 인물의 삶을 조명하면서 세 번째 문단 마지막에서 글쓴이가 궁극적으로 밝히려는 문제 제기(많은 이들이 가정하는 것과 같이 팜므 파탈의 삶은 행복한가?)가 이루어진다. 이에 대한 글쓴이의 답변은 본문 마지막 문장에서 잘 드러나고 있다.

2. 부와 관련된 구체적 인물을 찾는 문제이다. 석유재벌 하워드 마셜과 결혼한 안나 니콜 스미스가 가장 적절한 대상이다.

3. 구스타프 말러와 코코슈카의 집착 뿐 아니라 결혼을 여러 번 했다는 점에서 관능적이고 지적인 알마에게 많은 남성들이 사랑에 빠졌음을 알 수 있다. 안나 니콜 스미스는 남편이 죽고, 법정 분쟁 뿐 아니라 자식마저 잃고 난 후 자살하는 비운을 맞는다. 보기 (c)에서 둘이 만난 적이 없다는 말은 틀리다. 본문에서 알마와 오스카 코코슈카는 열렬한 사랑을 나눈다고 명시되어 있다('폭풍우가 몰아치는 밤에 둘은 열정적인 사랑을 나눈다.').

4. '코코슈카는 66년 동안이나 정신분열증에 시달리는 동안, 알마는 두고두고 욕을 먹었다.'에서 보기 (d)를 이끌어 낼 수 있다.

정답 1(c) 2(b) 3(c) 4(d)

Unit 41 | Dealing with drugs
마약 실용주의

실험용 쥐에게 마약을 제공한다. 쥐는 전기충격을 무릅쓰고, 먹이를 외면할 정도로 마약에 몰두한다. 실험의 결론: "거봐, 마약은 이렇게 중독성이 강하고 위험한 거야." 그러나 이에 대한 반론을 제기할 수 있다: "하지만 쥐의 입장에서 생각해 봐. 비좁은 철창에 죄수처럼 갇혀있잖아. 사는 게 고통이잖아. 행복한 쥐도 마약을 할까?"

1981년 캐나다 사이먼 프레이저 대학에서 실험을 했다. 널찍한 공간에 맛있는 치즈와 수많은 놀거리를 갖추고 암수컷 16마리를 위한 이상적인 공원을 만들었다. 모르핀을 탄 설탕물과 맹물을 함께 제공했다. 반면, 다른 16마리 쥐들은 철창에 갇혔다. 결과적으로, 제멋대로 돌아다니며 기분 좋은 쥐들은 맹물을 주로 마셨다. 그에 반해 철창에 갇힌 쥐들은 공원 쥐들보다 모르핀 설탕물을 최대 16배 더 마셨다. 이 실험이 논란의 대상이 된 것은 약물의 위험을 과소평가하고 중독의 주 책임을 환경에 돌렸기 때문이다.

영국 북부 웨일즈의 경찰국장 리차드 브룬스트롬은 극단적 입장을 취한다. "국가는 마약과의 전쟁에서 패배했다. 중독자는 급증하고 범죄 집단은 엄청난 수입을 올린다. 이제는 도덕주의적 도그마에서 벗어나 마약 합법화에 대한 실용적이고 현실적인 정책을 펴야 한다. 국가가 마약을 직접 판매하면 범죄 집단의 수입원을 차단하고 관련 범죄를 줄일 수 있다." 현실주의 혹은 패배주의가 급진주의가 된다는 점은 아이러니하다.

문제해설

1. 실험이 등장하는 지문은 실험의 구체적 내용과 결과를 바탕으로 글의 요지를 이끌어낼 수 있다. 첫 번째 문단에서 드러나는 '환경에 따라 마약 복용이 달라질 수 있다'는 가정을 바탕으로 두 번째 문단에서 실험이 이루어지고 있다. 즉, 본문은 '마약 복용과 환경의 영향력의 관계'에 관한 글이다.

2. 첫 번째 문단에선 쥐의 실험을 통해 마약의 위험한 중독성을 드러내고, 마지막 문단에선 마약이 다루기 힘든 심각한 사회적 병폐임이 잘 드러난다. (b)는 영국 북부 웨일즈의 경찰국장 리차드 브룬스트롬이 취한 극단적 입장일 뿐이다.

3. 본문 마지막에서 '마약의 법적인 조치'에 관한 내용이 전개되고 있다. 보기 (d)의 내용이 이어지는 문단에 가장 적절하다.

4. 두 번째 문단에서 쾌적한 환경에 놓인 쥐는 모르핀을 탄 설탕물이 아닌 맹물을 마셨다고 했다. 고로 보기 (a)는 틀린 진술이다. 보기 (b)의 경우 두 번째 실험을 통해 옳음을 알 수 있다. (c)의 경우, 첫 번째 문단과 두 번째 문단을 통해 환경이 마약 섭취에 영향을 미친다는 것을 이끌어 낼 수 있다. 영국 북부 웨일즈의 경찰국장은 정부가 취하는 현 정책이 마약을 없애는 데 실패했다고 말했으므로 (d)도 옳다.

정답 1(b) 2(a) 3(d) 4(a)

Unit 42 | The essence of consumption
반소비

　과시와 낭비를 현대 소비의 특징으로 본 이는 장 보드리야르다. 그는 현대의 영웅을 '낭비가'로 불렀다. 오늘날 영웅의 기준은 낭비의 규모라는 것이다. 실제로 사람들은 연예·스포츠 스타들이 누리는 천문학적 수치의 호화생활을 부러움 반, 놀라움 반으로 지켜본다. 마르셀 모스 역시 "재화의 낭비가 낭비하는 사람에게 특권과 위세를 가져다 준다"고 썼다. 부르디외에 따르면 소비는 계층 간 구별짓기의 표식이기도 하다. 명품의 소비는 내가 상류층이라는 증표다. 귀족적 품위를 뜻하는 'distinction'의 원 뜻이 차이·구별이듯 말이다. 누구나 자신보다 한 단계 높은 계층의 소비 방식을 따라하며 신분상승을 꾀하려 한다. 경제적 무리를 감수하며 명품을 사들이거나, 거침없는 상류층의 낭비벽을 흉내내기도 한다. 민망하지만 '짝퉁'도 있다. 모두 소비의 본질이 과시라는 증거다.

　여기서 딜레마가 생긴다. 풍요사회로 진입하면서 대중이 대량소비로 상류층을 좇는데, 이로 인해 이른바 명품의 대중화 현상이 발생한다. 너도 나도 명품을 들며 소비의 계층 표식이 불투명해지자 최상류층이 택한 전략이 바로 '반(反)소비' 또는 '과소 소비'다. 최고 갑부들이 소형차를 타고 서민 식당을 찾는 것이다. 이에 대해 박정자 상명대 교수는 자신의 책 『로빈슨 크루소의 사치』에서 이를 냉소했다. "중간 계층 20대 여성에게 루이비통 핸드백이 지위를 높여주는 차이 표시 기호라면, 재벌 오너에게는 5,000원짜리 순두부 한 그릇이 차이 표시 기호. 그러한 검약은 극단적 힘의 표출의 한 형태"이다. 리스먼도 비슷한 지적을 했다. "기존의 상류층은 과소 소비를 하면서 벼락부자와 자신을 구별한다."

문제해설

1. 본문에서 말한 과소 소비는 돈이 많은 상류층이 오히려 대중화된 과소비에서 자신을 구별하는 수단으로 작용하고 있다. (c)가 이런 점을 가장 잘 드러낸다.
2. 일반인과 자신을 구별하는 상류층에서 일고 있는 현상인 과소 소비를 설명하는 글이다.
3. 본문의 구체적 내용을 묻고 있다. '너도 나도 명품을 들며 소비의 계층 표식이 불투명해지자, 최상류층이 택한 전략이 바로 '반(反)소비' 또는 '과소 소비'다.'에서 (b)가 정답임을 알 수 있다.

정답 1(c) 2(a) 3(b)

Unit 43 | Superstars have super stress
수퍼스타 경제학

　영화배우나 TV탤런트, 가수 등 유명 연예인들의 실제 수입은 자세히 알기 어렵다. 그러나 최근 언론에 드러난 금액은 가히 천문학적이다. 몇백만은 보통이고, 적어도 천만 달러를 버는 연예인도 있다. 스타의 위력이 어느 정돈지 실감난다. 실제로 몇몇 유명 연예인은 웬만한 중소기업의 매출액을 능가하는 수입을 올린다. 요즘은 인기 연예인을 앞세운 기업이 주가가 급등하여 대박을 터뜨리기도 한다. 기업공개로 수천만 달러를 챙긴 연예인도 있다. 이들은 그냥 스타가 아니라 수퍼스타다.

　이런 일부 수퍼스타를 제외한 대부분의 연예인들은 생활이 화려하지도 않고 수입도 변변치 않다. 수퍼스타와 보통 연예인의 수입은 천양지차(天壤之差)다. 하는 일이 비슷한데도 수입의 격차가 이토록 크게 나타나는 이유는 '수퍼스타 현상'이 연예시장을 지배하기 때문이다. 이 시장에서는 소비자가 최고의 생산자가 제공하는 상품을 원하고, 이 최고의 생산자만이 모든 소비자에게 최저의 비용으로 상품을 제공할 수 있는 기술을 가졌다. 최고를 가르는 기준은 대중의 인기다. 무명배우의 영화를 열 번 본다고 수퍼스타가 출연하는 영화에 대한 갈증이 해소되지 않는다. 수퍼스타 현상은 프로스포츠도 마찬가지다. 몇몇 스타플레이어와 나머지 선수들 간의 수입 격차에서 여실히 드러나니 말이다.

　스타가 되기 위해서는 타고난 재능과 노력도 필요하지만 운도 따라야 한다. 어쩌다 찾아온 기회를 잡지 못하면 스타가 되는 길은 영영 멀어지고 만다. 수퍼스타의 수입이 아무리 많아도 그 수퍼스타가 될 확률이 낮으면 기대소득은 낮을 수밖에 없다. 연간소득이 천육십만 달러이고 스타가 될 확률이 0.1%라면 기대소득은 연간 만육천 달러에 불과하기에, 대다수 무명 연예인들이 궁핍한 이유다. 수퍼스타의 지위를 유지하는 기간이 짧다는 점을 감안하면 생애 통산 기대소득은 더 줄어든다. 기대소득은 낮을 수밖에 없다. 연간소득이 천육십만 달러이고 스타가 될 확률이 0.1%라면 기대소득은 연간 만육천 달러에 불과하기에, 대다수 무명 연예인들이 궁핍한 이유다. 수퍼스타의 지위를 유지하는 기간이 짧다는 점을 감안하면 생애 통산 기대소득은 더 줄어든다.

문제해설

1. '수퍼스타 현상은 프로스포츠도 마찬가지다.'에서 보기 (a)는 틀린 진술임을 알 수 있다. 본문에서 수퍼스타의 기회는 자주 찾아오지 않는다고 했다. 고로 보기 (b)도 틀린 진술이다. 보기 (d)의 경우 본문에 드러나 있지 않다. 보기 (c)만이 정답이다.
2. 첫 번째 문단에서 엄청난 부를 축적하는 소수의 수퍼스타를 다루고 있고, 두 번째 문단은 이와 정반대인 슈퍼스타를 꿈꾸는 다수의 무명의 삶을 언급하고 있다.
3. '일부 수퍼스타를 제외한 대부분의 연예인들은 생활이 화려하지도 않고 수입도 변변치 않다.'에서 보기 (c)를 이끌어낼 수 있다.
4. 수퍼스타 현상에 대한 본문의 정의를 살펴보면, '소비자가 최고의 생산자가 제공하는 상품을 원하고, 이 최고의 생산자만이 모든 구입자에게 최저의 비용으로 상품을 제공할 수 있는 기술을 가졌다.'이다.

정답 1(c) 2(b) 3(c) 4(d)

Unit 44 | Pursuit of libertarianism
리버테리언

클린트 이스트우드는 그의 가장 강력한 경쟁자였다. 두 사람은 2005년에도 같은 상을 놓고 경쟁했는데, 당시 승자는 이스트우드였다. 묘한 라이벌이 됐지만 두 사람은 서로의 작품을 열렬히 지지했다. 스코세이지가 '예수의 마지막 유혹'으로 교계와 일전을 벌일 때 이스트우드는 표현의 자유를 언급하며, 그를 적극 옹호했다. 배우 출신 감독인 이스트우드는 '미국영화의 기적'이라 불리기도 한다. 젊은 날 마초 이미지의 흥행 배우에서 오늘날 존경받는 감독이 되었으니 말이다. 그는 60~80년대 마카로니 웨스턴 류의 영화와 형사물 '더티 해리'시리즈에서 주연을 맡았다. 감독으로서는 서부극의 관습을 비튼 '용서받지 못한 자'(1992)와 안락사 문제를 직접적으로 다룬 '밀리언달러 베이비'(2005)가 대표작이다. 두 영화로 모두 아카데미 감독상을 거머쥐었다. 그는 현재 거의 80대인데 그의 영화는 나이가 들어갈수록 내용이 깊어진다.

그러나 그의 정치 성향은 종종 논란이 됐다. '더티 해리'는 대표적인 우익 파시스트 영화로 맹공받았다. 평생 공화당원이고, 로널드 레이건 전 대통령과 가깝다는 것도 도마에 올랐다. 이스트우드 본인은 이에 대해 스스로를 '리버테리언(libertarian · 자유의지론자)'이라 규정한다. (프랑스의 영화비평지) 『카이에 뒤 시네마』와의 인터뷰에서 그는 "1950년대 초 군복무 시절에는 공화당에 표를 던지긴 했지만 나는 어느 정파에도 잘 맞지 않는 것 같다. 차라리 리버테리언에 가까운 것 같다"고 말했다. 리버테리언은 미국 보수파의 한 지류로 꼽히지만 모호한 측면이 있다. 토종 카우보이 정신에 근거해 미국식 자유주의의 근간이 되는 한편 좌파와도 어울린다.

문제해설
1. 본문에서 클린트 이스트우드의 종교적 입장과 이러한 요소가 자신의 영화 선택에 어떤 영향을 미쳤는지에 대해선 언급이 없다. 공화당과의 관계, 마틴 스코세이지와의 라이벌 관계, 그리고 밀리언 달러 베이비와 같은 영화를 통해 사회의 논쟁적 이슈를 다루려는 성향 등은 모두 드러나 있다.
2. '배우 출신 감독인 이스트우드는 '미국영화의 기적'이라 불리기도 한다. 젊은 날 마초 이미지의 흥행 배우에서 오늘날 존경받는 감독이 되었으니 말이다.'에서 알 수 있듯이, 배우와 영화감독으로 모두 성공한 경우가 아주 드물다는 것을 알 수 있다.
3. 인터뷰에서 클린트 이스트우드는 "1950년대 초 군복무 시절에는 공화당에 표를 던지긴 했지만 나는 어느 정파에도 잘 맞지 않는 것 같다. 차라리 리버테리언에 가까운 것 같다"라고 언급하고 있다.

정답 1(a) 2(b) 3(c)

Unit 45 | Helicopter kids will crash
코치 인생

'헬리콥터 부모'는 자녀에게 지나치게 신경쓰며 간섭하는 부모를 일컫는다. 미국에서는 기업들이 그들의 재능 있는 자녀들을 유치하기 위해 헬리콥터 부모들을 공략한다는 보도가 나온다. 공격적이면서 헌신적인 어머니의 국내 현상이 세계적이란 말이다.

미국에서는 1980년대 이후 출생한 자녀들을 '헬리콥터 아이'라 간주한다. 부모의 과잉보호로 '특별한 나'에 대한 자아도취가 심하다. 과거 어느 세대보다 나르시시즘이 강하다는 연구도 발표됐다. 부모에게 얹혀사는 '캥거루족', 어른 되기를 거부하는 '피터팬 신드롬', 왕자처럼 키워지는 중국의 '소황제'도 비슷하다. 이 용어들은 헬리콥터 아이와 비슷하게, 삶의 위협이 될 정도로 과잉보호된 아이들에게 해당된다.

'히치'라는 할리우드 영화에서 주인공 윌 스미스의 직업은 의뢰인의 연애문제를 해결해주는 데이트 코치다. 영화 속 얘기만이 아니다. 실제 데이트를 알선하고 관리하는 비지니스가 생기고 있다. 국내 케이블TV에는 유명 연예인들이 데이트 코치로 나서는 프로도 있다. 데이트만도 아니다. 삶이 복잡해지고, 경쟁이 심화되고, 정보가 넘쳐나면서 자기개발, 경력관리, 대인관계, 자녀교육, 재정문제 등에 '라이프 코치'들이 생겨나고 있다. 베스트셀러 상위목록을 차지하는 각종 자기개발서들도 알고 보면 이런 개인교습서(코칭북)들이다. 미국에서는 라이프 코치 산업이 10억 달러 규모에 이른다.

국내에선 교육 코치들이 사교육 시장에서 현재 증가중이다. 교과를 지도하는 것이 아니라 학생들에게 적절한 학습 방법을 정해주면서 전반적인 학습 프로그램을 짜준다. 이들은 교육 컨설팅, 학습 매니저다. 명문대 졸업생이나 자녀의 입시지도에 성공한 학부모들이 여기에 뛰어든다.

'스스로 배운다'는 모토는 사라진 지 오래다. 아이들은 학교와 학원에서 배우고, 24시간 대기중인 헬리콥터 부모에게 배우고, 그것도 모자라 각종 코치와 컨설턴트에게 인생을 의뢰한다. 점차 복잡해지고 현기증나는 사회의 초상이다. 자기주도적 삶은 사라졌다. 평생 누군가의 관리 감독 없이는 살기 어려운 '코치 인생'이다. 이들은 언제나 아이들인 것이다. 당신은 헬리콥터 부모인가?

문제해설
1. 부모를 떠나 자기 주도적 삶이 사라졌다고 본문에 등장한다. 보기 (c)가 가장 적절하다.
2. 1번 문제와 같은 맥락에서 누구에게 평생 의존하며 살며, 자기 주도형 노력이 점점 사라지는 현상을 비판적으로 기술하고 있다.
3. '삶이 복잡해지고, 경쟁이 심화되고, 정보가 넘쳐나면서 자기개발, 경력관리, 대인관계, 자녀교육, 재정문제 등에 '라이프 코치'들이 생겨나고 있다.'에서 답을 이끌어 낼 수 있다. 보기 (c)에 대한 내용의 언급은 없다.
4. 본문에서 부모에게 경제적으로 얹혀사는 세대를 '캥거루족'이라 말하고 있다.

보기 (d)는 옳지 못하다.

정답   1.(c)   2.(a)   3.(c)   4.(d)

Unit 46 Barbie does Freud
키덜트

　바비는 1959년 3월 9일 미국 국제 완구박람회에 처음 선보였다. 수백만 개가 팔렸는데, 이런 초기 성공은 아이들 장난감 인형은 모두 유아용 인형이었던 당시에 바비는 성숙한 몸매의 인형이었기 때문이었다. 바비 인형을 생산한 회사인 마텔사는 엄청난 돈을 벌었다. 다양한 국적과 인종이 선보였고, 다양한 직업도 가졌다. 가족도 생겼다. 친구와 동생들도 있다. 사실 바비의 친구인 미지는 임신했다. 미지는 바비가 단지 섹스 심벌이란 비판을 상쇄하기 위해 고안되었다. 바비는 또한 옷과 가구와 같이 관련된 장난감 상품이 팔리게 했다. 바비의 세상은 의상, 출판, 완구, 전자 제품을 포함해 실질적으로 무한했다. 바비는 요즘 유행하는 '원 소스 멀티 유즈'의 원조격이다.

　전통적 장난감 시장에 최근의 변화는 바비에게 고민을 안겨주고 있다. 아이들이 더 이상 바비를 거들떠 보지 않는다. 요즘 여자 아이들은 초등학생만 되면, 컴퓨터 게임, 비디오, 휴대폰과 MP3를 원한다. 그에 따라 전통적 장난감의 주요 고객층이 미취학 유아로 좁혀졌다. 더구나 세계적인 출산률 저하라는 요소도 있다. 이러한 각각의 요소가 전통적 완구업계에게 근심을 안겨주었다. 실제로 세계적인 장난감 유통업체 토이즈 알 어스는 미국에서만 70여 개의 매장을 없앴다. 어떤 회사는 선물업체로 탈바꿈했다.

　지그문트 프로이트는 "아이의 빛나는 지능과 평균적인 어른의 나약한 정신 사이에 비참한 대조가 존재한다"라고 말했다. 장난감 회사는 이러한 생각을 마음에 새겼다. 일본 최대의 완구회사인 반다이는 장난감이 더 이상 아이들만의 것이 아님을 인식했다. 이 회사는 은퇴한 사람과 성인 여성을 겨냥한 인형을 현재 개발했다. 이들의 새로운 패션 인형인 사쿠라나는 자신만의 커리어를 가진 도시 여성이다. 반다이의 홍보담당자는 성공적으로 보이는 인형과 동일시하려는 성인 여성의 욕망에 어필할 것이며, 자신을 돌보듯 인형을 돌볼 것이라고 기대하고 있다. 이것이 바로 아이와 같은 어른인 새로 출현하는 키덜트이다. 바비의 경우조차 어른 마니아 콜렉터들이 가장 중요한 소비자들이다. 이들은 아이들이 등을 돌린 장난감을 통해 자신의 유년기를 늘리고 있다.

문제해설

1. 본문에 따르면 아이들이 초등학교(primary school)에 다니게 되면, 이제는 장난감을 거들떠보지 않고 컴퓨터 게임 등에 빠져든다고 하였으므로, 초등학교에 입학하면서 관심이 변화간다고 할 수 있다. 그러므로 정답은 (d)이다.

2. 주로 장난감 시장의 변화를 다루고 있다. 난관을 걷고 있는 전통적 장난감 시장에서 새로운 상품과 시장을 통해 해결책을 찾는 내용이 특히 세 번째 문단에 잘 드러나 있다.

3. 사쿠라나는 세련된 외모의 커리어 우먼 인형이며, '아이들이 등을 돌린 장난감을 통해 자신의 유년기를 늘리고 있다'를 통해 (d)를 유추할 수 있다. (b)와 같은 비교는 본문에 정확히 언급이 되지 않았으며, 바비의 초기 전성기 시대를 뛰어넘을 정도로 인기가 있다고 보기는 무리가 있다. 사쿠라나는 주로 일하는 여성을 대상으로 한 제품이므로 보기 (c)는 옳지 않다.

4. '미지는 바비가 단지 섹스 심벌이란 비판을 상쇄하기 위해 고안되었다.'에서 (a)가 옳다는 것을 알 수 있다. '실제로 세계적인 장난감 유통업체 토이즈 알 어스는 미국에서만 70여 개의 매장을 없앴다.'로 보아 (c)도 옳다. 바비가 초기 성숙한 몸매와 함께 이후 다양한 소비자의 욕구에 맞게 변화를 거듭했기에 성공할 수 있었다. 즉, 단순히 바비가 성적 매력을 상징하는 몸매를 갖추었기에 성공한 것은 아니다.

정답   1.(d)   2.(a)   3.(d)   4.(b)

Unit 47 Deadly cultural differences
총기 규제론

　짐 브래디는 로널드 레이건 정부 시절에 백악관의 공보 담당관이었다. 그는 1981년 3월 레이건을 노린 헝클리의 총탄에 머리를 맞아 반신 불수가 됐다. 1994년부터 시행된 '브래디 법'은 브래디와 그의 부인의 힘든 노력의 산물이다. 이 법은 구입자의 목적과 관계없이 범죄기록, 정신병 그리고 불법 이민자를 구별하기 위해 총을 구입하는 사람에 대해 경력 확인을 요한다. 그러나 (10년) 한시법으로 시행된 이 법은 2004년 시한만료로 폐기되고 말았다. 브래디가 뛰어넘지 못한 장벽은 전미 총기협회(NRA)였다. '벤허'의 주연 배우 찰튼 헤스턴이 2004년까지 회장이었다. NRA는 총기 제작·유통업체로부터 받은 엄청난 액수의 기부금을 자금원으로 막강한 정치적 영향력을 갖고 있다. 이 단체는 브래디 법을 포함한 여러 의회에 제출된 총기 규제안에 대한 법을 무마시키는 것을 자랑스럽게 떠들고 다닌다.

　미국의 NRA와 총 소지의 성공은 이 나라의 독특한 문화와 역사적 배경에서 유래한다. 1791년에 추가된 연방 수정 헌법 2조는 규율 있는 민병대(militia)는 "자유 국가의 안전보장에 필요하므로", 의회는 "국민이 무기를 소지할 권리"를 침해하면 안 된다고 규정하고 있다. 서부 개척과 독립전쟁 과정을 거치면서, 미국 시민들은 200년이 넘은 이 조항은 "나와 가족의 생명을 지키는 것은 경찰이 아니라 나 자신"이란 자위 사상을 위해 아주 중요하다고 믿는다. 많은 미국인들은 2000년 대선에 출마한 민주당의 앨 고어가 공화당의 부시 후보에 패한 원인 중 하나로 총기 규제를 주장했기 때문이라고 생각한다. 미국 사람들은 '총기 소지=시민의 권리'라고 생각한다.

문제해설

1. 브래디 법과 앨 고어의 대통령 선거를 바탕으로 논란이 되는 총기 소지의 찬반에 관한 내용을 다루고 있다. 주의할 것은 본문이 단순히 브래디 법 또는 앨 고어의 선거에 관한 글이 아니라는 점을 구분할 수 있어야 한다.

2. 브래디 법의 목적이 명시되어 있는 본문을 찾아 답해야 한다. '이 법은 구입자의

목적과 관계없이 범죄기록, 정신병 그리고 불법 이민자를 구별하기 위해 총을 구입하는 사람에 대해 경력 확인을 요한다.'에서 (c)가 답임을 알 수 있다.

3. 앨 고어가 총기 소지를 제약할 것을 주장했기에 선거에서 패배한 것으로 보았으므로, 보기 (a)는 틀린 진술이다. 'NRA는 총기 제작·유통업체로부터 받은 엄청난 액수의 기부금을 자금원으로 막강한 정치적 영향력을 갖고 있다.'로 보아 보기 (b)도 틀린 진술이다. 본문에 미국인은 "나와 가족의 생명을 지키는 것은 경찰이 아니라 나 자신"이라고 믿는다고 명시되어 있으므로 보기 (d)는 옳다.

4. 브래디 법은 궁극적으로 10년의 만기를 채운 후, 총기 제작·유통업체의 기부금을 받은 전미 총기협회(NRA)에 폐지되고 만다. 당연히 NRA는 브래디 법이 실행되었을 때 강력히 반대했음을 유추할 수 있으며, '브래디가 뛰어넘지 못한 장벽은 전미 총기협회(NRA)였다.' 부분에서 이 법이 다시 실행되지 못하는 데 가장 큰 영향을 미쳤음을 알 수 있다.

정답 1(d)　2(c)　3(d)　4(d)

Unit 48 | A knowledge of wine
와인 스트레스

'신의 내린 최고의 선물'이라는 와인이 문화와 세련미의 동의어처럼 쓰인 역사는 오랜 기원을 자랑한다. 고대 그리스 사람들은 와인을 마시면서 토론하는 습성이 야만인과 다른 점이라고 생각했다. 그리스어인 심포지엄(symposium)의 어원은 '함께 마신다'는 뜻이다. 포도 경작지가 늘고 대량 생산기술이 발달해 노예까지 와인을 마시게 되자 귀족들은 빈티지(포도수확 연도)를 따지기 시작했다. 이걸로도 차별화가 힘들어지자 와인 마시는 태도를 따졌다. (톰 스탠디지, 『여섯 잔에 담은 세계사』)

와인을 모르면 고급스런 비지니스를 하는 데 불편을 느끼는 시대가 됐다. 기업 총수나 최고경영자(CEO) 가운데 와인 전문가 뺨치는 이들이 늘어난 이유다. 일찍이 칼 마르크스는 흥미롭게도 자본가가 아니라 '와인을 마시지 않은 사람'을 쉽사리 믿지 말라고 했다. 한 경제연구소가 최근 기업체 대표 등 국내 경영자 400여 명을 상대로 설문조사를 했다. 다섯 중 네 명 이상(84%)은 와인 때문에 스트레스를 받은 적이 있다는 대답이었다. 식탁에서 '좋은 술 골라 보라'는 권유를 받는다든가, 와인 화제에 끼지 못하는 것 등 때문이었다. '샹베르땡(와인의 한 종류)' 한 잔을 바라보는 것만으로도 미래는 장미 빛으로 물든다'고 나폴레옹이 말했다. 그는 이를 어떻게 이해할까? '격식도 좋지만 일단 와인 맛을 즐기는 법부터 배우고 슬슬 여유있게 시작하시길'이라 말하지 않을까.

문제해설

1. 두 번째 문단에서 다뤄지는 내용을 바탕으로 답을 이끌어 낼 수 있다. 고급스런 비즈니스 활동을 하는 데, 와인을 모르면 불편함을 느낀다고 했다. 즉, 기업 활동에 있어서 와인과 같은 부수적인 환대(entertainment)가 큰 몫을 차지함을 알 수 있다.

2. 글의 키워드는 '와인'이다. 보기 (b)는 key 설정(스트레스) 자체가 빗나갔다. (c)의 경우 와인을 마시는 사람과 그렇지 않은 사람의 차이점을 나열을 통해 열거하는 내용의 주제인데 본문과는 거리가 멀다. 빈티지를 따지던 과거 귀족과 같이 고급스런 비지니스의 CEO들 사이에서 와인이 차지하는 중요성이 주된 내용이다.

3. '포도 경작지가 늘고 대량 생산기술이 발달해 노예까지 와인을 마시게 되자 귀족들은 빈티지(포도수확 연도)를 따지기 시작했다. 이걸로도 차별화가 힘들어지자 와인 마시는 태도를 따졌다.'에서 보기 (a)와 (b)는 옳음을 알 수 있다. 칼 마르크스는 와인을 통해 사람의 신뢰 유무를 판단했는데, 그는 와인을 마시지 않는 사람을 경계하라고 했다. 와인은 부자만이 마셔야 한다고 생각하진 않았다.

정답 1(d)　2(a)　3(c)

Unit 49 | A master to the end
거장(巨匠)

20세기 전반에 파블로 카잘스라는 걸출한 첼로의 대가가 있었던 것처럼 지난 세기의 후반에는 로스트로포비치가 있었다. 세기를 대표하는 거장임에도 그는 겸허했다. 바흐의 무반주 조곡 전곡을 환갑을 넘긴 뒤에야 비로소 녹음했다는 사실이 그의 겸허함을 입증한다. 치밀한 해석과 고도의 기량을 요구하는 바흐의 무반주 조곡은 첼리스트라면 누구나 한번은 올라서기를 꿈꾸는 봉우리와 같다. 첼리스트의 원점이자 목표점이며 '첼로의 성서'로 불리는 곡이다. 남들처럼 빨리 발표해 인정을 받겠다는 유혹도 있었을 법하지만 로스트로포비치는 서두르지 않았다. 스스로 자신의 연주를 납득할 수 있을 때까지 기다리고 기다린 것이다.

로스트로포비치는 또한 신념과 용기의 소유자였다. (옛 소련의 반체제 작가) 솔제니친을 자신의 별장에 4년간 숨겨주었다. 그것으로 인해 정부의 박해를 받고 16년간 망명생활을 해야 했다. 1989년 베를린 장벽이 무너졌을 때 그는 현장에서 기념 연주를 했다. 1991년 소련 군사 쿠데타 당시, 옛 소련 군부가 러시아 정부 청사를 둘러쌌을 때에도 그는 현장에 나타났다. 탱크 위에 뛰어올라 맨주먹으로 쿠데타를 저지한 보리스 옐친 전 러시아 대통령의 원군을 자처한 것이다.

인생은 짧고 예술은 길다지만 그는 예술과 인생 모두 굵은 족적을 남겼다. 그는 고고한 지성의 표출인 예술세계에서 뛰어났다. 동시에, 그는 현실과 타협하지 않는 용기에다 궁핍한 사람들까지 살피는 도량까지 두루 갖춘 인물이었다. 언젠가 인터뷰에서 밝힌 그의 인생관이 한 점 부끄럼없이 삶을 마감할 수 있었던 이유를 말해준다. "사람은 언젠가 양심이라는 재판관과 만나게 된다. 고난을 모르는 사람은 절대 행복해질 수 없다."

문제해설

1. 예술과 삶에 있어 숭고한 정신을 드러낸 로스트로포비치의 간략한 전기이다.

2. 보기 (c)는 함정이다. '남들처럼 빨리 발표해 인정을 받겠다는 유혹도 있었을 법하지만 로스트로포비치는 서두르지 않았다. 스스로 자신의 연주를 납득할 수 있을 때까지 기다리고 기다린 것이다.'에서 알 수 있듯이 그의 실력이 충분하지 않아서 젊었을 때 녹음을 하지 않은 것이 아니라 스스로의 완벽함을 추구한 높은 정신에서 그가 녹음을 기다렸음을 알 수 있다. 이런 의미에서 보기 (d)가 정답이다.

3. '그는 현실과 타협하지 않는 용기에다 궁핍한 사람들까지 살피는 도량까지 두루 갖춘 인물이었다.'에서 보기 (a)는 유추할 수 있다. (b)와 같이 로스트로포비치가 정부의 구성원인지는 알 수 없다. 단지 그는 옐친을 지지하기 원했다는 내용만 언급되어 있다. 보기 (d)에서 음악에 뛰어난 재능을 가지고 있는 점은 옳으나, 문학에 재능을 가지고 있다는 내용은 이끌어 낼 수 없다.

4. 본문에서 (a)와 같은 로스트로포비치의 삶의 철학은 잘 드러나 있으며, (b)도 두 번째 문단에 잘 드러나 있다. 보기 (c)의 경우 '치밀한 해석과 고도의 기량을 요구하는 바흐의 무반주 조곡은 첼리스트라면 누구나 한번은 올라서기를 꿈꾸는 봉우리와 같다. 첼리스트의 원점이자 목표점이며 '첼로의 성서'로 불리는 곡이다.'에서 잘 다뤄지고 있다. 로스트로포비치가 정식교육을 받지 못했다는 내용은 알 수 없다.

정답 1(d) 2(d) 3(a) 4(d)

Unit 50 | Two-faced
영화제

칸영화제는 베니스·베를린과 함께 3대 영화제 중 가장 오래된 것이다. 3대 영화제는 예술의 중심국에 있으며, 각각은 다양한 주제의 질 좋은 영화를 쉽게 볼 수 없는 할리우드 스타일을 벗어난 영화들의 경연장이다. 이들은 흥행이 아닌 미학으로 영화를 평가한다. 진정한 영화인들의 축제다.

그러나 영화제가 오직 순수한 예술의 장이라는 생각은 오해의 소지가 있다. 영화제는 (영화예술 외에) 또 다른 얼굴을 보여주는데, 바로 정치와 돈이다. 영화제는 우선, 영화계 내부 치열한 정치의 장이다. 파티는 아주 중요한 장소이다. 축제의 쇼가 진행되는 동안 프리미어는 네트워크를 쌓는 때이다. 국제 축제에서 쌓은 정치와 네트워크는 종종 수상의 방향에 영향을 미친다.

영화제의 또 다른 얼굴은 '돈'이다. 칸영화제가 3대 영화제 중 맏형이 된 데는 영화 시장의 규모 덕이 크다. 돈이 오가는 대형 마켓이 영화제 덩치를 키웠다는 것이다. 예를 들어, 예술성 위주의 경쟁 부문과 달리 비경쟁 부문을 통해 할리우드 스타들을 초청한다. 다국적 기업의 스폰서 뿐 아니라 미디어의 스포트라이트가 터진다. 칸에 초청된 스타들은 아카데미상의 전통인 레드 카펫도 밟는다. 화려한 드레스, 천문학적 가격의 액세서리들이 대중의 관심사가 된다.

그 뿐 아니다. 영화제 대목이면 도시 전체의 물가가 치솟는다. 한때 니스에 가려 보잘 것 없던 해변 도시가 세계 문화권력의 중심, 부자 도시로 재탄생한다. 고로, 칸 영화제는 축제 뿐 아니라 도시의 문화를 마케팅하는 모델이다. 한편으론 배고픈 영화예술의 바다에 풍덩 빠지고, 한편으론 상업과 정치 사이의 균형을 유지한다. 그것이 영화제의 두 얼굴이다.

문제해설

1. 예술적 영화의 축제의 장인 칸영화제의 배후에 드리워진 정치와 상업에 관한 내용이다. 보기 (e)가 가장 적절하다.

2. ' 칸에 초청된 스타들은 아카데미상의 전통인 레드 카펫도 밟는다. 화려한 드레스, 천문학적 가격의 액세서리들이 대중의 관심사가 된다.'에서 (a)가 답임을 알 수 있다.

3. '각각은 다양한 주제의 질 좋은 영화를 쉽게 볼 수 없는 할리우드 스타일을 벗어난 영화들의 경연장'에서 보기 (c)가 정답임을 알 수 있다. (a), (b)와 같이 본문에 전혀 드러나지 않은 내용은 당연히 답이 될 수 없다. '그럴 것이다'라는 수험생의 주관적 생각은 절대 답이 될 수 없으니 본문에만 근거해 답을 골라야 한다.

4. (a)는 본문에서 궁극적으로 전달하려는 요지의 내용이므로 옳다. (b)는 '한때 니스에 가려 보잘 것 없던 해변 도시가 세계 문화권력의 중심, 부자 도시로 재탄생한다'에서 옳음을 알 수 있다. (c)와 (d)도 '이들은 흥행이 아닌 미학으로 영화를 평가한다.'와 '영화제 대목이면 도시 전체의 물가가 치솟는다.'로 보아 모두 옳다. 고로 답은 (e)이다.

정답 1(e) 2(a) 3(c) 4(e)

Unit 51 | Is trusting an artist pathetic?
천경자 위작 논란 자체가 후진국적일까?

천경자 화백의 타계를 계기로 '미인도'의 재감정이 이뤄질지도 모르겠다. 천 화백이 '미인도'가 자신의 작품이 아니라고 하고, 권춘식 씨가 자신의 위작이라고 한 것을 근거로 한다. 그래서 국립현대미술관이 국립과학수사연구소 등의 진품 판정에 따른 것을 재고하라는 것이다. 정준모 미술평론가는 진품이라고 주장한다. 논란 1년 전인 1990년 출간된 천경자 선집에 이미 '미인도'가 수록됐고 선집은 작가 동의 과정을 거치기 마련인데 그때 천 화백이 문제를 삼지 않았다. 게다가 권 씨가 '미인도'를 1984년에 그렸다고 했으나 이 작품은 실제로 1980년에 국립현대미술관에 들어왔다. 최근 권 씨가 1970년대 말에 그렸다고 말을 바꿨으나 정작 그가 참고했다는 천 화백의 진품은 실제로는 1981년작이다. 이처럼 입장은 다르지만 양쪽이 공통적으로 '진실'을 원한다. 그런데 인터넷에서는 "작가 자신이 아니라면 아닌 것이지, 창작자의 말을 무시하는 논란 자체가 한심하고 후진국적이다"라는 의견이 많이 보인다. 과연 그럴지 다른 나라의 경우를 살펴보자.

1995년 뉴욕 대법원은 '콜레트의 옆모습'이라는 그림이 정작 작가 자신이 그리지 않은 가짜라고 강력하게 주장했는데도 프랑스의 유명 화가 발튀스의 진품이라는 판결을 내렸다. 발튀스 자신의 검정을 거친 1980년 베니스 비엔날레 도록에 이 그림이 포함된 게 결정적 증거였다. 또 그가 이전에도 자신의 그림을 판 지인이나 갤러리에 적대감이 있을 때 그 그림을 위작이라고 주장한 정황이 있었다. 그전에도 작가들이 스스로 작품이 만족스럽지 않을 때, 또는 작품의 금전적 가치에 집착하는 컬렉터를 골려 주고 싶을 때 자기 작품임을 인정하지 않은 사례들이 있었다. 파블로 피카소가 그랬다. 어느 날, 사인되지 않은 그의 그림을 소유자가 들고 와서 서명해 달라고 부탁했을 때 피카소는 자신이 그린 것임을 알아봤으면서도 "나도 남들처럼 피카소 가짜를 그릴 수 있답니다"라고 대답하며 사인을 거부했다. 천 화백이 위의 작가들과 같다고 단정하려는 게 아니다. '미인도'는 위작일 가능성이 충분히 있다. 그러나 발튀스의 경우처럼 진품일 가능성도 배제할 수 없다. 작가의 말만 100% 따르지 않는 게 한심하고 후진국적인 건 아니란 얘기다. 이번 기회에 시시비비를 가려볼 일이다.

▶ 문제해설
1. 발튀스의 경우 작품이 스스로 만족스럽지 못할 때 자기 작품을 인정한 사례가 있고, 피카소 역시 그랬다(Pablo Picasso was one of them)는 진술에서 (b)가 정답임을 알 수 있다.
2. (a)의 근거로 발튀스가 그림을 판 지인이나 갤러리에 적대감을 갖고 그림을 위작이라고 스스로 주장한 점을 들 수 있다. 또한 이러한 적개심으로 인한 이유 외에도 충분히 다른 이유의 가능성은 존재할 수 있기 때문에 (b)도 옳은 주장이다. (d)의 경우 천경자 화백의 '미인도'에 대해서는 과거 국립현대미술관이 국립과학수사연구소 등의 진품 판정에 따른 것을 보면, 이미 위작 논란은 있었다는 것을 알 수 있으므로 본문과 다른 진술임을 알 수 있다. 그러므로 (d)가 정답이다.
3. 세 번째 단락에서는 작가들의 말을 전적으로 믿지 않는 것은 한심하거나 후진국적인 것이라는 의견을 제시한다. 하지만 그 다음 내용에서는 실제 작가들이 스스로 작품이 만족스럽지 않거나 금전적 가치를 중시하는 컬렉터에 관한 적개심으로 진실을 얘기하지 않는 점을 다뤄 의심하는 행위가 나쁘지만은 않다는 점을 얘기한다. 그러므로 믿지 않는 것은 한심하고 후진국적인 것이 아니라는 내용이 적합하다.
4. 이 글의 작가는 모든 작가들이 하는 말을 믿지 말아야 한다고 단정 짓지 않지만 맹목적으로 믿는 것은 바람직하지 않으며 항상 진실을 추구해야 한다고 주장한다. 그러므로 천경자 화백의 작품인지 아닌지에 대해 시시비비를 가려야 한다고 주장하는 것으로 보아, 그 작품은 진품일수도 진품이 아닐 수도 있음을 보여준다.

▶ 정답 1(b) 2(d) 3(d) 4(b)

Unit 52 | Sheep astray
학위 효과와 학력 검증

어느 사회든 (통계적으로) 학력(學歷)이 높을수록 더 많은 임금을 받는다. 높은 학력을 얻기 위해 남보다 시간과 에너지를 더 들인 사람들은 더 많은 보상을 기대한다. 이같은 상관관계가 유지되려면 많이 배운 사람이 일을 더 잘한다는 전제 또한 충족되어야 한다.

문제는 학력과 능력이 일치하지 않을 때다. 만일 고학력에도 불구하고 능력이 기대에 미치지 못한다면 기업은 학력에 따라 임금을 더 주지 않으려 할 것이다. 많은 분야에서 학력이 중요하지 않은 것으로 간주되고 있다. 어떤 직종에선 고용주가 채용 단계에서부터 아예 학력을 따지지 않는 경우도 많다.

문제가 되는 것은 학력의 차이에 비해 임금 격차가 지나치게 큰 경우다. 경제학에선 이를 '학위 효과(sheepskin effect)'라고 한다. 이 이론에 따르면, 학력에 비해 능력의 차이가 크지 않은데, 학위만 따면 임금을 훨씬 많이 받는다는 것이다. 이런 현상이 만연하면 자연히 고학력 수요가 늘어날 수밖에 없다.

학력이 능력을 보증할 수 없음에도 기업이 인재를 채용할 때는 여전히 학력을 따진다. 지원자들의 능력을 판별할 수 있는 다른 기준이 마땅치 않기 때문이다. 업무의 성격상 고도의 지식과 전문성을 필요로 할 경우에는 더 높은 학력이 요구된다.

연구직이나 대학교수에게 일정 수준 이상의 학위와 연구 실적을 요구하는 이유다. 이때의 학위는 학위 효과가 아니라 그 일을 할 수 있느냐 없느냐를 가르는 자격요건이다. 허위 학위로 대학교수가 됐다는 것은 가짜 운전면허증으로 자동차를 운전하는 것이나 마찬가지다. 단순한 거짓말이 아니라 범죄 행위다.

▶ 문제해설
1. 학력과 실제 능력 사이의 상관관계가 주로 다뤄지고 있다.
2. '어떤 직종에선 고용주가 채용 단계에서부터 아예 학력을 따지지 않는 경우도 많다.'에 따르면 (a)는 옳다. (b)의 경우도 '이런 현상이 만연하면 자연히 고학력 수요가 늘어날 수밖에 없다.'와 바로 앞에 진술로 보아 옳다. '학력이 능력을 보증할 수 없음에도 기업이 인재를 채용할 때는 여전히 학력을 따진다. 지원자들의 능력을 판별할 수 있는 다른 기준이 마땅치 않기 때문이다.'에서 (c)도 옳음을 알 수 있다. (d)의 경우 마지막 문단을 참조하면 본문과 정반대의 내용임을 알 수 있다.
3. 고학력을 조장할 가능성이 큰 '학위 효과'를 묻고 있다. '학력에 비해 능력의 차이가 크지 않은데, 학위만 따면 임금을 훨씬 많이 받는다는 것이다.'로 보아 (c)가 가장 적절하다.
4. 학력이 높으면 임금을 많이 받는다는 경향을 볼 때, (b)가 가장 적절하다.

▶ 정답 1(c) 2(d) 3(c) 4(b)

Unit 53 | Attachment to planners
수첩

일본인의 수첩 사랑은 각별하다. 새해를 앞두고 문구점마다 플래너와 수첩을 고르는 사람들로 붐빈다. 도쿄 시부야(澁谷)에 있는 잡화전문점 '로프트'는 4000종류의 수첩을 진열·판매하고 있다. 12년 연속, 호보니치(ほぼ日)는 최고매출 플래너 회사의 자리를 지켰다. 2002년판은 1만2000부 팔리는 데 그쳤지만 올해는 디자인·색상·크기·재질 별로 79종이 출시됐다. 올해는 발행부수가 61만 부까지 늘었다. 상반기와 하반기를 나눠 두 권으로 제작된 수첩은 특히 인기다.

스마트폰 또는 태블릿PC로 주요 일정을 관리하는 디지털 시대에도 아날로그 수첩은 계속 진화 중이다. 급속히 쇠퇴할 것으로 우려됐던 문구 업계가 고객 맞춤형 전략을 통해 위기를 기회로 바꿨다. 일본 총인구는 1억2670만 명이지만, 약 1억 권 이상의 수첩이 매년 팔린다.

필기구 제조업체 지브라(ZEBRA)가 지난 7월 일본 기업의 신입사원 104명을 대상으로 설문조사를 했다. 업무 과제를 손으로 적는다는 사람이 78.8%에 달했고, 스케줄도 수첩에 직접 써서 관리하는 사원이 56.9%로 집계됐다. 스마트폰에 입력한다는 응답자는 21.2%에 그쳤다. 손으로 쓰면 문자를 입력할 때보다 뇌가 더 자극돼 기억에 오래 남는다고도 한다. 문구 전문가인 후쿠시마 마키코(福島槇子)는 최근 요미우리신문 전자판 글에서 "디지털 기기와 달리 기분과 느낌, 추억까지 다양한 형태의 기록으로 남길 수 있다"며 수첩 예찬론을 폈다.

▶ 문제해설
1. 일본은 인구가 1억2670만 명이지만 수첩 판매량은 연간 약 1억 권에 이를 정도로 인기가 대단하다. 스마트폰과 태블릿 PC를 통해 스케줄을 관리하는 요즘에도 일본에서는 아날로그 수첩의 인기가 계속 상승하는 중이다. 그러므로 정답은 (c)이다.
2. 쇠퇴할 것이라고 우려됐던 문구 업계는 변화를 수용하여 위기를 기회로 바꿨다. 다른 선택지는 모두 본문에서 알 수 없는 내용이다.
3. 무려 12년 동안 Hobonichi는 수첩 판매에 있어 1위를 유지했고 그중에서 가장 인기 있는 수첩은 상반기와 하반기를 나눠 두 권으로 제작된 것이다. (d)는 (두 개로 나눠진) 하나의 수첩이 아니라 여러 수첩을 일 년 동안 사용할 수 있다는 말이 되므로 정답이 아니다.
4. 손으로 쓰는 것이 문자를 입력하는 것보다 뇌를 더 자극시키며 이에 따라서 기억에 더 오래 남는다는 말이 와야 적합하다.

▶ 정답   1(c)   2(d)   3(b)   4(a)

Unit 54 | Get fathers involved
'출산 보이콧'을 막으려면

국민건강보험공단에서는 보험납부액을 소득 수준을 기준으로 1~5분위로 나눠 연구를 하였다. 전체 출산 중 4·5분위 고소득층 산모 비율은 2006년 39.2%에서 지난해 51.0%로 증가하여 11.9%가 늘어났다. 반면 쪼들리는 1·2분위 산모는 33.7%에서 22.4%로 11.3%가 줄었다. 중간인 3분위는 26.2%에서 26.0%로 엇비슷했다. 부자들만 마음껏 아이를 낳는 출산 불평등 시대가 도래한 것이다.

지난 6월 공개된 한 연구 결과도 이를 뒷받침해준다. 첫아이 출산 후 단산(斷産)하겠다는 여성의 44.6%가 "양육비·교육비 부담 때문"이라고 답했다. 가치관(16.3%), 일·가정 양립 곤란(15.4%), 소득·고용불안정(10.1%) 등 다른 이유는 상대가 못 됐다.

출산율이 안 오른다고 낙담만 할 건 없다. 그간에는 "국민소득이 늘면 국가 전체의 출산율은 떨어진다"는 게 정설이었다. 여성의 사회 진출이 크게 늘어나게 되면 아이 하나 키우는 데 들어가는 돈은 물론 엄마들의 희생, 즉 개인적 기회비용이 급등하는 까닭이다.

하지만 최근 수년간 노르웨이 등 북유럽에서는 소득 증가에도 출산율이 줄어들기는커녕 완만하게 반응하는 유례없는 상황이 벌어졌다. 이러한 현상을 인구학자들은 (출산율 곡선이 끝에서 구부러지는 J와 닮았다 해서) 'J커브 현상'이라 부른다. 유럽 국가라고 다 그런 건 아니다. 스페인·이탈리아 등 남유럽에서는 소득이 늘어도 출산율은 제자리걸음이다.

영국 옥스퍼드대 연구 결과 이들 지역에서 J 커브가 나타나지 않는 건 남녀 간의 뚜렷한 역할 분담 탓에 남자들이 가사와 양육을 돕지 않기 때문인 것으로 조사됐다. 즉 남편이 집안일을 돕는 게 일상화돼야 소득이 늘면 출산율도 증가한다는 얘기다. 흥미로운 건 아내가 가사를 도맡는 사회일수록 첫 아이만 낳고 그만두는 경우가 허다하다는 사실이다. 육아에 나 몰라라 하는 남편으로 인해 부담감을 느낀 부인들이 둘째 낳기를 거부한 탓이다.

▶ 문제해설
1. 첫 번째 단락과 두 번째 단락에서는 소득분위에 따라서 출산율도 달라지는 경향이 있으며 소득이 많을수록 출산율 또한 높아진다고 한다. 하지만 세 번째 단락에서는 낮은 출산율은 무조건 낙담할 일이 아니라고 한다. 여성이 사회에 진출하며 국민소득이 늘어 전체 출산율이 떨어진다는 것이 정설이었는데, 노르웨이와 북유럽 국가들처럼 소득이 많아질수록 출산율은 낮아졌다가 다시 급등하는 사례도 있으며 이는 집안일을 하고 육아를 할 때 남녀 간의 뚜렷한 역할 분담이 없고 남편 또한 아내를 도울 때 가능하다고 주장한다. 그러므로 이 글의 핵심은 낮은 출산율은 다시 높일 수 있다는 (d)가 된다.
2. 빈칸에는 국민소득이 증가할수록 출산율이 낮아진다는 점을 뒷받침해줄 원인이 들어가야 한다. 그러므로 더 많은 여성이 사회에 진출할수록 육아에 드는 비용은 물론 엄마들의 희생이 급등한다는 (a)가 적합하다.
3. (d)의 오로지 부자들만이 가족의 크기, 즉 가족 규모를 선택할 수 있는 시대가 왔다는 것은 그들만이 몇 명의 아이를 낳을지를 결정할 수 있다는 밑줄 친 문장과 일치한다.
4. 서유럽에서 소득이 높아질수록 출산율이 낮아졌다가 다시 올라가는 J커브 현상이 일어나지 않는 것은 집안일과 육아에 있어서 남녀 간의 역할을 뚜렷하게 구분 짓기 때문이라고 한다. 남편이 집안일과 육아를 돕는다면 출산율은 소득과 함께 증가할 것이다. 그러므로 이러한 의미의 (a)가 정답이다. 본문에서는 일부 지역에서 남녀 역할을 구분 짓는 여부에 따라 출산율이 달라진다는 점을 말하지만 남성이 육아를 돕지 않으려 한다는 경향성을 나타내지는 않는다. 그러므로 (b)는 정답이 될 수 없으며 (c)와 (d)는 추론할 수 없다.

▶ 정답   1(d)   2(a)   3(d)   4(a)

Unit 55 | The right to be forgotten online
잊혀질 권리

충치 하나둘은 다 있듯이, 누구에게나 부끄러운 과거는 있기 마련이다. 예전엔 망각 속에 묻으면 됐지만 이젠 시대가 변했다. 인터넷 검색으로 치욕스런 과거가 다 뜨는 세상이다. 마리오 코스테자란 스페인 변호사가 그런 꼴을 당했다. 1998년 빚에 몰린 그는 집을 경매 처분당할 위기에 몰린다. 그리고 불운하게도 이런 사실이 지역 신문에 실렸다. 그는 얼마 후 빚을 갚아 집은 건졌지만 차압당했다는 기사는 없어지지 않았다. 그의 이름을 검색하면 주택 압류 기사는 계속 떴다. 참다못한 그는 신문사와 구글을 상대로 기사를 삭제해달라는 소송을 내 2014년 5월 유럽사법재판소(ECJ)에서 이겼다. 전 세계에서 처음으로 '잊혀질 권리'가 인정받는 순간이었다.

29

이 판결 뒤 구글에는 자신과 관련된 내용을 지워달라는 요청이 10개월간 21만여 건이나 쏟아졌다. 잊혀지려는 이들이 이토록 많았던 것이다. 잊혀질 권리는 최근에야 도입됐지만 사생활 중시의 전통이 강한 유럽을 중심으로 빠르게 뿌리 내리고 있다. 지난 3월 24일에는 잊혀질 권리를 제대로 보장하지 못했다는 이유로 구글이 프랑스 당국에 의해 10만 유로(1억3000만 원)의 벌금을 맞았다. 최근에는 '오블리비언'이란 소프트웨어까지 개발돼 개인의 명예와 관련된 자료들을 순식간에 지워준다.

하지만 논란도 적지 않다. 잊혀질 권리만 챙기면 공익 차원의 알 권리가 침해당한다. 2014년 영국의 한 성형외과 의사가 자신의 수술 결과에 대한 글들을 지워달라고 요구해 관철시킨 적이 있다. 하지만 대중들의 비난이 빗발쳐 결국 그 일은 취소되었다. 의사의 형편없는 수술 실력에 관한 고발 글들이었기 때문이다. 따라서 이런 정보를 없애는 건 올바른 의료 선택권을 막는 일이 된다. 같은 해 크로아티아 출신의 데잔 라직이란 피아니스트가 비슷한 일을 꾸미려다 실패했다. 그는 자신의 연주에 대한 악평이 워싱턴 포스트에 실리자 "악의에 찬 비열하고 자기주장만 펼치는 일방적이며 중상모략의 글이고 예술과는 무관"하다며 기사 삭제를 요구했다. 이 역시 타인의 평가를 무시하려는 잘못된 태도라는 이유로 받아들여지지 않았다.

> **문제해설**
> 1. 이 글은 사생활 중시의 전통이 강한 유럽을 배경으로 개인의 치욕스러운 과거가 사생활 보호 차원에서 잊어야 할지 혹은 공익 차원에서 공개되어야 할지에 관한 논란을 다루고 있다.
> 2. (c)와 (d)처럼 this는 바로 전 문장의 내용과 이어져야 하기 때문에 새로운 단락의 첫 문장으로서는 적합하지 않으며, 만일 this를 사용하는 것이 무관하다 해도 '오블리비언'이라는 소프트웨어 개발은 '잊혀질 권리'를 전체적으로 받아주는 내용이 아니다. 빈칸 이후의 내용은 '잊혀질 권리'의 부정적인 면이기 때문에 현재 논란이 되고 있는 (a)가 정답이다.
> 3. 영국의 한 성형외과 의사는 자신의 형편없는 수술 실력을 고발한 글을 삭제할 것을 요청했고 크로아티아 출신의 피아니스트 데잔 라직 또한 연주에 대한 악평이 실린 기사를 삭제할 것을 요구했다. 이는 모두 사람들이 올바른 선택을 하는 데 필요한 타당한 정보로 여겨진다.
> 4. 마치 모든 사람들이 충치 하나둘은 있듯, 부끄러운 과거는 누구에게나 있다는 의미와 동일한 것은 (d)이다. 밑줄 친 문장의 부끄러운 과거는 (d)에서 다른 사람들이 몰랐으면 하는 면으로 표현된 것이다.
>
> **정답** 1(b) 2(a) 3(d) 4(d)

Unit 56 Game of risk
선택의 위험

2차 세계대전 초기 일본의 전투기 조종사들은 공중전에 나설 때 대부분 낙하산을 착용하지 않았다. 낙하산은 모든 조종사들에게 다 지급된 안전장비였다. 낙하산이 모자라거나 아까워서가 아니라 조종사들이 자발적으로 낙하산을 매지 않는 선택을 했다는 것이다. 이 무렵에는 애초에 낙하산이 필요 없는 가미가제식 자살 공격을 감행할 때도 ㅅ. 그런데 위험한 공중전에 참가하면서 최후의 생명줄인 낙하산을 스스로 포기한 것이다. 왜 그랬을까.

전쟁이 끝난 후 생존한 조종사들의 증언에 따르면 이들이 낙하산을 착용하지 않은 이유는 다소 엉뚱하다. (공중전을 벌일 때) 낙하산의 고리와 연결끈이 팔다리를 기민하게 움직이기 어렵게 만들었기 때문이라는 것이다. 공중전에서 최대의 위험은 적기에 의해 격추되는 것이다. 그런데 낙하산을 매고 있으면 조종석에서의 움직임이 둔해져 격추될 위험이 커진다. 낙하산의 존재 이유는 최후에 조종사의 생명을 지켜주는 것인데 바로 그 낙하산 때문에 공중전에서 생명을 잃을 위험을 무릅써야 할 처지에 놓인 것이다. 일본 조종사들은 격추될 위험과 마지막 안전장치를 포기하는 위험 가운데 후자를 택했다.

한 가지 위험을 줄이면 다른 위험이 커지는 사례는 주변에 많다. 지하철은 안전한 교통수단으로 꼽히지만 때때로 큰 사고가 나기도 한다. 만일 지하철의 안전도를 높인다며 운행속도를 줄이고 배차간격을 넓힌다면 지하철 이용객의 수는 줄어들 것이다. 서둘러 출근해야 하는 사람들은 지하철 대신 다른 교통수단을 택할 수밖에 없다. 그런데 다른 교통수단들은 대체로 지하철보다 사고 위험이 크다. 지하철의 사고 위험을 줄이는 조치는 결과적으로 이전 지하철 이용 승객들이 다른 교통수단을 탐으로써 생기는 사고 위험을 늘리게 된다. 이런 상황에선 결국 어떤 위험을 더 크게 볼 것인지를 선택해야 한다.

> **문제해설**
> 1. 때로 더 큰 위험성 때문에 생명을 보장하는 낙하산을 포기한 일본 조종사의 사례를 가장 잘 드러내는 보기는 (b)이다.
> 2. '이런 상황에선 결국 어떤 위험을 더 크게 볼 것인지를 선택해야 한다.'에 이어질 내용으로 보기 (d)가 가장 적절하다.
> 3. '이 무렵에는 애초에 낙하산이 필요 없는 가미가제식 자살공격을 감행할 때도 아니었다.'의 진술로 보아 보기 (a)는 틀리다. '지하철의 안전도를 높인다며 운행속도를 줄이고 배차간격을 넓힌다면 지하철 이용객의 수는 줄어들 것이다.'로 보아 보기 (b)는 옳다. 보기 (c)의 경우 지하철이 너무 위험해 사용자들이 점차적으로 사용하지 않는다고 했는데, 본문에서 그런 내용은 언급이 없다. 하나의 위험을 줄이면 다른 위험이 늘 수 있다는 예로 제시한 내용이다. 보기 (d)는 본문과 거리가 멀다.
>
> **정답** 1(b) 2(d) 3(b)

Unit 57 Formula two
신 엥겔계수

그리스 신화의 헤르메스(Hermes)는 '전령(傳令)의 신'으로 모든 신 중에서 가장 빠르다. 최고신 제우스의 총애를 등에 업고 올림푸스 신전의 사자(使者)로 종횡무진했다. 인간 세계의 통신도 19

세기까지는 신화에 나오는 이런 신들보다 그리 발달하지 않았다. 1844년 미국 워싱턴~볼티모어 간 '모스 부호' 전신(電信)이 개통되기 전까지 통신수단은 수천년간 상대적으로 특권층의 전유물이었다. 통신 서비스는 이제 대중화 수준을 넘어서 일상생활의 생필품이 됐다.

많은 이들이 휴대전화를 소지하지 않으면 불안하다고 인정한다. 어떤 면에서 인터넷 소통의 시대에 불가피한 결과이기도 하다. 이러한 시대에는 만질 수 없는 재화가 점차적으로 만질 수 있는 재화로 대체된다. 요즘엔 소유권보다 접근권을 사고파는 게 유망사업이 됐다. 이것이 바로 이동통신의 핵심 요소이다.

독일 통계학자 엥겔이 (자신의 이름을 딴) 엥겔계수를 창안한 지 꼭 150년이다. 이 오래 전 발견은 먹는 데 쓰는 돈과 삶의 질의 연관성을 규명했다. 하지만 통신비가 식료품처럼 삶의 '고정비용'으로 자리를 잡는다면, 이제 이런 틀을 전면적으로 바꾸어 새로운 엥겔계수를 만들어야 한다.

문제해설

1. 과거 특권층의 전유물이었던 통신이 일반대중의 필수품이 되었다는 면에서 전화와 다른 의사소통수단으로 인해 삶의 질이 향상되었음을 이끌어 낼 수 있다.
2. 새로운 엥겔계수가 요구될 정도의 일상의 삶의 변화와 필수품이 된 통신을 다루고 있다.
3. 기존의 엥겔계수는 '음식에 소모되는 비용과 삶의 질' 사이의 연관성을 규정한 것이다. 식품 비용만큼 만만치 않은 통신 비용을 추가한 새로운 엥겔계수를 만들어야 하므로 단지 '통신과 삶의 질의 관계를 드러낸다는 (a)는 옳지 못하다. 헤르메스는 그리스 신 중에 가장 빠른 전령사였다는 (b)는 옳다. '1844년 미국 워싱턴~볼티모어 간 '모스 부호'전신(電信)이 개통'에서 보기 (c)도 옳다. 인터넷 소통의 시대에는 만질 수 없는 재화가 만들 수 있는 재화가 되면서, 소유권보다 접근법을 사고판다고 했으며, 이러한 요소는 사업의 형태에서 큰 변화를 가져왔다. 고로 (d)도 옳은 진술이다.
4. 본문 마지막의 내용인 '이제 이런 틀을 전면적으로 바꾸어 새로운 엥겔계수를 만들어야 한다.'를 받을 수 있는 보기 (b)가 가장 적절하다.

정답 1(b) 2(a) 3(a) 4(b)

Unit 58 Second thoughts
2등 경쟁

육상의 단거리 경주에선 승리하기 위해 처음부터 전력으로 질주한다. 그러나 중장거리 경주에선 처음부터 1등으로 치고 나간 선수가 끝까지 1등으로 들어오는 경우가 매우 드물다. 초반부터 전력으로 뛰면, 그 페이스를 계속 유지하지 못하는 위험성이 있다. 그래서 중장거리 경주에는 다양한 전략이 쓰인다. 선수들은 처음부터 선두에 나서거나 뒤로 처지는 것을 꺼린다. 너무 처지면 경기 막판에 추격이 어려워진다는 걸 안다. 경기의 최종 목표는 1등이지만 경기 내내 1등을 하는 것은 어렵다. 맞바람을 안고 달릴 경우 앞장선 선수는 체력소모가 가중된다. 맨 앞에 서서 달리면 뒤에 오는 선수들을 살피기도 어렵다. 그래서 중장거리 경기를 보면 초반에 2위 자리다툼이 치열하다. 마지막 순간에 1등을 주시하며 2등을 차지하는 것이 좋다.

달리기 경기에서 1등으로 들어오면 좋겠지만 2등이나 3등도 나름대로 의미가 있다. 마라톤에선 끝까지 완주한 것만도 대단하게 쳐 준다. 반면에 사행성 도박게임에선 최후의 승자는 한 사람뿐이다. 기업들도 특허를 위해 치열한 경쟁을 치룬다. 기업들은 새로운 기술의 특허권을 따기 위해 전력을 다해 연구개발에 매진한다. 여기서 한 발이라도 특허권을 먼저 딴 기업이 시장을 독식한다. 이러한 경쟁에서 2등은 아무런 의미가 없다. 사실상 이런 승자독식 게임에서 2등은 가장 많이 잃는다. 3등은 아예 일찍 포기라도 하겠지만 (마지막까지 접전을 벌이다 밀려난) 2등은 그동안 퍼부은 노력의 대가를 한 푼도 건지지 못한다. 대통령 선거 역시 대표적인 승자독식 게임이다. 한 표라도 더 얻은 후보는 당당히 대통령이 되지만, 2등을 한 후보는 아무것도 얻는 게 없다.

문제해설

1. '달리기 경기에서 1등으로 들어오면 좋겠지만 2등이나 3등도 나름대로 의미가 있다.'로 보아 보기 (a)는 모든 상황에 적용되는 내용이 아니다. 보기 (b)도 모든 상황에 적용되진 않는다(본문에 근거했을 때, 대통령선거나 기업에 해당됨). 보기 (c)는 본문에 나오는 1등을 위한 치열한 투쟁 자체는 바로 그 보상이 크기 때문이라는 것은 충분히 유추할 수 있는 내용이다.
2. 중장거리 경주에선 전략이 필요하다고 언급되어 있으므로 보기 (a)는 옳다. 보기 (b)는 '맞바람을 안고 달릴 경우 앞장선 선수는 체력소모가 가중된다. 맨 앞에 서서 달리면 뒤에 오는 선수들을 살피기도 어렵다. 그래서 중장거리 경기를 보면 초반에 2위 자리다툼이 치열하다. 마지막 순간에 1등을 주시하며 2등을 차지하는 것이 좋다.'에 잘 드러나 있다. (c)는 본문의 내용과 일치하지 않는다. '대통령 선거 역시 대표적인 승자독식 게임이다.'라고 말하면서, 1등이 아닌 다른 후보는 아무런 보상이 없다고 했으므로 보기 (d)도 옳다.
3. 특허권을 얻기 위한 경쟁에서는 1위 말고는 모두가 다 의미가 없다. 그렇지만 처음부터 뒤로 처진 3등은 아예 일찍 포기라도 하겠지만 마지막까지 접전을 벌이다 밀려난 2등은 그동안 퍼부은 노력의 대가를 한 푼도 건지지 못하는 것을 근거로 하면 2위가 최악의 경우라 할 수 있다.
4. 2등이 무의미해지는 이런 종류의 경쟁(this sort of competition)이라고 하였으므로 앞부분에 어떤 경쟁인지 언급이 되어야 하고, 그 부분을 찾는 게 단서가 된다. 기업 간의 경쟁에 대한 얘기가 나오는 와중에 특허의 경우를 예로 드는데 신규성을 핵심으로 하는 특허에서는 먼저 특허권을 따내야 의미가 있기 때문에 간발의 차이로 늦어지는 것은 아무런 도움이 안 된다. 그러므로 그 부분 바로 뒤에 박스 안의 내용이 나와야 한다. 정답은 [3] 자리이다.

정답 1(c) 2(c) 3(d) 4(c)

Unit 59 | Banning booze to beat the flu
술 말리는 사회

중세 유럽에선 음주가 건강을 위한 권장사항이었다. 샘과 우물이 오염돼 물을 마신 뒤 병에 걸리거나 죽는 일이 잦았기 때문이다. 귀찮게 물을 끓여 마시느니 차라리 술과 친하게 지내는 편을 택했다. 18세기 중반엔 차와 커피가 대안으로 떠오르기도 했다. 하지만 카페인 과용에 대한 우려를 하게 되면서 프로이센의 프리드리히 대왕은 커피 금지령을 내리고 대신 와인, 양주 그리고 맥주를 마실 것을 명했다고 한다.

그러나 건강상의 유사한 근심은 언제나 과도한 술 소비에 대한 태도에 먹구름을 드리웠다. 20세기 초반 스칸디나비아 반도에서 아메리카 대륙까지 곳곳에서 실시된 금주령이 대표적이다. 그러나 말리면 더 하고 싶은 게 인지상정이다. 사람들은 술을 마시고자 하는 집단적 목마름을 가시기 위해, 약간의 포도주라도 마시기 위해 교회에 갔다. 성찬식용 포도주 소비가 1922년 214만 갤런에서 1924년 300만 갤런 가까이로 늘었다. 의사들이 치료용으로 처방한 위스키 양이 한 해 180만 갤런에 이르기도 했다. 이런 '합법적' 꼼수 외에도 밀수며 밀주 제조 등 온갖 불법이 판을 친 건 물론이다.

미하일 고르바초프 전 소련 공산당 서기장이 1985년 대대적으로 펼쳤던 금주 조치 역시 실패로 끝났다. 보드카 값을 올리고 판매를 확 줄였지만 알코올 중독은 되레 더 늘었는데, 술꾼들이 열악한 대용품을 엄청 마셔댔던 거다. 금주법을 시행한 고르바초프에 화가 난 그 시절 민심을 보여주는 우스개가 전한다. 보드카를 사려고 온종일 줄을 섰다 참지못한 남자가 고르바초프를 쏴 죽인다며 크렘린으로 향했다. 얼마 후 그가 되돌아와서 하는 말, "거기 줄은 여기보다 더 길어!"

금주 정책은 이렇듯 인기가 없는 데다 주세 수입을 줄여 나라 살림에도 치명타를 입힌다. 그럼에도 국민 건강을 나 몰라라 하기 힘든 각국 정부가 울며 겨자 먹기로 술에 선전포고를 하고 있다. 1인당 연간 알코올 소비량이 18L로 세계 선두인 러시아는 고르바초프 때와 비슷한 조치를 재추진 중이다. 술로 인한 사망자가 해마다 50만 명이나 나오는 걸 좌시할 수 없어서다.

문제해설

1. 건강상의 위험에도 불구하고, 사람들은 끊임없이 술을 찾는다는 내용과 금주 정책이 국민들 사이에서 인기가 없다는 본문의 내용으로 보기 (a)는 옳다. 프로이센의 프리드리히 대왕이 술을 다시 마실 수 있도록 한 이유는 술이 안전해서라기보단 과다한 카페인 복용의 부작용으로 어쩔 수 없이 행한 조치이다. 보기 (b)는 옳지 못하다. 러시아의 왕이 백성의 일거수일투족을 감시하는 전체주의 성격이 드러난다는 내용은 단지 건강상의 이유로 금주를 선언한 것에서 이끌어 낸 비약이다. 보기 (d)와 같은 극단적 표현은 본문에 언급되지 않은 이상 거의 오답일 가능성이 크다.

2. 보기 (a)의 경우 중세라는 배경 설정에 한정되어 있다. 중세의 배경은 첫 번째 문단에서 해당되는 부분적인 내용이다. (b)의 경우 본문의 핵심어인 '알코올 소비'가 전혀 드러나 있지 않다. 보기 (d)의 내용은 첫 번째 문단의 내용과 부분적으로 일치할 뿐이다. 중세 유럽에서 오염된 물로 인해 술이 권장되다 현대에 와서 술로 인한 부정적인 영향으로 몸살을 앓고 있는 내용을 담고 있는 보기 (c)가 제목으로 가장 적절하다.

3. '20세기 초반 스칸디나비아 반도에서 아메리카 대륙까지 곳곳에서 실시된 금주령이 대표적이다.'에서 보기 (a)가 옳음을 알 수 있다. 보기 (b)의 경우 두 번째 문단 후반부에서 드러난다. 세 번째 문단의 구체적 일화에서도 잘 드러나듯이 소련에서 이뤄진 금주령에 대해 많은 이들이 반대했음을 알 수 있다. '귀찮게 물을 끓여 마시느니 차라리 술과 친하게 지내는 편을 택했다.'에서 알 수 있듯이 물을 끓일 수 없어서가 아니라 '귀찮아서' 술을 택한 것이고, 그것이 더 안전하다고 볼 수도 없다.

정답 1 (a) 2 (c) 3 (d)

Unit 60 | Raise your glasses, toast the cults
컬트

독일 뮌헨에서 매년 열리는 옥토버페스트(Oktoberfest)는 세계 최대 맥주 축제라고 여겨진다. 브라질의 리우카니발, 일본 삿포로 눈꽃 축제와 더불어 세계 3대 축제로 꼽는다. 축제의 원형인 경마 대회가 열린 것이 1810년 10월 17일이었으므로 전쟁·콜레라 등으로 빼먹지 않았더라면 올해로 200회 행사가 될 뻔했다. 얼마 전 끝난 올해 축제(176회)엔 570만 명이 찾았다. 지난해보다 방문자 수가 30만 명 줄긴 했으나 테러 위협, 신종 플루, 세계 경제위기 등 3대 악재를 감안하면 성공작이었다는 평이다.

옥토버페스트가 세계적으로 유명해진 것은 2차 세계대전이 끝난 뒤 몰려든 미군 덕분이다. 미국 관광객이 뒤를 이었고, 유럽 전역과 호주·일본의 관광객도 곧 진면목을 알게 됐다. 외지인의 마음을 사로잡은 것은 큰 1리터 맥주잔과 축제 텐트와 술 마시는 장소의 혼란스러운 분위기였다. 온 도시에 술잔 부딪치는 소리와 사람들이 축배를 드는 소리가 울려 퍼진다. 한쪽에선 '세계에서 가장 거대하고 무절제한 환각제 파티'라고 비아냥대지만 방문자들은 의식을 목격하는 듯 축제를 받든다.

바로 이런 요소 때문에 이 축제는 독일 최대의 컬트(Cult)로 불린다. 컬트는 사전적 의미로 사람, 이론, 대상, 운동 또는 영화나 TV 시리즈와 같은 작품이나 각종 행사에 대한 엄청난 헌신을 가리킨다. 예를 들어, 빈오페라 무도회, 엘비스 프레슬리나 비틀즈, 할리데이비슨, 애플컴퓨터, 롤렉스시계 등이 바로 컬트라고 주장할 수 있다. 대상의 흠결까지 기꺼이 받아들이며, 수년 이상 지속적이고 능동적으로 숭배하는 사람들이 있어야 비로소 컬트가 된다.

문제해설

1. 독일에서 치러지는 세계적인 컬트인 옥토버페스트에 관한 글이다. 글의 전반부에 그 기원이 되고, 이것이 세계적인 축제로 자리매김하게 된 배경을 설명하고 있다.

2. '전쟁·콜레라 등으로 빼먹지 않았더라면 올해로 200회 행사가 될 뻔했다. 얼마 전 끝난 올해 축제(176회)엔 570만 명이 찾았다.'로 보아 보기 (a)는 옳다. (b) 또

한 마지막 문단에서 옳음을 알 수 있다. (c)의 진술과 같이 옥토버페스트가 사회 전체의 알콜 소비를 증가시켰는지는 알 수 없으며, 나아가 사회를 타락시킨다고 말하는 것은 논리적 비약이다. 보기 (d)는 '옥토버페스트가 세계적으로 유명해진 것은 2차 세계대전이 끝난 뒤 몰려든 미군 덕분이다.'에서 옳다는 것을 알 수 있다.

3. 보기 (d)는 옥토버페스트에 대한 부정적인 측면으로 소개되는 내용이다.
4. 본문에 드러난 옥토버페스트에 대한 비판의 내용을 바탕으로 답을 골라야 한다. '세계에서 가장 거대하고 무절제한 환각제 파티'라고 비판했다. 무절제한 알코올 소비를 비판하는 (a)가 가장 적절하다.

정답 1(a) 2(c) 3(d) 4(a)

Unit 61 | Reinventing the circus
서커스

거의 2,000년간 인류를 즐겁게 해 왔던 서커스는 20세기 중반 이후 전 세계적으로 위기에 놓였다. 산업사회의 성장과 함께 등장한 TV와 영화, 프로 스포츠 등 다양한 볼거리와 맞서는 신세가 됐기 때문이다. 국내에서도 84년의 전통을 자랑하는 동춘 서커스가 재정난 끝에 오는 11월 공연을 마지막으로 해체를 선언했다.

하지만 1984년 창단한 캐나다의 '태양의 서커스(Cirque du Soleil)'는 서커스가 절대 시대에 뒤진 오락이 아님을 입증해냈다. 이들은 기존의 볼거리에 음악과 조명, 의상과 스토리 등 현대적인 요소들을 가미해 관객의 발길을 돌려세우는 데 성공했다. 이들은 창단 이후 지금까지 200개 도시를 돌며 9억 명의 관객을 동원했다. 내년에도 20개의 서로 다른 공연을 전 세계에서 펼칠 예정이다.

태양의 서커스만이 유일한 성공 이야기가 아니다. 상하이를 방문하는 사람들 중 상당수가 가장 인상적이었던 경험으로 꼽는 상하이 서커스(上海雜技)도 있다. 유서깊은 중국 기예의 전통을 자랑하고 있기는 하나 사라져가던 이 연희가 부활한 것은 1994년, 곡예 쇼 '금색서남풍(金色西南風)'이 크게 성공한 뒤의 일이다.

런던 웨스트엔드의 뮤지컬 역시 작곡가 앤드류 로이드 웨버와 제작자 카메론 매킨토시가 손을 잡고 장면을 다시 살리기 전까지는 사양 시장으로 취급됐다. 이러한 예는 어떤 장르도 그 역사가 오래됐다는 이유만으로 사라지지는 않는다는 것을 잘 보여준다. 오히려, 끊임없이 시장의 변화를 주시하는 변신의 지혜가 얼마나 중요한지를 보여줄 뿐이다.

문제해설

1. 본문 마지막에 글의 요지가 드러난다. 전통적 오락이 살아남기 위해서 새로운 현대적 요소를 받아들이면서 변화를 시도해야 함의 중요성을 역설하고 있다.
2. 'was revitalized completely in 1994 after the acrobatic show "Golden Southwestern Wind" became a big success.'에서 알 수 있듯이 전통적인 방법을 고수하기보다, 현대의 새로운 기술을 함께 접목시키는 노력으로 인해 성공한 것을 알 수 있다.
3. 본문에서 강조하는 바는 '전통적 방식만을 고수하기보다, 시대의 변화를 받아들이는 새로운 시도'를 강조하고 있다. 동춘 서커스의 예와 같이 전통적 방식의 오락문화가 앞으로 살아남을 수 없다는 점을 보아 보기 (c)를 유추할 수 있다.

정답 1(b) 2(d) 3(c)

Unit 62 | A race to the green finish line
포뮬러 원

1894년 6월 22일 프랑스의 도시 루앙에 해질 녘이 되면서, 전 유럽에서 온 사람들은 일간지 '르 프티 주르날'이 개최한 세계 최초 자동차 경주의 골인 장면을 보기 위해서 관람석에서 숨을 죽이고 서 있었다. 결승선을 빠르게 질주하는 것은 알베르토 드 디옹 백작이 운전한 '마르키스 드 디옹'이었다. 이 증기차는 123킬로미터의 파리·루앙 구간을 시속 18.7km로 달려왔다. 그러나 이 증기차는 몇몇 규정을 어겨 실격 처리되는데, 대신 파나르 르바소가 운전한 가솔린 엔진을 장착한 푸조에게 우승 트로피가 수여되기 전까지 샴페인을 다시 얼음에 올려놓아야 한다는 의미다. 자동차 경주의 시대를 알리는 것 외에, 이 경주는 자동차 산업에 있어 증기에서 가솔린 엔진으로 전환되는 기념비적인 기술 이전을 상징했다.

디옹 백작의 실격패는 증기엔진 자동차를 개발하는데 도움을 준 엔지니어인 조르주 뷔통에게도 충격이었다. 조르주 뷔통은 고급 여행용 가방의 창시자인 그의 아버지 루이뷔통이 죽은 후 가업을 이었지만, 자동차에 대한 그의 열정을 포기하지 않았다. LV 모노그램의 창시자는 또한 최초의 차 트렁크를 만들었다. 그는 뒷좌석용 피크닉 케이스, 정비기구용 툴 박스 그리고 다른 자동차 부품을 고안했다. 그는 1924년 아프리카 투어 중에는 모래·먼지에 강한 더플 백과 1931년 중국 항해 중에는 자동차 침대 트렁크를 고안했다.

레이싱이 럭셔리 가방 브랜드 산업에 미친 영향력은 그리 크지 않았을지는 모르지만, 이것은 분명 자동차 산업을 재편했다. 세계 최고의 자동차 경주 포뮬러 원(F1)은 '규격(포뮬러)'이란 용어로 자동차와 참여자가 반드시 지켜야 할 규칙을 가리키는 것으로 경기 규칙과 엔진 기술 간의 끝없는 쟁투를 중심으로 발달한 59년의 긴 역사를 지닌다. 경주 프로모터와 경기 조직위원회가 차체 무게, 주행 속도 등의 제한선을 내놓는다. 엔지니어들은 기술 개발로 이런 규칙에 도전한다. 프로모터는 다시 규칙을 강화하지만, 새로운 기술에 의해 다시 무너진다.

문제해설

1. 포뮬러 원 경기대회를 소재로 글을 썼으며, 후반에는 루이뷔통에 대한 이야기가 나오지만 전체적인 흐름으로 볼 때는 (d)가 정답이다.
2. 세계 최초 자동차 경기 장면이 기술되고 있는 첫 번째 문단에서 답을 이끌어 낼 수 있다. 증기차를 운전한 알베르토 드 디옹 백작과 가솔린 엔진을 장착한 푸조의 경주 내용으로 보아 보기 (b)가 가장 적절하다.
3. 자동차 경주에서 우승자에게 트로피를 전달할 때 승리 의미로 샴페인을 터뜨리

는데, 이것을 다시 제자리에 갖다 놓는다는 것은 승리가 다른 이에게 넘어간다는 것을 의미한다. 보기 (a)가 문맥상 가장 적절한 답안이 된다.

4. 세계 최초의 자동차 경주를 보기 위해 전 유럽에서 사람이 몰려들었다고 했으므로 보기 (a)는 유추할 수 있다. 본문 마지막에 기술된 내용을 바탕으로 보기 (b)도 옳은 진술이다. 디옹 백작이 실격을 당한 후 다시 경주에 나서지 않았다는 내용은 본문에서 이끌어 낼 수 없기에 (c)는 옳지 못하다. 또한, 루이 뷔통이 고급 여행용 가방회사라는 점에서 보기 (d)를 이끌어 낼 수 있다.

정답 1(d) 2(b) 3(a) 4(c)

Unit 63 The tragedy of the blonde bombshells
플래티넘 블론드

열여덟이었던 진 할로가 처음 영화계에 나타났을 때, 연예계는 넋을 잃고 말았다. 한 영화 해설가는 "지금껏 내가 본 생명체 중 가장 눈부신 존재였다."고 말할 정도였다. 그는 '플래티넘 블론드'를 통해서 스타로 발돋움하는데, 배우의 눈부신 '백금발'을 담아내기 위해 원제를 바꾸었다. 원조 금발스타로서 할로는 이후 수십 년간 할리우드 영화의 매혹적인 배우의 길을 닦았다. 하지만 그녀의 스타일을 고수하기 위해, 할로는 유독한 과산화수소, 암모니아, 세제로 완벽한 백금발을 유지하기 위해 매주 고통스러운 표백 과정을 이겨내야 했다. 그녀의 개인적인 삶은 좀처럼 평안하지 않았다. 그녀는 강박관념에 사로잡힌 어머니 아래서 아버지 없는 어린시절을 겪은 데 이어서 세 번의 참혹한 결혼의 상처로 뒤엉킨 성인기를 보낸다. 소박하고 조용한 삶을 꿈꾸던 할리의 소망 대신, 그녀의 어머니는 더욱더 많은 명성을 향해 그녀를 밀어붙인다. 남자들은 그를 모욕하거나 이용했다. 그녀의 건강은 급격히 악화되었다. 그녀가 26세에 신장합병증으로 죽을 때, 그녀의 머리 좌측에는 몇 가닥의 금발만이 남아있었다. 그녀의 마지막 영화에서 눈부신 백금발은 가발이었다.

노마 진 모텐튼은 고아원에서 어린 시절을 보냈다. 아홉 살 때 정원사의 남편에게 성폭행을 당하고, 결혼이란 장막 뒤에 숨기 전까지 더 많은 성적 피해를 당했다. 그후 그녀는 자신의 성적 매력을 할리우드에서 드러낸다. 갈색 머리를 백금빛으로 물들이고, 자신의 곡선미가 강조된 몸을 흔들고, 이름을 마릴린 먼로로 바꾸었다. 소위 '금발은 멍청하다'는 이미지와 달리, 그녀는 전혀 그렇지 않았다. 그녀는 남자가 어리석고, 할리우드가 가볍다는 것을 알게 되었다. '할리우드는 키스 한 번에 1,000달러를, 영혼에는 50센트를 내는 곳이다.' 어리석은 금발의 이미지가 아니라, 먼로는 자신의 영역을 넓히기 위해 열심히 노력했으며, 비평가들은 그녀를 진지하게 받아들이기 시작했다. 1959년 'Some Like It Hot'의 연기를 통해 골든 글러브를 손에 넣는다. 그러나 영화의 성공과 달리, 백발신의 왕관을 쓴 것으로 인해 일상생활에선 우울증에 시달린다. 만성적 불면증으로 그녀는 36세에 '우발적 약물과다 복용'으로 죽는다. 그러나 아마도 자신을 죽인 것은 술과 약물이라기보다 지나친 자기 증오였을지 모른다.

문제해설

1. 두 문단 모두 금발로 인한 명성 뒤에 숨겨진 비극적인 결과를 다루고 있다. 보기 (a)가 가장 적절한 제목이다.

2. 먼로와 할로는 모두 금발로 염색을 했다고 했으므로 보기 (a)는 옳다. '먼로는 자신의 영역을 넓히기 위해 열심히 노력했으며, 비평가들은 그녀를 진지하게 받아들이기 시작했다.'에서 보기 (b)도 옳다는 것을 알 수 있다. 보기 (c)도 본문에 잘 드러나 있다. 먼로와 할리의 금전적 수입에 관한 비교는 이끌어 낼 수 없다.

3. 할리우드는 내면의 가치보단 외적 가치에만 치중하는 물질주의(materialism)을 확인할 수 있는 내용이다. 보기 (a)가 가장 적절하다.

4. 본문에 신장, 수면부족, 약물과다 복용 등의 내용은 있지만, 건망증에 대한 내용은 이끌어 낼 수 없다. insomnia와 amnesia라는 유사단어를 이용하여 오답을 이끌어 내고 있다.

정답 1(a) 2(d) 3(a) 4(c)

Unit 64 Mobile mobs and breaking news
똑똑한 군중

2000년 가을학기가 시작되기 전, 스코틀랜드의 세인트 앤드루스 대학에 대서양 건너 미국 뿐 아니라 유럽의 입학 희망자가 몰밀 듯 몰려들었다. 600년 전통이 새삼 빛을 발한 것은 찰스 왕세자와 고 다이애나 왕세자비의 아들 윌리엄 왕자가 이듬해 이 학교에 다닌다는 소식 때문이었다. 대학시절 내내 세계에서 가장 유명한 독신남인 그가 캠퍼스 어디를 가나 수많은 여학생 팬들이 따라다녔다. 한번은, 친구들과 조용히 한 잔 하러 술집에 갔다가 광적인 100여 명의 여학생들이 순식간에 모여들기도 했다. 한 지역 신문이 왕자가 가는 곳마다 순식간에 모여드는 이들 여학생 부대의 비결을 추적 보도했다. 바로 휴대전화 문자 메시지였다. '왕자의 움직임을 100명의 여성 팬에게 알리는데 단지 몇 초 밖에 걸리지 않는다.'고 신문은 전했다.

전자 네트워킹(문자메시지)이 정치적 목적과 결합했을 때, 특히나 강력한 힘을 발휘한다는 것이 증명되었는데, 2001년 'Go2 EDSA, Wear Black(검은 옷을 입고 에피파니오 데 로스 산토스 거리로 가라)'이라는 단 한 문자를 날려 실각한 조지프 에스트라다 대통령에 반대한 집회를 위해 EDSA로 수많은 필리핀 사람들이 모였다. 단 4일만에 100만 명 이상이 운집해, "흡사 피자처럼 30분만에 시위대가 '배달'된 것과 같았다"고 한 정치평론가는 진술했다. 결과는 '엄지족(문자 날리는 사람을 가리킴)'이 말한 대로 되었다. 에스트라다 대통령은 축출되었다.

첨단기술 작가인 하워드 라인골드가 만들어 낸 '참여 군중'은 '새로운 방식으로, 집단적인 행동이 이전에 가능하지 않았던 상황에서 행동할 수 있도록' 하는 전자 장비에 의해 뭉쳐진 단체이다. 그 어느 때보다 진화하는 기술 진보는 동영상 촬영은 물론 인터넷 기능을 갖춘 휴대전화 덕에 군중은 날로 똑똑해졌고, 급기야 저널리즘의 영역마저 꿰차게 됐다.

언론 취재가 통제된 상황에서 CNN과 BBC 같은 주요 외국 언론들도 거리 항의자들의 성과물에 의존할 수밖에 없다. 이들은 속도와 접근성에서 휴대폰을 든 군중을 따라잡을 수가 없다. 비록 전문가와 소위 '아마추어 저널리스트' 사이의 협력이 불가피한 것처럼 보이지만, 걸러지지 않은 정보 속에서 진정한 뉴스를 구분하는 방법이 모든 이에게 새로운 도전이 되고 있다.

문제해설

1. 세 번째 문단에서 알 수 있듯이 '참여 군중'은 'self-organizing group'이다. 고로 보기 (a)는 옳은 진술이다. (b)의 경우 지도자가 없어 자신의 항의에 초점을 맞추지 못한다고 했는데, '스마트 군중'은 동일한 목적을 가지고, 자발적으로 모인 단체이기 때문에 그 어느 단체보다 더 뚜렷한 목적을 가지고 있다고 볼 수 있다. 고로 틀린 진술이다. 보기 (c)는 '그 어느 때보다 진화하는 기술 진보는 동영상 촬영은 물론 인터넷 기능을 갖춘 휴대전화 덕에 군중은 날로 똑똑해졌다' 부분에서 옳음을 알 수 있다. '언론 취재가 통제된 상황에서 CNN과 BBC 같은 주요 외국 언론들도 거리 항의자들의 성과물에 의존할 수밖에 없다.'에서 보기 (d)를 이끌어 낼 수 있다.

2. '600년 전통이 새삼 빛을 발한 것은 찰스 왕세자와 고 다이애나 왕세자비의 아들 윌리엄 왕자가 이듬해 이 학교에 다닌다는 소식 때문이었다.'에서 보기 (b)는 옳은 진술이다. (a)에서 윌리엄 왕자로 인해 대학에서 새로운 파파라치 법을 실행시켰다고 했는데 본문에서 알 수 없다. 보기 (d)에서 그의 일거수일투족은 '엄지족,' 즉 문자를 통해서 알려졌다.

3. 대중들이 첨단 과학(문자메시지)을 통해 새로운 정보를 얻는 내용을 담고 있는 (a)가 가장 적절하다.

4. '참여 군중'이 정치적 영향력을 발휘할 가능성은 있으나 정당으로 발전한다는 내용은 유추할 수 없다. (b)에서 'hinder their progress'라고 했는데, 본문 마지막 문단을 바탕으로 이와 반대의 상황이 나올 것을 예측할 수 있다. 현대 사회의 첨단 과학기술을 통한 언론의 자유를 행사하는 '참여 군중'을 통제한다는 것은 불가능하고, 정치적 여파가 너무 크기 때문에 실현 가능성이 거의 없다고 봐야 한다. 보기 (d)는 다음 문장에서 옳음을 알 수 있다. '비록 전문가와 소위 '아마추어 저널리스트' 사이의 협력이 불가피한 것처럼 보이지만, 걸러지지 않은 정보 속에서 진정한 뉴스를 구분하는 방법이 모든 이에게 새로운 도전이 되고 있다.'

 1(b) 2(b) 3(a) 4(d)

Unit 65 | Transformer in disguise
트랜스포머

영화 트랜스포머의 기원은 1984년으로 거슬러 간다. 도쿄 완구 박람회에 나온 일본 회사 다카라토미의 자동차형 변신 로봇에 미국 회사 하스브로가 주목했다. 하스브로는 파일럿이 조종하는 로봇을 지각있는 존재로 바꾼다는 개념에서 좀 더 발전시켜, 1984년 5월 미국시장에 첫 번째 트랜스포머를 내놓는다. '트랜스포머'라는 이름으로 출시된 지 3개월 만에 대박을 터뜨린다. 그해 가을 '스파이더맨'으로 유명한 마블 코믹스가 동명의 만화 '트랜스포머스'로 큰 성공을 일구었고, 한국계 미국인 넬슨 신이 TV용 만화시리즈를 개발했다.

2007년 '트랜스포머'라는 첫 번째 영화를 만든 세계적으로 유명한 스필버그 감독은 그가 1980년대 나온 신의 만화를 열광적으로 좋아했었다고 말했다. 트랜스포머의 흥행이유에 대한 질문을 받았을 때, 그는 "주변에 흔히 보이는 것(자동차)이 로봇으로 바뀐다는 아이디어는 누구나 좋아한다"고 말했다. 물론, 꿀벌을 닮은 노란 바탕에 검은 줄무늬의 시보레 자동차가 순식간에 거대 로봇 '범블비'로 바뀔 때는 신선한 충격이었다.

변신 이야기는 성경의 창세기에서 오늘 날까지 사랑받는다. 아우구스투스 시대의 로마 시인 오비디우스는 그가 『변신 이야기』를 내자마자 당대의 가장 유명한 작가 중 한 명이 되었다. 오늘날 전해지는 그리스·로마 신화의 원전격인 이 책은 나르시소스, 다프네 그리고 에코와 같은 주제를 다룬 1만2,000편이 넘는 시로 돼 있다. 오비디우스의 변신 이야기는 현대 독자에게도 익숙하다.

문제해설

1. 과거부터 현재까지 사람들의 관심을 이끌어 낸 영화예술과 문학의 변신 이야기를 들여다보고 있다.

2. 다음 본문에 정답이 명시되어 있다. "주변에 흔히 보이는 것(자동차)이 로봇으로 바뀐다는 아이디어는 누구나 좋아한다."

3. 마지막 문단에서 수없이 많은 변신이야기로 구성된 오비디우스의 『변신 이야기』는 현대의 독자들에게도 아주 익숙한 고전이라고 했다. 고로, 보기 (a)와 같이 영화제작에 영향을 주었을 것이라는 유추는 충분히 가능하다. 트랜스포머 이야기를 통해 2007년에 스필버그가 대단한 성공을 이루었다는 점과 인류는 언제나 변신 이야기에 관심을 가진다는 내용에서도 보기 (b)는 옳지 않음을 알 수 있다. 보기 (c)의 내용은 본문에 전혀 드러나 있지 않다. '일본 회사 다카라토미의 자동차형 변신 로봇에 미국 회사 하스브로가 주목'하고 이 개념을 더욱 발전시켰다는 내용은 나오나 이 둘이 서로 경쟁을 벌였다는 내용은 없다.

 1(b) 2(d) 3(a)

Unit 66 | No such thing as a free bribe
스폰서

독일의 작곡가 리차드 바그너는 극적인 새로운 경지까지 오페라를 이끈 음악의 신동으로 현재 찬사를 받는다. 하지만, 그의 당대 적에게는 그가 소문난 구걸꾼이기도 했다. 생애 대부분을 빚에 시달렸기에, 바그너는 지인들에게 손을 벌리는 편지를 보냈다. 그는 자비를 구걸하는 분야에서는 전문가였다. 그의 친구 프란즈 리스트는 그의 장인이기도 했는데, 바그너는 교묘하게 자신의 부인을 이용해 동정을 샀다. "아내가 행복해진다면 도둑질도 마다하지 않을 걸세."라고 그는 말했다.

그러나 그의 돈 타령은 가난 탓이 아니라 실은 호사스런 습성 때문이었다. 그의 걸작 '니벨룽겐의 반지'를 쓰는 내내 작곡하는 데 완벽한 환경을 만든답시고 소음과 햇빛을 흡수하는 특별 제작된 커튼, 최고의 카펫 그리고 실크 옷을 사느라 돈을 물쓰듯 써댔다. 그는 예술은 값싼 술이나 딱딱한 침대에서 만들어질 수 없다고 믿었다. 폴 존슨은 자신의 책 '창조자들'에서 바그너를 '쾌락의 술고래'라고 불렀다.

바그너처럼 사치를 부리진 않더라도 예술가는 일반적으로 자신의 재능만으로 최고를 추구할 수 없다. 그래서 많은 유명한 예술가들은 돈 많은 예술 후원자에 의해서 태어난다. '교향곡의 아버지' 하이든은 평생 부유한 헝가리 귀족 에스테르하지 가문으로부터 끊임없이 실험할 자유를 얻었다. 하이든과 같이 금전적인 걱정 없이 자신의 원하는 만큼의 음악가와 리허설을 자유롭게 선택할 수 있을 만큼의 사치와 지원을 누린 작곡가는 거의 없다. 그러나 세상에 공짜는 없다. 자신의 주된 후원가인 니콜라스 왕자를 만족시키기 위해, 그는 현재 거의 연주되지 않는 왕자가 가장 좋아하는 현악기인 바리톤 삼중주곡을 126개나 써야 했다.

때로 후원자가 예술의 자유를 침범하기에 예술가들은 후원을 받는 선을 엄격하게 정하게 되었다. 이름 난 부부 작가 크리스토-잔 클로드는 후원을 거부하는 대신 대형 건물과 자연경관을 천으로 덮는 거대한 환경작품의 자금을 위해 은행 대출에 의존한다. 이들에게, 공짜를 제공하도록 허용된 유일한 사람은 산타뿐이다.

문제해설

1. 예술가와 후원자의 관계를 주로 다루는 글이다. 예술가는 금전적 지원을 위해 후원자가 필요한 반면, 후원자로 인해 예술적 자유가 침해될 가능성도 있다는 것이 주된 내용이므로 (c)가 가장 적절한 답이다.
2. '하이든은 평생 부유한 헝가리 귀족 에스테르하지 가문으로부터 끊임없이 실험할 수 있는 자유를 얻었다.'라는 정보만 제시되어 있다. 하이든이 가난한 집에서 태어났는지 알 수 없다. '그의 걸작 '니벨룽겐의 반지'를 쓰는 내내 작곡하는 데 완벽한 환경을 만든답시고 소음과 햇빛을 흡수하는 특별 제작된 커튼, 최고의 카펫 그리고 실크 옷을 사느라 돈을 물 쓰듯 써댔다. 그는 예술은 값싼 술이나 딱딱한 침대에서 만들어질 수 없다고 믿었다.'에서 (b)는 옳은 진술임을 알 수 있다. 본문 마지막 단락에서 크리스토-잔 클로드는 후원을 거부했다고 했으므로 (c)는 옳지 않다. (d)에서는 교향곡이 아니라 바리톤 삼중주곡이다.
3. 산타는 보상을 바라지 않고 선물을 주는 대상이다. 즉 본문에서 후원자를 통해 금전적 지원을 받을 경우 예술적 자유를 방해 받는다고 했다. 실현 가능성이 없는 산타를 언급하면서 예술적 자유를 구속 받으니 후원을 받지 않는 것이 낫다고 역설하고 있다. 따라서 (d)가 가장 적절한 해석이다.
4. '바그너는 교묘하게 자신의 부인을 이용해 동정을 샀다.'에서 (a)는 옳은 진술임을 알 수 있다.

 1(c)　2(b)　3(d)　4(a)

Unit 67 | Age-old problem of old age
에이지퀘이크(age-quake)

고대에 '노인을 위한 나라'는 없었다. 지금의 카스피해 연안에 살던 고대 카스피족은 70세가 넘으면 모조리 굶겨 죽였다. 시체를 벌판에 버린 뒤 어떤 짐승이 물어가는지로 운을 점치기도 했다. 독수리 또는 들짐승에 물려가는 게 가장 운이 좋고, 반면 아무 동물도 접근 안 하면 운이 나쁘다고 간주되었다.

북미 원주민의 경우 노인들에게 고된 일을 시켜 진이 빠져 죽음에 이르도록 하는 부족도 있었다. 북극해 일대 에스키모들은 늙어서 스스로 먹을 걸 못 구하면 목 졸라 죽이거나 무리가 이주할 때 남겨두고 떠났다. 동양 또한 노인에게 아주 가혹했다. 여진족은 혼자 운신 못하는 노부모를 자루에 넣은 뒤 나뭇가지에 걸고 활을 쏘았다. 단 한 발로 죽게 하면 효자라는 칭송까지 받았다고 한다. 식량·땔감 등이 넉넉지 않던 고대 사회에서 노인 봉양은 희생이 너무 큰 사치였다. 이들은 한정된 자원을 생산성 높은 젊은이들에게 쓰는 게 (집단 전체에) 훨씬 이롭다고 생각했기에, 노인들이 죽음을 당하거나 버려진 것이었다.

이러한 야만적인 풍습은 오래전에 사라졌지만, 건강보험 개혁안을 추진하려는 오바마 정부가 재정난에 빠진 노인을 위한 메디케어를 좀 더 효과적으로 만들 것이라고 말하면서 미국 내 노인을 어떻게 대우할 것인지가 이슈가 되고 있다. 보수 야당은 즉각 "오바마가 힘없고 병든 노인들의 치료를 중단시키려 한다"며 맹공에 나섰다. 성난 노심이 야당 편에 기울고 있다. 하지만 반대 목소리도 만만치 않다. 900만 명 가까운 어린이들이 무보험으로 고통 받는데 65세 이상 노인들만 돈 걱정 없이 의료 혜택을 받는 건 불공평하다는 주장이다. 노인들의 과도한 연명 치료를 줄이고 그 돈을 아이들 예방접종에 쓰자는 제안도 나온다.

문제해설

1. '북미 원주민의 경우 노인들에게 고된 일을 시켜 진이 빠져 죽음에 이르도록 했다.'에서 보기 (a)는 옳은 진술이다. (b)의 경우 북극 원주민은 익사시킨다고 했는데, 다음 본문과 일치하지 않는다. '북극해 일대 에스키모들은 늙어서 스스로 먹을 걸 못 구하면 목 졸라 죽이거나 무리가 이주할 때 남겨두고 떠났다.' 보기 (c)는 두 번째 문단, (d)는 세 번째 문단에 각각 드러나 있다.
2. 사회 내 노인에 대한 과거풍습과 함께 현재 미국 내 논란이 되는 Medicare에 관한 내용을 주로 다루고 있다.
3. 본문 마지막에서 노인에게 들어가는 의료 비용을 줄이고, 아이들에게 투자하는 것이 바람직하다는 제안이 드러나 있다. 고로 이후 문단에선 (a)와 같이 아이들이 직면한 구체적인 의료문제를 구체적으로 논하는 것이 가장 적절하다.

 1(b)　2(c)　3(a)

Unit 68 | Facing up to masks
멀티 페르소나

'페르소나(persona)'는 대개 특정 감독의 영화에 여러 편 출연하며 감독의 의중을 잘 표현하는 배우를 가리킨다. 팀 버튼(감독)-조니 뎁(배우), 마틴 스코세이지-로버트 드 니로, 왕자웨이(王家衛)-량차오웨이(梁朝偉), 장진-정재영, 이준익-정진영 등의 조합이 있다.

페르소나는 원래 라틴어로 고대에 연극배우가 쓰는 큰 가면을 뜻했다. 그러나 세월이 흐르면서 '인격'이란 의미로 확대됐다. 개별적 인간 또는 인간을 뜻하는 '개인'이란 용어는 이 페르소나라는 말에서 유래하였다.

정신분석학의 아버지인 카를 구스타프 융은 인간의 의식 영역이 '진짜 나'인 자아(ego)와 세상을 향한 가면인 페르소나로 이뤄져 있다고 말했다. 예를 들어, 2008년 영화 '강철중:공공의 적 1-1'에서 흉포한 범죄조직 두목(정재영)도 차분하고 가정적인 사람이다. 사회심리학자이면서 철학자인 에리히 프롬은 그의 책 '소유냐, 존재냐'에서 '외적 페르소나와 만나는 것은 존재라기보다 소유에 가깝다'라고 지적했다.

페르소나는 문학에서도 다양하게 변주돼 왔다. 작가 이청준의 소설 '가면의 꿈'(1975년)에는 일류 대학을 졸업한 젊은 판사가 등장하는데, 그는 가면을 쓰고 콧수염을 붙인 채 밤거리로 외출하는 특이한 습관이 있다. 가면 놀이를 통해 사회생활의 가식에서 쌓인 피곤과 긴장을 푸는 것이다. 그는 "사람들은 제각기 자신의 가면을 튼튼하게 단련시켜 가고 있거든…"이라고 중얼거린다.

문제해설

1. 본문의 중심 소재인 페르소나가 들어가 있지 않으면 안 된다. 페르소나를 통해 인간의 다층적 측면을 드러내는 본문을 가장 잘 드러내는 보기는 (a)이다. 보기 (b)와 (c)는 중심 소재 설정 자체가 빗나갔다. 보기 (d)는 지엽적 주제 또는 제목이 된다.
2. 본문에서 배우는 '감독의 의중을 잘 표현(good at expressing the director's inner thoughts)'한다고 언급되어 있다.
3. 감독은 배우가 자신의 의도를 잘 드러내길 원하지 페르소나를 가지는 것을 선호한다는 이야기는 없다. 융은 '세상을 향한 가면'으로 페르소나를 사용했다. 페르소나는 라틴어로 고대에 연극배우가 쓰는 큰 가면을 뜻했다고 본문에 언급되어 있다. 보기 (a), (b), (c) 모두 틀린 진술이다. 보기 (d)만이 옳다.
4. 융이나 프롬과 같은 심리학자들이 페르소나의 개념을 활용하는 자신의 이론을 펼치는 점으로 보아 보기 (a)는 유추할 수 있다. 페르소나라는 개념은 과거부터 다양한 분야(특히 본문에 언급된 심리학과 문학)에서 여러 형태로 변형되며 활용되었다고 했으므로 보기 (b)는 틀린 진술이다. 보기 (c)는 글의 중심내용에서 빗나간 내용이며, (d)와 같은 내용은 본문에서 이끌어 낼 수 없다.

정답 1(a) 2(b) 3(d) 4(a)

Unit 69 | Posthumous prize
사후 수상(死後 受賞)

1993년 3월 8일, 프랑스를 대표하는 영화상인 세자르상 시상식장에서 최고 영예인 작품상 수상작으로 시릴 콜라르가 감독-주연한 영화 '사베지 나이트(Les Nuits Fauves)'가 호명됐다. 하지만 콜라르는 금빛 세자르상 트로피에 키스하지 못했는데, 이는 에이즈에 걸려 있던 콜라르가 시상식 3일 전 사망했기 때문이었다.

'다크 나이트'의 조커 역으로 뛰어난 연기를 펼친 히스 레저가 골든 글러브 남우조연상을 수상했지만 수상자의 모습은 볼 수 없었다. 그는 29세의 나이에 2008년 1월 22일 영화의 공식 상영이 되기 6개월 전 자신의 아파트에서 사체로 발견됐다. 레저는 어렸을 때부터 연기파 배우로서 능력을 인정받으며 명성을 쌓아왔다. '브로크백 마운틴'에서 동성애자 연기로 2006년 오스카 남우조연상 후보에 오른 것은 획기적인 성과였다.

어떤 분야에서든 사후 수상이란 매우 인상적인 성과다. 생의 마지막 순간까지 자기 분야에서 열정을 불사른 장인에게 살아남은 사람들이 바칠 수 있는 최고의 헌사이기도 하다. 물론 전쟁에서 싸우다 용감히 죽은 군인에게 훈장을 주는 것은 일반적이다. 반면, 노벨상을 관장하는 규칙에 따르면 죽은 사람은 상을 받을 수 없다고 말한다. 이 원칙은 심사의 과정에서 감정이 개입되지 못하도록 의도된 것이다.

문제해설

1. 사후 수상에 관한 글이다.
2. 콜라르와 히스레저는 모두 시상식 전에 사망했다고 그 이유가 언급되어 있다. 보기 (b)가 정답이다.
3. 히스 레저는 어렸을 때부터 연기파 배우로서 능력을 인정받으며 명성을 쌓아갔다고 본문에 언급되어 있으며, 보기 (b)에서 어렸을 때 가장 성공적인 역할을 찍었다고 했는데, 그가 오스카 남우조연상 후보에 오른 것은 성인이 되었을 때이므로 틀린 진술이라 볼 수 있다. (c)에서 'shortly after'가 아니라 6개월 전(six months before the film's official release)이다.
4. '어떤 분야에서든 사후 수상이란 매우 인상적인 성과다. 생의 마지막 순간까지 자기 분야에서 열정을 불사른 장인에게 살아남은 사람들이 바칠 수 있는 최고의 헌사이기도 하다.'의 내용으로 보아 사후 수상이란 쉽게 받을 수 있는 그런 상이 아님을 유추할 수 있다. 보기 (d)의 경우 노벨상에는 사후 수상이란 것이 없기에 틀린 진술이다.

정답 1(c) 2(b) 3(d) 4(a)

Unit 70 | Coogan's law
아역 스타

2009년 아카데미 작품상 수상작 '슬럼독 밀리어네어'는 인도 뭄바이 빈민가에서 성장한 청년 자말이 2천만 루피가 걸린 퀴즈쇼에 출연하면서 벌어지는 이야기다. 유명 배우라곤 단 한 명도 나오지 않는 이 영화는 골든글로브와 아카데미상을 휩쓸면서 올해 최고의 화제작이 됐다. 실제 영화의 배경이 된 뭄바이의 빈민가 출신인 아역배우 아자르 무하마드 이스마일(10)과 루비아나 알리(9)는 오스카 시상식장에도 등장해 우레와 같은 박수갈채를 받았다.

하지만 전 세계의 관심이 어린이들을 행복하게 한 것 같지는 않다. 이스마일이 "피곤해서 인터뷰 같은 것은 하고 싶지 않다"고 투정하자 그는 아버지로부터 벌을 받고 만다. 인도 정부는 아이들에게 살 집을 주고, 아이들이 성장했을 때를 대비해 신탁기금을 마련했지만 부모들은 "지금 당장 돈을 달라"며 항의하고 있다.

어린 스타들과 돈에 눈먼 부모들의 문제는 할리우드 최초의 스타 아역 배우가 출현했을 때부터 불거지기 시작했다. 찰리 채플린의 영화 '키드(1921)'에서 7세의 나이로 스타덤에 오른 재키 쿠건은 21세가 되자 그가 번 400만 달러를 탕진했다며 어머니와 계부를 고소했다. 하지만 재판 결과 쿠건이 되찾은 것은 12만 달러뿐이었다.

이 사건으로 아역 배우의 재산 보호에 대한 논쟁이 일었고, 미국 캘리포니아 주는 미성년 배우가 벌어들인 돈 중 최소 15%는 성년이 될 때까지 제3자가 신탁으로 관리해야 한다는 법규를 통과시켰다. 이 법은 지금도 '재키 쿠건 법'이라고 불린다. 이 법은 재산뿐만 아니라 교육과 촬영 시간 등 미성년 배우가 누려야 할 권리에 대해서도 엄격하게 규정하고 있다. '해리 포터' 시리즈에 출연한 배우들은 하루 9시간 30분 이상 촬영장에 머물 수 없었고, 그 중 3시간은 영화사가 고용한 교사와 함께 공부를 해야 했다. 더 많은 10대 스타들이 스포트라이트를 받으면서 연예계는 재키 쿠건 법에 좀 더 많은 관심을 보여야 할 때가 된 것이다.

문제해설

1. 쿠건 법을 통해 아동스타를 둘러싼 문제점을 다루는 내용이므로 보기 (b)가 가장 적절하다.
2. fritter away '낭비하다'는 뜻인데, 재키 쿠건이 어렸을 때 번 돈을 부모가 모두 탕진해서 단지 12만 달러만 받을 수 있었다는 문맥에서 유추할 수 있다.
3. '미국 캘리포니아 주는 미성년 배우가 벌어들인 돈 중 최소 15%는 성년이 될 때까지 제3자가 신탁으로 관리해야 한다는 법규를 통과시켰다.'의 내용을 가장 잘 반영한 것은 보기 (b)이다.
4. 본문 마지막에 글쓴이의 제안이 드러난다. '더 많은 10대 스타들이 스포트라이트를 받으면서 연예계는 재키 쿠건 법에 좀 더 많은 관심을 보여야 할 때가 된 것이다.' 보기 (a)가 정답이다.

정답 1(b) 2(d) 3(b) 4(a)

Unit 71 | A different perspective on love
진정한 사랑에 대하여

다큐 '님아, 그 강을 건너지 마오'가 100만 명 이상의 관객을 모으며 독립영화로는 이례적인 성공을 거두고 있다. 영화는 76년을 함께 해 온 노부부의 사랑 얘기다. 노부부는 한복을 맞춰 입고 젊은 연인들처럼 서로 장난을 치고 농담을 주고받는다. 그들이 이별할 때 객석은 눈물바다가 된다. 이 영화는 상업 대작 영화들 사이에서 흥행해 영화사의 획기적인 사건이 되었으며, 중장년층뿐 아니라 젊은 관객들에게서도 호응을 얻어 다큐멘터리의 영역을 확대했다.

혹자는 '불멸의 사랑이라는 노인판 로맨스 판타지'라고 일축하지만, 사실 그렇게 단순한 영화는 아니다. 영화는 그저 사랑의 위대함이 아니라, 사랑하는 자의 자세에 대해 말한다. 89세 할머니는 영화 내내 "예쁘다"란 말을 입에 달고 산다. 새를 보고 감탄하고, 들꽃을 보고 감탄하며, 그 꽃을 귀에 꽂은 98세 할아버지를 보고 감탄한다. 할머니는 "불쌍하다"라는 말도 곧잘 한다. 집 잃은 강아지를 보고 가엾게 여겨 데려다 기른다. 할아버지가 세상을 떠났을 때도 "할아버지 불쌍해서 어쩌누"라며 울먹인다. 그녀는 "날 두고 가다니 난 어떻게 살라고"라는 통상 할 법한 말을 하는 사람이 아니다.

사랑의 본질은 사랑의 대상이 아니라 사랑하는 자의 태도에 있음을, 이 다큐멘터리 영화는 보여준다. 우리는 종종 사랑할 만한 상대를 찾지 못해서 혹은 상대가 사랑할 만한 사람이 아니라서 라고 하지만, 진정한 사랑은 서로 아끼고 사랑하려는 마음, 혹은 사랑 그 자체에 대한 자세에 있다. 또 그 사랑하는 마음이란 세상 만물에 대한 연민과 애정에서 시작하는 것이다.

진모영 감독은 "76년간 습관처럼 상대를 배려했던 부부"라며 "서로의 행동이 서로의 사랑을 불러들였다"고 했다. 영화 속 할아버지는 "평생 아내가 해준 음식을 두고 맛있다는 얘기를 한 적 없다. 그저 맛있으면 많이 먹고, 맛없으면 조금 먹으면 된다."고 했다. 이런 배려 깊은 태도가 바로 사랑하는 데 있어 필수적인 것이다.

문제해설

1. 영화에서 노부부는 오랜 세월을 함께 했음에도 젊은 연인들처럼 옷을 맞춰 입고 장난을 치는 모습을 보여준다. 나이와는 상관없이 사랑에 빠진 사람의 태도를 보여주기 때문에 관객들은 노부부에 대해 애틋한 감정을 갖게 되는 것이다.
2. 이 영화는 진정한 사랑은 우리가 사랑할 수 있는 완벽한 사람을 찾는 것이 아니라 서로를 사랑하고 아껴주는 마음에서 생기는 것이라고 말하고 있다. 그러므로 진정한 사랑을 찾는 사람들에게 이 영화를 권하는 것이다.
3. 첫 문장에서 "님아 그 강을 건너지 마오"라는 다큐가 독립영화치고는 이상하리만큼 흥행에 성공했다고 말해주고 있기에 정답은 (d)이다.
4. 빈칸 앞 문장에서 남편은 아내의 음식에 대해 불평한 적이 없고 맛이 없으면 적게 먹고 맛있으면 많이 먹었다고 한다. 이러한 행동은 남을 배려하는 행동이므로 정답은 (a)이다.

정답 1(b) 2(d) 3(d) 4(a)

Unit 72 | Playing with blocks
테트리스

1988년 비디오 오락 세계가 버블버블과 슈퍼마리오의 양대 산맥으로 나뉘있을 때, 블록으로 이뤄진 전혀 새로운 오락이 폭발적인 인기를 얻으며 데뷔한다. 모든 사람의 사랑을 받은 테트리스는 퍼즐 게임으로 7개 형태의 블록을 조립하는 것이다. 다양한 색상의 블록이 화면 아래로 내려와 수평선을 만들어 완성되면 없어진다. 한 판이 끝날 때마다 목각으로 된 병정이 튀어나와 슬라브 민요 '칼린카'에 맞춰 익살스런 춤을 춘다.

이 러시아 터치(타주법)는 1985년 구소련 과학아카데미에서 일하면서 이 게임을 디자인하고 프로그램을 짰던, 퍼즐을 아주 좋아했던 수학자였던 이 게임의 창시자 알렉세이 파지토브에게 찬사를 바치는 것이다. 그의 아이디어는 고대 로마에 기원을 둔 블록형 퍼즐 '펜토미노스'에 기원한다. 펜토미노스는 정사각형 5개로 구성된 각기 다른 모양의 블록 12개를 상자에 맞춰 넣는 게임이다. 그는 지나친 복잡함을 피하려고 블록 하나를 구성하는 정사각형 수를 4개로 줄여 7개의 블록을 만들 수 있도록 했고 4를 의미하는 그리스어의 접두사 '테트라'에서 따서 게임에 이름을 붙였다.

여가 시간을 때우기 위해 만들어진 이 게임은 IBM PC의 번들로 끼워팔리면서 소련 밖에서 돌풍을 일으켰다. 2년도 채 안 되어, 유럽뿐 아니라 미국, 일본에서도 소프트웨어 블록버스터가 되었다. 하지만 공산주의 국가 소련으로 인해 개발자는 이런 엄청난 성공으로 돈을 가져가지 못했다. 구소련이 저작권을 주장하는 데 거의 한 것이 없어, 이 게임이 1993년까지 법정 싸움에 휘말렸기 때문이다. 러시아가 마침내 끼어들었지만, 파지토브에게 돌아온 것이라고는 IBM 컴퓨터 한 대였다. 닌텐도 게임보이용으로만 7,000만 장 넘게 팔린 걸 생각하면 파지노프가 아직도 부아가 치밀지 않을까 생각할 수도 있다.

놀라운 건 이 게임이 다양한 버전으로 여전히 게이머에게 인기가 있다는 점이다. 테트리스는 PDA와 휴대폰과 같은 오늘 날의 전자장비에서도 지속적으로 요구되는 기능으로 탑재된다. 온라인 게임으로도 진화해 우리나라에서만 50만 명의 동시접속자 수를 유지하고 있다. 테트리스는 또한 그것을 베낄 수없이 많은 아류작을 낳았다. 이 게임의 가장 매력적인 부분은 바로 단순함에 있다. 누구나 부담 없이 덤빌 수 있다. 한 컴퓨터 게임 잡지는 "믿을 수 없을 만큼 단순하지만 방심할 수 없을 정도로 중독성을 가진" 게임이라고 말했다. 이 게임은 뇌의 활동을 높이고, 기억 감퇴를 예방하며, 스트레스의 부정적인 효과를 줄여주는 것으로 연구에서 밝혀졌다.

문제해설

1. 본문의 중심 소재는 테트리스다. 중심 소재가 반영되지 않은 보기 항은 모두 오답이다. (a)와 (b)는 중심 소재 설정 자체가 빗나갔다. (c)의 경우 테트리스의 부정적인 측면에 중심을 둔 '테트리스의 중독'이라고 주제를 잡았는데, 본문과 거리가 멀다. 테트리스의 기원부터 현재까지 인기가 있다는 내용을 가장 잘 드러낸 (d)가 정답이다.
2. bombshell이란 '폭발적인 인기'라는 뜻이다. 이러한 의미를 가장 잘 드러낸 것은 (a)이다.
3. 파지토브가 저작권 싸움으로부터 받은 것은 고작 컴퓨터 한 대라고 언급이 되어 있다. 따라서 (a)는 옳은 진술이다. 테트리스의 아류작이 많다고 했으므로 (c)는 옳지 않다. '러시아가 마침내 끼어들었지만, 파지토브에게 돌아온 것이라고는 IBM 컴퓨터 한 대였다.'에서 (d)도 옳지 않음을 알 수 있다.
4. '유럽 뿐 아니라 미국, 일본에서도 소프트웨어 블록버스터가 되었다'에서 (a)가 틀린 진술임을 알 수 있다. 아프리카는 포함이 되지 않는다. '다양한 색상의 블록이 화면 아래로 내려와 수평선을 만들어 완성되면 없어진다.'와 'The Russian touch is a tribute to the game's creator'에서 (b), (c) 모두 옳다는 것을 알 수 있다. 두 번째 문단 마지막에서 (d)의 내용을 확인할 수 있다.

정답 1(d) 2(a) 3(a) 4(a)

Unit 73 | Closer connection through listening
소통의 달인

높은 천장과 벽화로 둘러싸인 방의 작은 창문 커튼을 통해 들어오는 한 줄기 빛은 고령의 첼리스트가 바흐의 무반주 첼로 조곡 중 하나를 연주하기 시작하기 전까지 유일한 따뜻함과 빛의 소스였다. 사진작가 유섭 카시는 스페인의 거장 파블로 카잘스의 사진을 담기 전에 잠시 멈추고 듣는다. 일반적인 인물 사진과 달리 그는 조국에서 추방된 한 음악가의 외로움과 헤아릴 수 없는 정적으로 가득한 연주의 감정을 밝혀내기 위해 얼굴이 아닌 그의 뒤통수를 잡아낸다.

카시는 대상의 본질과 진실을 제대로 꿰뚫는 눈을 가졌다. 대략 60년간 그는 사람에 대해 열정적으로 연구했다. 그는 자신을 위해 앉은 예술가의 작품을 읽고 귀를 기울였으며, 자신의 모델의 그림과 조각을 연구했다. 대부분의 사진은 자신의 모델이 대부분의 시간을 보내는 곳에서 찍었다. 프랑스 남부의 수도원의 카잘스, 쿠바 하바나의 해변에서 터틀넥의 스웨터를 입은 헤밍웨이를 담아냈다. 그는 자신의 모델과 함께 시간을 보내고, 이들의 눈, 자세 그리고 몸의 움직임을 관찰했다. 그는 손은 입술보다 더 뚜렷하고 감정적으로 말한다는 사실을 알아냈다. 그는 자신의 대상에 대해서 알게 되었을 때야 비로소 카메라를 잡았다. 인물들은 평소 입는 옷과 동작 그대로 렌즈 앞에 섰다. 결과는 카시의 세계에선 인위적인 꾸밈이란 존재하지 않고 그대로 드러났다. 이 캐나다의 사진작가는 소통하는 방법을 알았다. 그는 자신의 대상을 더욱 깊이 알기 위해 먼 길을 택했다. 공감은 상대방의 마음을 여는 첫 번째 단계이며, 카시는 그가 함께 일한 사람들과 희로애락을 공유할 수 있어 행복했다.

문제해설

1. 카시는 사진작가이며, 'Casals in a monastery in the south of France and Hemingway in a turtleneck sweater at a Havana beach in Cuba.'로 보아 올바르게 짝지어진 것은 보기 (a)이다.
2. 카시는 매순간을 포착하기 위하여 자신이 찍는 대상과 함께 했으며, 인물의 가장 평범한 일상에서 가장 그 인물다운 모습을 찍어냈다는 것에서 (b)를 올바른 정답으로 선택할 수 있다.
3. 본문은 사진작가의 거장 유섭 카시의 작품세계관에 관한 내용이다.
4. 카시는 인물을 카메라에 담을 때 평소에 입던 옷을 걸치고 평소 그대로 생활하는 모습을 담아낸다고 하였으므로, 그 결과는 있는 그대로의 모습이지 꾸미는 것이 아니다. free of 는 ~가 없다는 뜻이므로 보기에 들어갈 단어는 부정적인 어감의 단어가 와야 한다. 특히 자연스러움을 추구하였으므로 인위적인 것이 배제된다는 내용으로 이어지는 게 타당하다. 그러므로 정답은 (d)이다.

정답 1(a) 2(b) 3(c) 4(d)

Unit 74 | Fishing for Everyman's dream
'그라민 뱅크'

　이름에 드러나는 것과 달리, 뉴욕의 퀸스는 오늘 날 거주민의 5분의 1이 겨우 먹고 살 만큼 버는 싱글 맘으로 가득한 빈곤 속에 살아가고 있다. 이것이 바로 작년초 방글라데시 은행가 무하마드 유누스가 은행을 연 계기이다. 지금껏 여성 600여 명에게 각각 수백에서 수천 달러까지 150만 달러(약 19억원)를 빌려줬다. 그 돈으로 여성들은 빵 가게와 옷 가게를 열고, 화장품 판매를 시작했다고 한다. 유누스가 1983년 최빈국 방글라데시에서 창립한 소액대출은행 '그라민 뱅크'가 미국 땅에까지 발을 내디딘 건 아이러니가 아닐 수 없다. 코소보·잠비아·과테말라 등 그간 진출한 나라가 여럿이긴 해도 미국은 좀 의외다. 그러나 부자 나라라고 부자만 사는 건 아니다. 한꺼풀 벗겨 보면 미국인 중 2,800만 명이 너무 가난해서 기존의 은행 대출을 받을 자격도 갖추지 못하는 처지이다. 이들은 가난한 나라 은행으로부터 왜 도움을 받는지 고민할 그런 처지가 아니다.

　그라민 뱅크와 창업주는 노벨평화상을 받았지만, 그 당시조차 그라민 뱅크의 비즈니스 모델은 무모하기 이를 데 없는 것처럼 보인다. 재산도 대출 보증을 해 주는 공동 서명인도 없는, 그것도 주로 여자들에게 조건 없이 돈을 빌려준다. 그런데 놀랍게도 상환율이 98%를 넘는다. 작은 도움이라도 주어지면 빈민층도 자립할 수 있음을 보여주는 것이다. 흔히 '사람에게 물고기를 주면 하루를 먹일 수 있지만, 물고기를 잡는 방법을 가르치면 평생을 먹일 수 있다'라는 말이 있다. 그러나 국제 소액대출은행 네트워크 '플래닛 파이낸스'를 세운 자크 아탈리는 한 걸음 더 나아간다. "하지만 세상엔 물고기 낚는 법을 알아도 낚싯대가 없는 사람이 부지기수다. 우리 일은 이런 이들에게 낚싯대를 건네주는 것이다."

문제해설
1. '재산도 대출 보증을 해주는 공동 서명인도 없는, 그것도 주로 여자들에게 조건 없이 돈을 빌려준다.'는 내용에서 알 수 있듯이 대출금을 제대로 받을 수 있을지 보장이 안 되는 사람에게 돈을 빌려준다는 것을 알 수 있다.
2. 그라민 뱅크는 어려운 처지에 있는 사람에게 약간의 돈만 주어진다면 이들도 충분히 스스로 자립할 수 있다는 신뢰를 바탕으로 대출을 한 것을 본문에서 이끌어 낼 수 있다('작은 도움이라도 주어지면 빈민층도 자립할 수 있음을 보여주는 것이다.'). 이러한 맥락과 가장 일치하는 것은 보기 (a)이다. 보기 (b)는 그라민 뱅크가 믿고 따른 사업비전과 정반대의 내용이다.
3. '유누스가 1983년 최빈국 방글라데시에서 창립한 소액대출은행 '그라민 뱅크'가 미국 땅에까지 발을 내디딘 건 아이러니가 아닐 수 없다.'에서 답을 이끌어 낼 수 있다. 즉, 세계 최빈국의 나라의 한 은행이 가장 부한 미국 사람을 돕는 행위에서 아이러니를 발견할 수 있다.

정답 1(d) 2(a) 3(c)

Unit 75 | No business like show business
성상납

　바즈 루어만 감독의 영화 '물랑 루즈'는 격동의 시대인 19세기 말 파리의 쇼 비즈니스 세계를 무대로 하고 있다. 최고의 클럽의 주인인 해롤드 지들러는 종전에 없었던 규모의 새로운 무대를 연출하기 위해 투자자를 물색하고 있었다. 그는 공작 한 명을 발견하는데, 그는 투자의 대가로 영화 이름에 나오는 클럽의 스타 사틴과의 하룻밤을 요구한다.

　사람들은 예부터 명성, 권력 그리고 돈의 유혹이 넘치는 연예인의 세계에 관심이 끌렸다. 자본주의 발달과 함께 공모와 다른 종류의 부정의 요소가 추가되었다. 에밀 졸라의 소설 '나나'는 창부와 상류층 요부의 구별이 쉽지 않을 지경이었던 시대의 타락을 보여주는 작품이기도 하다.

　은밀한 거래의 역사가 워낙 장구하다 보니 그 고리를 끊는 것은 쉬운 일이 아니다. 자발적인 거래와 강요된 거래의 구분 역시 물 위에 그은 금처럼 불분명하다.

　불투명한 계약, 비공개 오디션, 작은 매니지먼트 회사의 이익 구조와 같은 연예산업의 오랜 문제는 약간의 수정으로 해결되지 않으며, 그렇다 하더라도, 어두운 거래를 원하는 사람들은 쉽사리 새로운 방법을 찾아낼 것이기 때문이다. 권력과 돈이 갖고 있는 특혜에 대한 욕망이 사라지지 않는 한, 그리고 특권층이 미심쩍은 제의를 하고 법망을 교묘히 빠져나갈 수 있다는 생각을 계속하는 한, 이런 시스템은 계속 이어질 수밖에 없다. 노자의 말에 '족함을 알면 욕됨이 없고, 멈출 줄 알면 위태함이 없다(知足不辱 知止不殆)'는 경구가 있다. 유혹하는 쪽이나, 유혹에 끌리는 쪽이나 귀담아 들어야 할 경구다.

문제해설
1. 연예산업과 관련된 부정적인 측면을 고발하는 글이다.
2. '그는 공작 한 명을 발견하는데, 그는 투자의 대가로 영화 이름에 나오는 클럽의 스타 사틴과의 하룻밤을 요구한다.'에서 알 수 있듯이, 투자의 대가로 요구하는 사항이다.
3. '권력과 돈이 갖고 있는 특혜에 대한 욕망이 사라지지 않는 한, 그리고 특권층이 미심쩍은 제의를 하고 법망을 교묘히 빠져나갈 수 있다는 생각을 계속하는 한, 이런 시스템은 계속 이어질 수밖에 없다.'에서 보기 (b)는 옳은 진술이다. 보기 (c)는 (b)의 진술에 비추어서 본문과 일치하지 않는다. '은밀한 거래의 역사가 워낙 장구하다 보니 그 고리를 끊는 것은 쉬운 일이 아니다.'에서 알 수 있듯이, 연예계의 부정은 오랜 역사를 가진다고 했다. 보기 (d)는 옳지 못하다.

정답 1(b) 2(d) 3(b)

Unit 76 | Reining in the purveyors of plastic
카드 제국

　신용카드를 가지고 있는 사람들은 한두 번 계산대에서 당황스런 경험이 있을 것이다. 대통령조차도 말이다. 1999년 유타주에서 봄 휴가를 즐기던 당시 대통령 클린턴은 서점에 잠시 들렸다. 읽을거리를 몇 개 고른 뒤 계산대로 가서 계산을 하려고 신용카드를 내밀었는데, 가게 직원이 카드가 유효기간이 지난 거라며, 난색을 표하며 거절했다. 클린턴이 새로 발행된 카드를 가져오는 것을 잊어버리는 바람에 점원이 승인을 위해 카드 회사에 전화해봤지만 헛수고였다. 돈이 모자란 클린턴 대통령은 결국 비서에게 돈을 빌려 성급히 가게를 빠져나왔다. 미국과 같은 강대국의 지도자조차 신용카드 문제로 낭패를 볼 수 있다.

미국은 신용카드를 사용한 역사도 오래되었고 아주 많은 사람이 사용하고 있다. 2000년에는 신용카드 발급 규모가 무려 15억 장이었는데, 이는 카드 이용자 한 사람당 10장 꼴이었다. 대다수가 카드 값으로 최소한만 갚는다. 결과적으로 쌓인 카드빚이 집집마다 평균 8,400달러(약 1,000만원)에 달한다. 만약 벤저민 프랭클린이 절약과 근면의 덕을 쌓으려는 그의 노력이 21세기에 모두 무시되고 있다는 점을 안다면 그는 한탄할 것이다. 『신용카드 제국』의 저자 로버트 매닝은 제2차 세계대전 이후 미국 가정의 소득 증가가 소비 욕구 폭발로 이어진 거라고 믿는다.

소매업체마다 단골을 끌기 위해 카드 보상을 너도나도 선보였고, 1949년 다이너스 카드가 탄생했다. 1958년엔 뱅크 오브 아메리카(BOA)가 신용카드의 열기에 뛰어들면서, 후기 결제가 가능한 첫 번째 카드를 도입한다. 초기부터, 신용카드 산업은 잦은 소비로 경제적 위기에 빠진 소비자로 배를 채웠다. 뱅크 오브 아메리카는 사전 동의도 없이 1억 명에게 카드를 발송했다. 다른 은행도 정부가 마구잡이로 발행되는 카드 발행을 막는 법을 제정하기 전까지 전철을 밟았다. 1980년대 은행들이 부모가 동의해야 한다는 내부 규정을 의도적으로 무시한 채 (소득 한 푼 없는) 대학생들에게 카드를 발급했다.

마스터 카드빚을 비자카드로 돌려막는 신용 사슬에 의존하는 현대식 삶이 실패하면서 이미 대출과 고용 위기에 허덕이는 미국의 가계를 목조이고 있다. 직업이 없는 많은 이들은 늘어나는 빚과 이자로 힘겨워한다. 오바마 정부와 미 국회는 마침내 신용카드 발행회사에 규제를 강화함으로 소비자를 돕기 위한 조치를 취하고 있다. 이러한 조치가 빚에 찌들린 많은 가계를 구제하고, 미국 소비자의 합리적인 경제관을 회복시키길 기대하고 있다.

문제해설

1. 미국의 고질병인 신용카드 남용을 다루는 글이다.
2. 마지막 문단의 '마스터 카드빚을 비자카드로 돌려막는 신용 사슬에 의존하는 현대식 삶…'의 내용을 통해 (a)는 옳음을 알 수 있다. (b)의 경우도 '2000년에는 신용카드 발급 규모가 무려 15억 장이었는데, 이는 카드 이용자 한 사람당 10장 꼴이었다.'에서 알 수 있다. (c)는 함정이다. 'he could not buy the book' 부분만 보고 답으로 고르면 안 된다. 자신의 신용카드로 책을 살 수 없어 돈을 빌렸다고 했으므로 (c)는 옳은 진술이다. '초기부터, 신용카드 산업은 잦은 소비로 경제적 위기에 빠진 소비자로 배를 채웠다.' 부분과 이후 너도나도 할 것 없이 모든 은행이 신용카드 산업에 뛰어들었다는 것은 그만큼 돈이 되었다는 것을 유추할
수 있다. 따라서 (d)가 정답이다.
3. 본문에서 'nickel and diming consumers'란 사소한 경비를 무분별하게 쓰는 소비자를 뜻한다. 따라서 (a)가 가장 적절하다.
4. '벤저민 프랭클린이 절약과 근면의 덕을 쌓으려는 그의 노력이 21세기에 모두 무시되고 있다는 점을 안다면 그는 한탄할 것이다.'의 본문의 내용과 (a)는 정반대의 내용을 전달하고 있다. (b)와 (c)는 본문의 내용만을 바탕으로 알 수 없는 내용이다. 본문 마지막에 오바마 정부가 신용카드 발행에 규제를 가한 점과 바로 뒤따르는 내용으로 보아 (d)는 유추가 가능하다.

정답 1(b) 2(d) 3(a) 4(d)

Unit 77 | Only some lies can be tolerated
마지막 잎새와 하얀 거짓말

미국 작가 오 헨리의 소설 「마지막 잎새」에는 존시라는 젊은 화가가 나온다. 그녀는 폐렴에 걸려, 창문 밖의 마지막 잎새가 떨어지면 자신도 죽을 거라고 믿는다. 폭풍우가 몰아치던 어느 날 밤, 그녀와 같은 아파트에 살던 한 늙은 화가가 담벼락에 담쟁이 잎을 하나 그려 넣는다. 마지막 잎이 나뭇가지 위에 남아 있다고 믿은 존시는 결국 건강을 회복하고 생명의 불씨를 되살리게 된다.

「마지막 잎새」를 보면 '거짓말과 속임수는 모두 나쁜 것'이란 관념에서 조금 자유로워진다. 거짓말을 자주 하느냐는 질문을 받으면 "아니오"라고 말하는 것보다 "예"라고 대답하는 게 좀 더 솔직하다고 느껴진다.

일본 내각부가 지난해 13~29세 사이 일본과 외국 젊은이들을 상대로 설문조사를 했다. "자주 거짓말을 하나요?"라고 묻자 일본인 28.9%가 "그렇다"고 답했다. 영국 27.6%, 한국 27.2%, 미국 23.3% 순으로 "네"라는 답변이 나왔다. 하지만 '일본인은 거짓말을 잘 한다'고 결론 내리기에는 성급한 면이 있다. 사기·횡령·배임과 같은 범죄 발생률은 일본이 상대적으로 낮다. 다만 분석 결과 일본인은 거짓말에 비교적 관용적이라는게 드러났다.

일본에는 '거짓말도 방편(嘘も方便)'이란 말이 있다. 때론 정직보다 하얀 거짓말이 낫다는 얘기다. '거짓말에서 나온 진실(嘘から出たまこと)'이란 말도 쓴다. 메이지(明治)대학 사회심리학과 스즈키 켄지(鈴木賢志) 교수는 "타인과의 조화를 중시하는 일본인이 의견 충돌을 피하기 위해 거짓말을 하는 경향이 있다"고 했다. 상대의 기분을 맞춰 주려고 때때로 속마음을 감춘채 대답한다는 것이다.

문제해설

1. 지문에서는 마지막 잎새와 일본문화를 예로 들면서 거짓말이 꼭 나쁘지만은 않다는 점을 보여준다. 거짓말이 목숨을 살리고 논쟁을 면하게 해준다고 하므로 정답은 (b)이다.
2. 여성은 마지막 잎이 떨어지면 자신 또한 죽을 것이라고 생각했지만 잎을 그림으로써 살 수 있을 것이란 희망을 갖고 결국에는 살게 된다.
3. 일본인들은 설문조사에서 얼마나 거짓말을 하는지 물었을 때 28.9%로 영국(27.6%), 한국(27.%2), 미국(23.3%)보다 높은 결과가 나왔지만 일본인들이 거

짓말쟁이라고 결론 내리는 것은 경솔하다고 했다. 일본은 이러한 수치와는 달리 범죄율이 비교적 낮다. 그러므로 정답은 (c)이다.

4. 밑줄 친 문장은 일본인들이 타인과의 조화를 중시하며 논쟁을 피하기 위해 거짓말을 한다고 했고 이를 가장 잘 나타내는 것은 (c)이다. 다른 선택지는 인과관계가 바뀌었기 때문에 정답이 될 수 없다. 예를 들면 (b)에서는 조화를 이루기 위해 거짓말을 하고 논쟁을 회피하는 것이 일반적이라고 했지만 논쟁을 회피해서 조화를 이루는 것이 아니라 조화를 중시하기 때문에 논쟁을 피하고 싶어 하고, 이러한 이유로 거짓말을 한다고 해야 올바른 진술이다.

정답 1(b) 2(d) 3(c) 4(c)

Unit 78 | A war over religious right
부르카 전쟁 인권과 종교의 자유

이슬람 여성들은 율법에 따라 부르카, 니캅, 히잡, 차도르를 입는다. 이 중 부르카는 전신을 감싸는 겉옷으로, 눈 주변은 베일로 가린다. 이슬람 여성들이 공공장소에서 부르카나 기타 얼굴을 가리는 복장의 착용을 금지하도록 한 것을 두고 유럽에서 논쟁이 한창이다.

이런 종교적 복장의 착용을 가장 먼저 금지한 나라가 프랑스다. 프랑스는 1789년 대혁명 이래 라이시테(국가의 비종교성)라고 하는 정종분리(政宗分離: 정치와 종교의 분리)의 원칙이 확고해 공공장소에서 종교적 상징물을 드러내는 것을 위헌으로 규정한다. 학교나 공공장소에 기독교의 상징인 십자가도 보이게 하지 못한다.

그러나 프랑스에서 종교적 복장인 히잡과 부르카 등의 착용을 금지하자, 이슬람교도들은 이것이 '종교탄압'에 가깝다며 격렬하게 항의했다. 2009년에는 당시 대통령이었던 사르코지가 부르카를 두고 "이 나라에 사회 생활과 단절되고 자신의 정체성도 빼앗긴 채 옷감으로 된 감옥에 사는 여성이 있다는 사실을 용납할 수 없다"고 했다. 이후 부르카 금지법이 제정되고 2011년 4월 1일 발효되었다. 이를 어기고 온 몸을 감싸는 복장을 하는 여성은 150유로(약 20만원), 여성들에게 그러한 복장을 착용하도록 강요한 사람에게는 3만 유로(약 4,100만원)까지 벌금이 부과된다.

일부 이슬람교도들이 이 법안이 차별적이라고 주장하며 EU 법원에 고소했지만 EU 법원은 올해 7월 초 프랑스 법이 유효하다는 판결을 내렸다. 그 근거는 그런 옷이 여성의 인권을 침해한다는 것이었다. 이 판결이 나오자 독일과 오스트리아 등 EU 회원국들과, EU 회원국이 아닌 스위스까지 반 부르카법을 만들겠다고 준비 하고 있다.

이들 나라들에는 관광과 쇼핑에 거금을 쓰는 이슬람 부호들이 많이 온다. 따라서 이 법의 반대자들은 전국적으로 100여 명에 불과한 부르카 착용 여성들에게밖에 영향을 주지 못하는 이 법이 관광수입에 타격을 줄 수 있다고 주장한다. 반면 찬성론자들은 여성의 인권과 존엄을 지켜야 한다고 주장하고 있다. 찬성론자들은 사람이 사람과 얘기할 때는 복면이 아니라 얼굴을 마주보고 할 수 있어야 한다고 말한다.

문제해설

1. 프랑스는 1789년 프랑스 혁명 이후 종교적 복장을 금지했고 이슬람 여성들이 온몸을 가리는 것을 금지했다. 지문에서는 여성들의 인권을 내세워 이를 반대하는 프랑스와 이슬람교도의 항의에 대해 다루고 있다. 그러므로 정답은 (d)이다.

2. 네 번째 단락에서 EU 법원은 여성의 인권을 침해한다는 이유로 프랑스 법의 손을 들어주었다는 내용이 있다. 그러므로 정답은 여성을 보호하는 것이 가장 중요하다고 생각했다는 (a)이다.

3. 기독교를 기반으로 하고 인권을 중시하는 유럽에서 테러, 시리아와 이라크의 내전, 이슬람 세계의 불안정은 전체적으로 좋지 않은 인상을 주고 있다. 이로 인해 다른 유럽 국가들도 여성 인권을 침해한다고 여겨지는 이슬람교의 복장을 금지할 것으로 보인다.

4. 복장 착용을 금지하는 측의 주장은 이슬람 부호들이 이 법으로 인해 발길을 끊는다면 관광산업에 많은 영향을 미칠 것이라는 것이다.

정답 1(d) 2(a) 3(d) 4(c)

Unit 79 | Charity is fine, but watch it
자선 산업

짐 로저스는 자신의 책 『어드벤처 캐피털리스트』에서 '미국의 교회나 자선단체는 아프리카 빈민층을 위한 구호물자를 보내지만 공항에 도착하는 순간 불법 브로커가 압수하여 시장에 팔아버린다. 이는 현지 의료·직물 업자의 사업기반을 파괴해 빈곤 상황을 악화시킨다. 아프리카산 의류를 수입해 주는 일이 근본적인 도움이 되긴 하겠지만, 미국은 자국 섬유 노동자들의 수가 주는 걸 원치 않을 것이다.'라고 썼다.

기부 문화는 '지속가능한 기업경영' 개념과 뗄 수 없는 관계다. '비전략 자선 사업'은 아프리카 원조의 경우와 같이 역효과를 낼 수 있다. 최근 미국에서 '자선 활동'의 영리·효율성을 보강해 '자선 산업'을 일구려는 움직임이 활발하다. 영국 이코노미스트지는 크게 두 가지 흐름을 꼽았다. 하나는 '억만장자들의 자선(Billanthropy)'행렬, 혹은 이들 간에 부는 선의의 경쟁 분위기다. 두 번째는: '빌&멜린다 게이츠 재단'처럼 웬만한 나라 연간 예산을 넘는 자선기금(약 600억 달러)을 가진 단체 형성이다.

마구잡이로 기금을 운영하기에 감시하는 눈이 너무 많다. 미국은 기부의 나라로, GDP의 2%에 해당하는 2천6백억 달러에 달하는 기부금이 있다. 억만장자인 워렌 버핏이 소유 재산의 85%, 약 370억 달러(약 30조원) 어치를 게이츠 재단에 기부했다. 마이크로소프트 제국을 창설한 게이츠는 그가 이 자선단체를 운영하기 위해 회사를 떠날 것이라고 발표했다.

문제해설

1. 본문의 중심 소재는 기부이다.

2. 본문에서 미국은 GDP의 2%가 기부로 돌아가는 기부의 나라로 언급되고 있다. (a)는 옳은 진술이다. 보기 (b)에 관한 내용은 없다. 첫 번째 단락에 나오는 아프리카 기부와 관련된 내용과 혼동을 유발할 보기다. 보기 (c)의 내용이 바로 본문

첫 번째 문단에 나오는 아프리카 기부와 관련된 짐 로저스의 주장이다. (d)도 첫 번째 문단에 잘 드러나 있다(['미국은 자국 섬유 노동자들의 수가 주는 걸 원치 않을 것이다').

3. '비전략 자선 사업은 아프리카 원조의 경우 같이 역효과를 낼 수 있다.'에서 알 수 있듯이 '비전략 자선 사업'은 구호물자가 원래 의도한 용도로 사용되지 않는 것을 말한다. 보기 (d)가 정답이다.

4. ad hoc이란 '임시적인'이란 뜻으로 계획성이 없다는 뜻으로 문맥에 쓰이고 있다. 본문 마지막에서 빌게이츠가 자신의 기부단체를 운영하기 위해 마이크로소프트를 떠난다는 내용에서 알 수 있듯이, 'strategic philanthropy'의 필요성을 강조하는 문장이다.

정답 1(d)　2(b)　3(d)　4(a)

날은 고용주가 피고용인들에게 선심을 쓰는 날이며, 가난한 이웃에게 기부를 하거나 집배원·환경미화원 등에게 팁을 주는 것이 전통이다. 북미 지역에선 연중 할인 폭이 가장 큰 바겐세일의 날이기도 하다.'에서 틀린 보기임을 알 수 있다.

3. 가진 자는 없는 자에게 나눠주는 전통은 복싱 데이 전통 중 하나이다. (a)와 같이 복싱 데이는 시기(envy)와 관련이 없다.

4. 대항해 시대와 관련해 세 번째 문단에 보기 (c)의 내용을 이끌어 낼 수 있다. '대항해 시대 때 선원들이 배들의 안전을 기원하기 위해 화물과 돈의 일부를 '하느님의 몫'으로 떼어 놓았던 상자(box)에서 유래…' 부분에서 당시 항해사들은 신이 기뻐할 일을 할 경우 그 보답으로 보호받을 수 있다는 신념을 가지고 있었음을 알 수 있다.

정답 1(c)　2(d)　3(b)　4(c)

Unit 80 | Keeping warm through sharing
복싱 데이

　어리석은 질문일 수 있지만, 태양력에 따르면 12월 말은 지중해 연안과 유럽의 축제 기간이었다. 제임스 조지 프레이저는 『황금 가지』를 통해 고대의 종교의식, 신화 등 그 외 유사한 것들을 초기 기독교와 함께 설명하면서 유럽과 기독교국 지역에 이미 존재했던 동지(冬至) 축제가 기독교 신앙과 결합한 것이 바로 크리스마스라고 했다.

　같은 기독교 문화권에서도 지역에 따라 크리스마스를 보내는 방법에 약간씩 차이가 있다. 그 중 영국과 호주, 캐나다 등에선 크리스마스 다음 날인 12월 26일을 복싱 데이(Boxing Day)라고 부른다. 이날은 고용주가 피고용인들에게 선심을 쓰는 날이며, 가난한 이웃에게 기부를 하거나 집배원·환경미화원 등에게 팁을 주는 것이 전통이다. 북미 지역에선 연중 할인 폭이 가장 큰 바겐세일의 날이기도 하다.

　베풀어주는 이런 전통의 기원에는 여러 설이 있다. 초기 기독교도인 성 스테파노의 자선 활동을 기린 것이라는 주장에서, 대항해 시대 때 선원들이 배들의 안전을 기원하기 위해 화물과 돈의 일부를 '하느님의 몫'으로 떼어 놓았던 상자(box)에서 유래했다는 설명까지 다양하다. 선상에 고이 모셔진 상자는 배가 항구로 무사히 귀환하면 교회에 전달됐고 성직자들은 크리스마스 때 상자의 봉인을 뜯어 안에 있는 물자를 가난한 사람들에게 나눠줬다는 것이다.

　어쨌든 크리스마스 하면 떠오르는 것이 선물이니 그 다음 날이 복싱 데이라는 이웃 사랑의 날이 된 것도 충분히 이해할 만한 일이다. 선물을 살 여유가 있는 사람들이 즐길 만큼 즐겼으면, 바로 다음 날엔 그렇지 못한 사람들을 배려해야 한다는 뜻일 게다.

문제해설

1. 복싱 데이(Boxing Day)의 기원에 관한 글이다. 일반적으로 기원을 설명하려는 '현상(현재)'을 제시한 후 과거로 거슬러 올라가 그 기원을 설명하는 시간적 구성을 보인다.

2. 두 번째 문단 마지막에 '대박 세일'에 대한 언급을 볼 수 있다. 나머지 항목은 '이

memo:

memo:

memo:

memo:

memo:

코리아 중앙데일리

The Best **리딩** 스펙트럼

READING Spectrum

Spectrum